Mudança Organizacional

Mudança Organizacional

Uma abordagem criativa, moderna e inovadora

Eric Abrahamson

HARVARD BUSINESS SCHOOL PRESS

M.BOOKS

M.BOOKS DO BRASIL EDITORA LTDA.

Av. Brigadeiro Faria Lima, 1993 – 5° andar – Cj. 51
01452-001 – São Paulo – SP – Telefones: (11) 3168-8242 / (11) 3168-9420
Fax: (11) 3079-3147 – e-mail: vendas@mbooks.com.br

Dados de Catalogação na Publicação

Abrahamson, Eric
Mudança Organizacional / Eric Abrahamson.
2006 — São Paulo — M. Books do Brasil Editora Ltda.
1. Administração 2. Recursos Humanos

ISBN: 85-89384-87-X

Do original: Change without Pain.

EDITOR
MILTON MIRA DE ASSUMPÇÃO FILHO

Produção Editorial
Salete Del Guerra

Tradução
Monica Rosemberg

Revisão
Gloria Nancy Gomes da Cunha
Mauro de Barros

Capa
Design: All Print (projeto original de Mike Fender)
Foto: Mediaphoto / Freddy Forner
Foto do autor: Smith Baer Studio)

Coordenação de Gráfica
Silas Camargo

Editoração
All Print

2006
1ª edição

Dedico este livro aos executivos da Deloitte Touche Tohmatsu, da GKN e da Sony Corporation, que me mostraram com suas palavras e realizações um caminho novo e menos doloroso para conduzir e gerenciar a mudança organizacional.

Agradecimentos

Um livro recombina as experiências, a assistência, as idéias e o comprometimento de muitas pessoas.

No âmbito da experiência, foram muitos, muitos mesmo, os líderes e executivos com quem trabalhei ao longo dos anos. Mesmo que não possa agradecer a cada um individualmente porque são tantos, tenho por eles uma profunda gratidão.

Em termos de assistência, a Columbia Business School (Escola de Administração da Universidade Columbia) e seu reitor, Meyer Feldberg, concederam o tempo e o suporte de que eu precisava para dedicar minha atenção total e irrestrita a este livro. Minha editora, Melinda Merino, da Harvard Business School Press, ajudou-me pacientemente, incansavelmente e diplomaticamente a concluir este livro. A ajuda de Lucy McCauley também foi inestimável em me ajudar com a mecânica da redação e edição. Meu agente, James Levine, da Levine-Greenberg Communication, me guiou através do mundo editorial.

No reino das idéias, devo muito a inúmeras pessoas. Muitos são professores em minha área de teoria e de gestão e organização; outros não. Foge ao estilo de um livro como este citar cada uma dessas pessoas.

Em termos de compromisso, há as pessoas que sempre me estimularam a perseguir minhas idéias quando ainda não estavam totalmente articuladas. Eles são William Starbuck, da New York University, Donald Hambrick, da Penn State

University, e Michael Tushman, da Harvard Business School. Suzy Wetlaufer também reconheceu o potencial de minhas idéias sobre mudança e, com o auxílio de Diane Coutu, ajudou-me a publicar um artigo sobre elas na *Harvard Business Review*.

Por fim, há as pessoas que proporcionaram inspiração para o livro: meu pai, Rodney Abrahamson, que com seu exemplo me ensinou a recombinar toda e qualquer coisa em belas obras de arte; minha esposa, Valerie Campbell, e meus filhos Alex e Claire Abrahamson.

Sumário

Introdução

Educar não é encher um balde, mas acender uma fogueira, segundo Yeats; é um processo de aprendizado que envolve extrair o conhecimento, não introduzi-lo.[1] Isso é particularmente verdade quando diz respeito ao aprendizado de gerentes e executivos seniores com anos, senão décadas, de experiência profissional. Tive o privilégio de observar CEOs, instrutores e outros gurus estimularem um profundo aprendizado nesse público experiente. Eles não destruíram o conhecimento já adquirido por essa audiência a fim de introduzir um conhecimento recém-criado. Em vez disso, ajudaram as pessoas a exteriorizar o que já sabiam — suas experiências e experimentos recentes, técnicas e truques que desenvolveram, seus sucessos e fracassos. Acenderam uma chama que reavivou o interesse delas em reconsiderar o conhecimento existente, em recombiná-lo de novas maneiras e em vê-lo sob uma nova luz. Essa nova luz iluminou o curso das ações que suas audiências começaram a experimentar e que sabiam, no íntimo, que levariam a resultados superiores — mesmo que não conseguissem explicar exatamente o porquê. Ao longo dos anos, esses líderes e professores tornaram-se mestres em suas áreas de atuação porque aprenderam com suas audiências tanto quanto as ajudaram a aprender com eles.

A educação superior promove mudanças para o sucesso pessoal. Este livro examina como promover mudanças para o sucesso organizacional. Nele, compartilho o que aprendi com o público executivo sobre o processo de gestão de mudanças durante os últimos 20 anos. Tive a sorte de aprender com executivos e funcionários de três companhias em particular — uma européia, uma americana e uma asiática —, às quais esse livro é dedicado. Elas são a GKN, uma corporação do setor automotivo e de engenharia aeroespacial sediada no Reino Unido; a Deloitte Touche Tohmatsu (DTT), uma das maiores firmas de contabilidade dos Estados Unidos; e a Sony Corporation, do Japão. Fui professor e consultor em muitas outras companhias nas últimas duas décadas e tive um aprendizado semelhante, mas essas três companhias, mais do que todas as outras, mostraram-me com suas realizações que existe uma abordagem muito diferente para gerenciar a mudança, uma abordagem que contrasta fortemente com a abordagem atual de gestão de mudança retratada em um sem-número de livros, artigos e cursos sobre o assunto. Esta abordagem alternativa permaneceu obscura nas últimas décadas porque a abordagem atual tem dominado os holofotes todo esse tempo.

Tenho três grandes aspirações para este livro. Primeiro, espero que ele ratifique essa abordagem alternativa de mudança, fundamentada na premissa de que a mudança organizacional, assim como a educação, pode ser um processo de extrair mais do que de introduzir. Esta abordagem reconhece que as organizações freqüentemente têm, na casa, todas as pessoas, processos, estruturas, culturas e redes sociais de que necessitam para promover as mudanças. Ela baseia-se em descobrir e expor esses ativos organizacionais existentes, disponibilizar e recombiná-los para atingir novos fins. É uma abordagem que facilmente negligenciamos, mas que já sabemos, no fundo, que pode produzir resultados superiores. Chamo essa abordagem alternativa de mudança de *recombinação criativa* para distingui-la da abordagem atual, que um livro recente sobre gerenciamento tão apropriadamente chamou mudança de *destruição criativa*: a mudança que destrói e remove ativos organizacionais existentes para abrir espaço e encher essas organizações com ativos totalmente novos.[2]

Segundo, espero conseguir convencer você de que destruir para criar não é a única opção, tampouco é sempre a melhor. Espero que, ao terminar de ler este livro, você concorde que o caminho para promover uma mudança, seja ela grande, média ou pequena, não é destruir e repor através de redução de pessoal, reengenharia de processos, reestruturação, reaculturação de toda a força de trabalho ou substituição de redes sociais por redes de computador. Antes de tudo, um trabalho amplo e minucioso de pesquisa empírica suporta nossa intuição de que, em muitas situações, tais mudanças altamente destrutivas, desestabilizadoras e dolorosas podem machucar mais do que ajudar. Minha esperança é que ao terminar de ler este livro, você prefira a segunda opção: recombinação criativa, isto é, extrair o que já se tem e recombinar de uma maneira nova e bem-sucedida. Como diz um antigo dito popular americano: "Aproveite tudo o que tem ou tente viver sem."

Em suma, minhas duas primeiras aspirações são lembrar aos executivos que a recombinação criativa pode proporcionar uma via menos destruidora, desestabilizadora e dolorosa para promover mudanças com a destruição criativa. Minha terceira aspiração é desafiar um antigo e desgastado clichê que freqüentemente dita como julgamos se um líder, gerente ou funcionário atingiu uma meta usando o melhor processo de mudança. O clichê "não sofre, não muda" é usado para justificar mudanças bem e mal-sucedidas igualmente quando são alcançadas a um custo financeiro e humano tremendamente alto para as organizações: "A mudança se concretizou, mas a organização fracassou. Bem, você sabe: 'Não sofre, não muda'." Nesses tipos de processo de mudança, mesmo quando se atingem os objetivos, desperdiçam-se os preciosos e limitados recursos da empresa necessários para fazer mais mudanças. Portanto, essas mudanças prejudicam não só as operações rotineiras para atender aos consumidores, mas também a capacidade das empresas de promover mudanças mais bem-sucedidas para tornar sustentáveis mudanças subseqüentes.

Aprendi com os executivos da DTT, GKN e da Sony que devemos contrabalançar o fatalismo do "não sofre, não muda" com o ideal da "mudança sem dor". Esse ideal deve ser o modelo para se julgar o sucesso de um líder, gerente ou funcionário em gerenciar uma mudança. Mudança sem dor é um modelo que, mesmo se inatingível, os líderes e gerentes devem aspirar hoje.

Por que hoje? Porque, falando francamente, nesses tempos de mudanças angustiantes, menos sofrimento permite mais mudança. Como mostrarei ao longo do livro, menos sofrimento permite uma *série* de mudanças sustentáveis bem-sucedidas que adaptam as empresas a seus ambientes constantemente mutantes. Acredito que o ideal da mudança sem dor é o que sustenta uma DTT, em vez de criar uma Andersen. É o que distingue uma Sony de uma Time Warner. É o que faz da GKN a segunda mais antiga empresa listada na bolsa de valores do Reino Unido.

Antes de passar para a essência do livro, é importante salientar dois aspectos. Primeiro, minhas atividades nas empresas não se restringem a professor e consultor, sou também pesquisador. Trabalho também na Escola de Administração Columbia da Universidade de Columbia, uma instituição cuja missão não é apenas ensinar e cultivar o conhecimento existente, mas também desenvolver novos conhecimentos e *insights* validados cientificamente. Ao longo dos últimos 15 anos, em meu papel como cientista e pesquisador, conduzi uma série de estudos científicos controlados sobre a criação, popularização e utilização de técnicas de gestão como as apresentadas neste livro.[3] Estudei, juntamente com um grande número de pesquisadores, como novas técnicas de gestão ganham e perdem popularidade.[4] Juntos, estudamos como consultores, professores, jornalistas e executivos-autores descobrem essas técnicas. Analisamos como livros, artigos, cursos e consultorias as disseminam. Finalmente, examinamos como líderes, gerentes e funcionários usam essas técnicas e por quanto tempo elas permanecem em uso.[5] A esta altura, muitos de nós quer aplicar o que aprendeu e compartilhar as técnicas que funcionaram na prática de uma maneira mais duradoura e eficiente.[6]

É evidente que uma grande indústria global proporciona conselhos aos gerentes. A competição é acirrada e impiedosa. Para se sobressair no mercado de idéias, livros e artigos freqüentemente prometem demais. Eles apresentam técnicas "novas e aprimoradas" como a única forma de progredir e alegam que essas técnicas são elixires universais: elas servem para tudo e funcionam em qualquer lugar, com o mínimo de esforço e o máximo de resultado.[7] Nenhuma técnica, é claro, consegue cumprir essa promessa. Em poucos anos e após muitas expectativas não atendidas, críticos rotulam a técnica de modismo gerencial e até mesmo as melhores técnicas caem em desuso, dando espaço para outra coqueluche.

O que a pesquisa representa para este livro? A resposta parece simples: não escreva um livro sobre recombinação criativa que enalteça exageradamente seu potencial e deprecie aquele da destruição criativa. A verdade, de fato, é muito mais complicada. A destruição criativa foi tão exageradamente valorizada, generalizada, incontestada e justificada que somente um livro que ofereça um argumento irrestrito para a recombinação criativa terá uma ínfima chance de ganhar atenção. Com "não sofre, não muda" tendo se tornado um clichê, não há muita escolha além de criar um outro clichê: "Mudança sem dor". Entretanto, um livro intitulado *Mudança Organizacional*, publicado por uma editora conceituada, deve ir muito além de contestar antigos clichês com novos clichês, combater a supervalorização com supervalorização e desbancar o modismo da destruição criativa com o modismo da recombinação criativa. Por outro lado, ele tem a obrigação de fazer isso, embora lembrando o leitor repetidamente de um ponto-chave: a primeira opção — destruição criativa — não está tão *errada* quanto foi *excessivamente* valorizada em inúmeros livros, cursos e artigos.

Sejamos muito claros: a destruição criativa pode ser necessária, inclusive preferível, em *certas* situações. Em *certos* casos, pode até mesmo proporcionar a melhor abordagem para o ideal "mudança sem dor". A destruição criativa não é, entretanto, a *única* opção. Assim como a recombinação criativa, líderes e gerentes devem usá-la com sensatez, no momento certo, e equilibradamente. Em suma, os executivos deverão descobrir o equilíbrio ótimo entre quando e quanto de destruição criativa e recombinação criativa usar, tendo em vista a idiossincrasia de sua situação e o tanto de sofrimento que sua empresa pode tolerar. Será uma tarefa árdua e engenhosa, mas, sem ser leviano, é por isso que os executivos fazem fortunas.

Há um segundo aspecto a salientar. O leitor perspicaz já terá percebido os dois desafios óbvios com que se depara um livro, como este, que advoga mudar a forma como mudamos. Em minha experiência, os destruidores criativos podem mostrar-se bastante resistentes em rever e reconsiderar premissas festejadas sobre gestão de mudanças — especialmente quando isso requer a destruição criativa de suas próprias premissas sobre mudança. Segundo, e mais importante, um livro que advoga mudar a forma como mudamos deve ser coerente. Não pode advertir quanto aos perigos da destruição criativa enquanto lidera uma corrida desenfreada rumo a destruir criativamente tudo o que sabemos sobre gestão de mudanças.

Entretanto, este livro não pode almejar extinguir criativamente a destruição criativa para dar lugar à recombinação criativa. Deve apresentar uma abordagem de "mudar a mudança" que tanto se fundamenta como utiliza os melhores conceitos, instrumentos, *cases* e técnicas que a precederam. Este livro deve reconfigurar, recombinar e reorganizar o conhecimento recebido sobre gestão de mudança — de uma forma mais adequada a nosso tempo. Sendo assim, este livro irá reconsiderar, rever e recombinar *insights* do passado, sem abusar do passado. Irá relembrar *cases* que os executivos conhecem bem porque aparecem em muitos artigos, livros didáticos e seminários sobre gestão de mudança — *cases* que, vistos sob a óptica da recombinação criativa, podem nos ensinar algo novo sobre a gestão de mudança. *Cases* que precisam ser revistos urgentemente e reconsiderados sob uma nova luz. Por que urgentemente? Porque a mudança organizacional tem um efeito massivo sobre milhões de organizações e coloca as carreiras, o sustento e o bem-estar de bilhões de funcionários em jogo. O que poderia ser mais importante?

1 Mudança Organizacional e Seus Descontentes

CONSIDERE A CARREIRA DE CHRISTIANE LOPEZ na Cisco Systems, o maior provedor de backbones *para a Internet do mundo. Eu costumava pensar na experiência de Christiane como uma anomalia; agora, tornou-se tão comum a ponto de ser freqüentemente satirizada nas tirinhas do Dilbert. Durante os dois anos em que ocupou a mesma posição na sede da Cisco, seu superior imediato mudou nada menos que oito vezes. Cada um dos oito chefes de Christiane entrou com sua própria iniciativa "nova" de mudança. Fora isso, o departamento trocou três vezes de vice-presidente, cada um deles promovendo uma reorganização completa ao assumir. No processo, seu departamento experimentou diversas rodadas de priorização de projetos que levaram a lugar nenhum — entre eles, seis sigmas e* e-learning, *nos quais ela esteve envolvida. Com todas essas mudanças gerenciais, Christiane interrompeu e retomou seu projeto de* e-learning *no mínimo sete vezes — cerca de uma vez por chefe. Em última análise, o projeto nunca saiu do papel, embora Christiane acredite que ele seja imprescindível para a Cisco hoje.*

O que retardou o projeto? Não só as interrupções e retomadas, mas também a tendência entre seus chefes rotativos de cortar custos terceirizando a maior parte da programação e do design, para em seguida ficarem insatisfeitos com os resultados e então internalizar, e daí terceirizar novamente alguns chefes mais tarde. Nas palavras de Christiane, "os projetos passavam de 90% internalizados para 90% terceirizados e então, três meses depois, voltavam a ser internalizados". Com o tempo, entretanto, percebeu que o caos decorrente das mudanças que a atrasavam existia além de seu departamento e podia ser encontrado em muitas partes da Cisco.

O CEO da Cisco, John Chambers, justiça seja feita, apresentava uma visão clara e motivadora com um conjunto explícito e focado de prioridades e mantinha-se firme a elas fosse como fosse. Entretanto, à medida que sua mensagem descia a cascata da hierarquia organizacional, cada unidade dessa organização altamente descentralizada acrescentava às prioridades de Chambers suas próprias iniciativas "vitais". Quando a mensagem de Chambers chegava a Christiane, ela sempre se deparava com a mesma dúvida: "A quais dessas 20 prioridades eu deveria dar atenção se tivesse um chefe disposto a levá-las adiante e a me dar autonomia para fazer essa escolha?"

O que, em última análise, matou o projeto? Não apenas a percepção de Christiane de que a sobrecarga endêmica de iniciativa continuaria a impedi-la de concluir seu projeto. Muito mais importante, ela percebeu que havia se tornado uma pessoa que não queria ser profundamente cínica, estressada, política e acometida por uma cefaléia crônica relacionada ao trabalho. O projeto terminou com a decisão de Christiane — uma funcionária excepcional com doutorado em uma instituição de primeira linha dos Estados Unidos, sobrevivente de nada menos que quatro rodadas de demissões e que permanece profundamente comprometida com a Cisco e seu CEO — de abandonar sua própria vontade.

A Cisco não é uma exceção e talvez seja injusto destacá-la. Ela sofre de um mal de evolução rápida que acomete hoje um número cada vez maior de organizações: o que chamo de *síndrome da mudança repetitiva*. Os sintomas? Sobrecarga de iniciativa, caos decorrente de mudanças e cinismo, desgaste e ansiedade disseminados entre os funcionários. Os resultados? As intermináveis marés de mudanças não só causam sofrimento em praticamente todos os níveis da companhia, tornam a mudança organizacional mais difícil de administrar, mais cara de implementar, e aumentam sua probabilidade de fracassar, como também interferem nas rotinas operacionais, voltando o foco das empresas para seu interior, para o gerenciamento da mudança, em vez de para fora, para os consumidores a quem essas mudanças devem atender.

Chamo de *sobrecarga de iniciativa* a tendência das organizações de lançar mais iniciativas de mudança do que é possível administrar de maneira aceitável. Quando isso acontece, as pessoas em uma empresa como a Cisco começam a se esquivar e a sumir de vista sempre que vêem uma nova onda de iniciativas se aproximando. Assim como Christiane, aprenderam a duras penas que você pode ser tachado de "resistente à mudança" se argumentar com seu novo chefe que o projeto de estimação dele já foi experimentado, testado e considerado insatisfatório apenas dois chefes atrás.

O *caos decorrente de mudança,* outro efeito da síndrome da mudança repetitiva, refere-se ao estado contínuo de desordem que se instala quando a organização é assolada por tamanha onda de iniciativas que dificilmente alguém sabe qual mudança está implementado ou por quê. Ademais, como nessas empresas as pessoas mudam de posição com muita freqüência, as Christianes do mundo normalmente tornam-se as únicas guardiãs da memória organizacional. Elas se vêem sozinhas na tarefa de apontar mais uma oscilação entre processos opostos, cada qual com seus custos e benefícios — não apenas entre internalização e terceirização, mas também entre centralização e descentralização ou reorganizações de produto e de função, por exemplo.

Talvez a conseqüência mais dolorosa da síndrome da mudança repetitiva, entretanto, seja o que ela causa para os funcionários. Ansiedade, cinismo e desgaste infundem a organização. Isso não é piada. Acrescente à cefaléia crônica de Christiane a perda de cabelo de uma colega de trabalho e as úlceras recorrentes de outra.

Nesse ambiente, somente os executivos seniores e funcionários novos são entusiastas de mudanças. Christiane e seus pares, que já viram uma grande quantidade de projetos favoritos e um sem-número de "novas iniciativas" descontinuadas e iniciadas sem serem concluídas, ficam profundamente frustrados pelas constantes interrupções das operações de rotina. À medida que gastam mais tempo para lidar com novas iniciativas, as tarefas diárias de atendimento ao consumidor são penalizadas. Enquanto isso, a onda de mudança contínua deixa à deriva as questões organizacionais que de fato necessitam de atenção. Como resultado, pessoas como Christiane tornam-se cada vez mais frias a qualquer iniciativa nova e acabam criando sua própria camada organizacional inflexível e congelada: extremamente cínica e resistente à mudança.

Mas, a despeito de todos esses efeitos adversos, a maioria dos livros escritos nas últimas três décadas apresenta a "mudança inexorável" como mantra comum, uma mudança do tipo "quem mexeu no meu queijo", abundante na Cisco. "Mude ou morra" é sua filosofia. Há uma suposição implícita nessas mensagens: de que existe uma resistência natural das pessoas à mudança e que os líderes devem destruir ou abandonar os meios antigos para criar um futuro novo extraordinário — um processo chamado apropriadamente de "destruição criativa" em um livro de administração publicado recentemente, que leva esse título.[1] Esses livros raramente consideram que a mudança inexorável e a destruição criativa podem causar uma ruptura generalizada, resultando em resistência à mudança por pessoas como Christiane. Raramente consideram que o que chamam de "resistência *à* mudança" é, na verdade, "resistência *pela* mudança". De fato, com slogans como "não sofre, não muda", as companhias justificam a ruptura contínua que a mudança inexorável e a destruição criativa causam nas atividades organizacionais diárias envolvendo clientes, fornecedores, funcionários, gerentes, líderes e outros com interesses na organização.

Essas propostas (e as companhias que as seguem) ignoram as pesquisas científicas oriundas das escolas de administração mostrando que muitas organizações mudam *e* morrem.[2] Ou, mais precisamente, mudam e, portanto, morrem. Em certos casos, uma mudança rápida e contínua simplesmente destrói uma organização.

Estudos científicos minuciosamente controlados indicam que quanto maior a freqüência de mudanças em uma empresa, maior o risco de fracasso.[3] Ou, posto de outra forma, quanto maior o intervalo entre mudanças, menor a suscetibilidade da organização ao fracasso devido à mudança. Ademais, em cerca de dois terços das indústrias estudadas, em vez de aumentar a taxa de sobrevivência corporativa, a destruição criativa em larga escala na realidade a reduziu. Os pesquisadores constataram que esse processo prejudicou, em vez de ajudar, a taxa de sobrevivência de jornais, hospitais, companhias aéreas, vinícolas, instituições de crédito e poupança, montadoras, fabricantes de semicondutores, fabricantes de bicicletas, bancos japoneses e, inclusive, jornais comunistas pós-perestroika.

Com isso estou dizendo que uma empresa como a Cisco deveria, agora e para sempre, interromper todos os programas de mudança, todos os esforços para melhorar suas práticas? Absolutamente não. A Cisco pertence a uma indústria extremamente dinâmica e precisa promover repetidas mudanças para se adaptar ao ambiente competitivo constantemente mutável. Este livro, portanto, começa com a premissa de propostas de mudança contínua, destruição criativa, "mude ou morra" e "não sofre, não muda" tão prevalente nas últimas décadas que não está tão errada quanto supergeneralizada. Ainda é muito útil, por exemplo, para a rara empresa ainda atuante no mundo corporativo atual que resistiu à mudança por muito tempo e que talvez precise promover grandes mudanças rapidamente ou está fadada à extinção. Mas não ajuda empresas como a Cisco que sofrem da síndrome da mudança repetitiva. Pelo contrário, prejudica-as e pode destruí-las.

De fato, para a maioria das organizações, a proposta de gestão de mudança tem sido muito ampla e inespecífica para proporcionar alguma ajuda, levando as companhias a implementar iniciativas de transformação extensas sem um direcionamento concreto ou ferramentas práticas. A maioria dos teóricos em mudança não ofereceu ajuda sobre como conduzir e gerenciar a mudança organizacional num mundo já com excesso delas. De fato, sua proposta "mude ou morra" apenas exacerba seqüelas da síndrome.

Este livro procura remediar a situação. Nele, você encontrará mapas, ferramentas e técnicas que oferecerão às organizações uma maneira de mudar sem infligir muito sofrimento. Mais especificamente, destino este livro aos executivos, líderes, gerentes e alunos de administração que querem evitar a síndrome da mudança repetitiva. Ele proporciona meios para mudar as organizações — seja toda uma corporação, divisões ou departamentos —, procurando minimizar não só os danos causados pela mudança aos funcionários e às operações que realizam, mas também aqueles causados às capacidades da organização de promover outras mudanças inócuas. Em outras palavras, oferecemos uma fórmula para uma mudança sustentável — uma mudança repetida que não afeta a capacidade que promover mudanças repetidas.

Também focamos executivos, líderes e gerentes que precisam não só curar organizações portadoras da síndrome da mudança repetitiva, mas também ressuscitar funcionários como Christiane que, submetidos ao desgaste extremo de um sem-número de "novas" iniciativas, ficaram sem paciência e exauridos de recursos para desempenhar seu trabalho adequadamente.

Entretanto, antes de sugerir uma nova abordagem para a gestão de mudança, vamos examinar mais detalhadamente as origens das abordagens atuais de destruição criativa, como permanecem relevantes e como os estudantes podem se atualizar em gestão de mudança para administrar as necessárias em um mundo que já experimenta um excesso de mudança organizacional.

Raízes da Destruição Criativa

A despeito da aparência de novidade, a maioria das receitas pretensamente inovadoras de gestão de mudança ao longo das últimas décadas tem sido nada mais que repetições do mesmo tema. Fato é que a proposta de gestão de mudança permaneceu praticamente inalterada desde a década de 70 — período em que muitas empresas americanas, tornadas dominantes pela destruição militar de suas concorrentes européias e asiáticas pré-guerra, precisavam de líderes que pudessem tirá-las rápida e agressivamente de sua presunção. Com foco introspectivo e excessivamente estáveis, essas empresas não enxergaram as diversas mudanças que deveriam ter promovido para sobreviver à competitividade ressurgente nas décadas de 80 e 90.

Considere o exemplo da General Motors (GM) nos anos 60, uma empresa líder no mercado de automóveis desde o final da Segunda Guerra. O principal desafio dos executivos seniores não era desbancar concorrentes externos — *Made in Japan* era uma piada para eles, e acreditavam poder seguramente ignorar outros competidores estrangeiros —, mas impedir que competidores políticos internos fossem promovidos aos altos escalões da GM. A empresa tornou-se a terra do que chamava de "promoção não-óbvia". Em vez de promover os executivos que mais mereciam, seus superiores davam o cargo ao concorrente mais inesperado e freqüentemente menos qualificado. Essas promoções para preservação de carreiras criou uma dívida dos promovidos não-óbvios para com seus superiores, tornando-os aliados políticos leais desses chefes em futuras promoções e disputas políticas. Inseguros sobre como foram alçados ao status executivo, exigiam então um tipo de obediência servil de seus subordinados.[4]

Perdida nessa politicagem patológica, ritualística e com foco introspectivo estava qualquer suspeita da ameaça externa das montadoras japonesas, coreanas e alemãs que empresas como a GM e a Chrysler em breve teriam que enfrentar. Portanto, as práticas de gestão de mudança da década de 70 deveriam focar em como lançar empresas como a GM no caminho da transformação radical. Essas companhias permaneceram tão estáveis e inadaptáveis por tanto tempo, que literalmente mudavam ou morriam. De fato, em 1981, a Chrysler anunciou o maior prejuízo já apurado na história corporativa dos Estados Unidos.[5] Portanto, a recomendação era que as mudanças organizacionais deveriam ser grandes e destrutivas — o que hoje chamamos de *destruição criativa*. Para criar um novo futuro, essa destruição criativa deveria eliminar tudo o que fosse errado do passado, independentemente do sofrimento causado. Entretanto, o sofrimento era tão intenso que o risco de uma recaída em outro período de estabilidade inadaptável tornou-se uma possibilidade real. Sendo assim, uma mudança revolucionária deveria ser seguida de outras mudanças ainda mais rápidas, contínuas, destrutivas e inexoráveis para manter a empresa mais flexível e ágil do que a concorrência.

O resultado foi um conjunto de fórmulas de gestão de mudança que deve soar familiar a todos, visto que, a despeito de algumas alterações cosméticas, permanece virtualmente inalterado hoje. O problema é que restam muito poucas empresas com essa estabilidade excessiva. Por quê? Porque a maioria dos líderes seguiu a recomendação de mudança inexorável e destruição criativa ao longo das décadas de 80 e 90, criando empresas que promoveram mudanças a todo vapor desde então. Devido a essa guinada do extremo da estabilidade excessiva em direção ao extremo da destruição criativa, um número crescente de empresas está sofrendo as conseqüências da síndrome da mudança repetitiva.

Uma das situações em que o “mude ou morra” ou a destruição criativa continua útil é em empresas que chamo de *avessas a mudanças*. Inversamente, a destruição criativa pode prejudicar organizações, como a Cisco, que mudaram demais, às quais chamo de *viciadas em mudança*.

Avessas a Mudanças e Viciadas em Mudanças

As organizações que hoje se assemelham à GM da década de 60 são dinossauros em termos de qualidade. Buscaram consistentemente apenas a estabilidade. Como resultado, precisam certamente de se submeter a uma mudança destrutiva rápida e inexorável através da destruição criativa ou entrarão em extinção. Umas dessas empresas resistentes a mudanças é a Koç Group, um conglomerado turco que engloba desde empresas do setor automotivo e de peças até as de linha branca e eletrônicos, varejo, financeiro, energia e mineração, tecnologia da informação e do conhecimento, utilidade pública e exportação. Como me explicou um gerente sênior, a Koç progrediu até agora em um mercado reservado — protegida da competição global e até mesmo da pressão do mercado comum. Contou com a ajuda de laços poderosos com o governo turco, fornecedores amáveis e a ausência de concorrentes europeus ou globais na Turquia. Entretanto, à medida que a economia turca se globaliza, a Koç enfrenta um ambiente competitivo totalmente novo, com novos participantes globais poderosos e agressivos.

Empresas como a Koç devem mudar com urgência e, é provável, drasticamente. Elas devem perceber a armadilha em que se encontram e atravessar o vale da morte. Mas as resistentes à mudança estão se tornando cada vez mais raras. Grande parte delas foi extinta ou, como a Koç, conscientizou-se do problema e já está no caminho da mudança — talvez até correndo o risco de uma mudança excessiva.

No outro extremo estão as organizações como a Cisco — as viciadas em mudança, com um desejo aparentemente insaciável de mudar. Essas empresas freqüentemente sofrem da síndrome da mudança repetitiva aguda. A sobrecarga de iniciativa, o caos decorrente da mudança e a ansiedade, cinismo e desgaste dos funcionários, que aumentam a cada nova onda de mudança, tornam cada um desses eventos mais desagregadores, caros de se concretizar e suscetíveis ao fracasso.

Considere a evidência. O cinismo tornou-se tão prevalente nas organizações que gerou seu próprio pequeno campo de pesquisa acadêmica.[6] Diversos outros estudos reportam problemas decorrentes de mudança, caos e sobrecarga de iniciativa generalizados.[7] Da mesma forma, existem mais de cinco mil estudos sobre estafa e desgaste dos funcionários.[8]

A abordagem de mudança sugerida neste livro foca tanto empresas viciadas em mudança como aquelas sob o risco de ficarem viciadas. Meu principal argumento é que a redução da quantidade de mudanças altamente devastadoras permitirá a essas empresas melhorar seu desempenho no longo e no curto prazos. Portanto, tal abordagem possibilitará realizar mais mudanças de forma mais fácil, barata e bem-sucedida. Ela aproximará as empresas do ideal de mudança sem sofrimento.

Como as organizações hoje, vivendo há tanto tempo no atoleiro de um mundo com excesso de mudanças organizacionais e ambientais, aspiram a atingir esse ideal? Como esperam gerenciar períodos de mudança da forma menos destruidora possível? Paradoxalmente, aprendendo a mudar como mudamos. Mais especificamente, aprendendo duas novas técnicas que criam uma mudança menos desagregadora e sofrida.

Uma das técnicas possibilita menos destruição e sofrimento em meio à mudança. Chamo esta abordagem alternativa de *recombinação criativa* para distingui-la da destruição criativa, isto é, a mudança que destrói e elimina ativos organizacionais existentes para dar espaço a novos recém-criados. Em contraste, a recombinação criativa minimiza a destruição desagregadora e sofrida usando ativos que uma organização já possui e recombina-os criativamente de uma maneira nova e bem-sucedida.

A recombinação criativa sugere uma abordagem alternativa, menos desagregadora, para a mudança. Esta abordagem vem em primeiro lugar e recebe maior atenção ao longo do livro. Mas existe uma segunda técnica para reduzir a mudança desagregadora e o sofrimento, uma técnica que reduz a *quantidade* de mudança. Chamo-a de *pacing* (intercalada) — ela intercala períodos de estabilidade e mudança, contrabalançando uma e outra, proporcionando benefício a ambas. *Pacing*, portanto, sugere quando mudar e quando estabilizar a empresa (caso as condições da indústria permitam). Abordo esta técnica na parte final do livro.

Recombinação Criativa: um Novo Caminho para a Mudança

Provavelmente, a melhor forma de explicar o conceito de mudança pelo que chamo de recombinação criativa começa com uma história que serviu de metáfora para este livro: a oficina no porão — a do meu pai em particular — e de como ele montou um torno de oleiro para mim quando eu era adolescente.

À primeira vista, a oficina do meu pai parece estranha e até bagunçada. É cheia de peças esquisitas e desconexas: um motor de lambreta, barras de aço, engrenagens e brinquedos antigos. Você não percebe a ordem por trás dessa confusão aparente. Na oficina, cada tipo de elemento pode ser facilmente localizado. Em um canto, prateleiras transbordam com recipientes cuidadosamente rotulados contendo todo tipo de arruelas, porcas, parafusos, tarraxas, pregos, cavilhas, pós, óleos, tintas, graxas e solventes. Em outro canto, uma antiga forja de metal usa um aspirador como fole. Fica próxima a uma bigorna, um soldador e um estoque de sucatas de metal. Em cima estão penduradas três bicicletas diferentes sobre o esqueleto de uma lambreta. Num terceiro canto, há pilhas de sacos de cascalho, areia e gesso de Paris. Tintas de todas as cores possíveis, exceto roxo, estão ordenadamente alinhadas no último canto. Ao lado das tintas, está uma prancheta com as mais diversas ferramentas de desenho. Logo acima, há um quadro de avisos com figuras, diagramas e artigos de referência para um projeto atual. A estante de livros contém volumes que vão de um tratado sobre fundição de metais a *Existência e Tempo*, de Heidegger, ou um livro sobre óptica para os alvos das bombas na Primeira Guerra Mundial, todos caprichosamente organizados por tópico. Quando meu pai decidiu que eu deveria ter um torno de oleiro, em vez de sair e comprar um, foi até a oficina no porão e examinou o que tinha. Na parte em que guardava as sucatas, pegou um disco de metal, uma peça de avião rejeitada que achou em um mercado de pulgas alguns anos antes. Também pegou uma biela originária de um automóvel, que soldou no disco de metal. Montou o artefato sobre a base de uma máquina de lavar cujo motor, conectado à biela por um de meus cintos de couro em desuso, giraria o prato. Então, enquanto eu observava o motor da máquina de lavar ganhar vida, meu pai jogou uma porção de argila sobre o prato em movimento e cuidadosamente moldou uma xícara de café. Fiquei pasmo — não tanto pelo artefato realmente funcionar tão bem quanto o torno que eu usava em um ateliê profissional perto de minha casa, mas pela rapidez com que a cuidadosa organização de tantas peças desconexas permitiu que meu pai localizasse aquelas de que precisava e recombiná-las em meio ao que, a princípio, parecia uma pilha caótica de bugigangas.

Havia uma ordem espartana e uma lógica na aparente confusão da oficina de meu pai — é nisso que se baseiam minha filosofia de recombinação criativa e a forma como eu usaria essas idéias, anos mais tarde, em meu próprio trabalho sobre mudança organizacional. A oficina no porão é uma metáfora útil para mudança sem sofrimento porque ressalta as principais ferramentas, competências e técnicas que permitem a uma organização alcançar uma mudança menos destruidora. Como? Encontrando, reutilizando, reorganizando e recombinando as peças desconexas que a organização já possui espalhadas em seu porão corporativo. Assim como qualquer analogia, essa da oficina no porão contém elementos que podem transmitir a idéia errada. A impressão que desejo passar não é aquela de um caos de canos enferrujados e máquinas quebradas, em que é impossível achar qualquer coisa, exceto, em raras ocasiões, algumas soluções simplórias. Pelo contrário, é a imagem de um porão corporativo bem-administrado, rico em elementos de alta qualidade que podem ser facilmente localizados, remanejados e recombinados para promover uma mudança organizacional tranqüila, mais custo eficiente e menos sofrida para a organização.

Mudar através da recombinação criativa não é apenas uma teoria; a oficina no porão não é uma metáfora inconsistente. Minhas primeiras lições sobre recombinação criativa vieram da consultoria e das aulas para a GKN, uma das mais antigas companhias listadas na bolsa de valores do Reino Unido. Ao longo de sua história, a empresa demonstrou uma capacidade surpreendente de se recombinar em novas configurações altamente bem-sucedidas. De fundição de ferro, passou a fabricar parafusos de madeira e parafusos de metal. Durante a década de 70, expandiu suas atividades para diversas indústrias não-relacionadas. Nos anos 80 e 90 voltou a focar em seu negócio principal. Seu maior empreendimento no momento é a divisão Driveline, que produz juntas de velocidade constante (*CV joints*, ou *constant velocity joints*, CVJ) para mais de 40% dos automóveis do planeta — essa divisão tem sido o pilar do desempenho da GKN nos últimos trinta anos.

A história das CVJs é interessante. Uma companhia adquirida pela GKN detinha a tecnologia e o processo de produção das CVJs. Entretanto, os executivos da GKN só descobriram a existência dessa tecnologia após a aquisição. A genialidade da GKN, na época, foi descobrir as CVJs e deixar que elas conduzissem a estratégia da empresa ao longo dos 30 anos seguintes.

Alguns podem chamar essa descoberta de "sorte". Mas a GKN teve esse tipo de sorte repetidas vezes durante sua história. De fato, a GKN sempre trabalha muito duro para ter sorte. Veja, por exemplo, o período no início da década de 80, quando cancelamentos de contratos começaram a representar um problema para os negócios da GKN. Normalmente, a companhia firmava um contrato e, em seguida, buscava os engenheiros necessários para trabalhar no projeto. Infelizmente, os clientes freqüentemente adiavam ou cancelavam esses contratos, deixando os engenheiros desempregados ou ociosos até que houvesse um novo trabalho para eles. Para lidar com essa situação recorrente, as unidades da GKN começaram a "alugar" os serviços de seus engenheiros para projetos curtos — o que criou um estoque de talentos em engenharia fácil de administrar e com baixo custo. De sua parte, os executivos da GKN podiam trazer os engenheiros de volta para a organização sempre que precisassem. As unidades começaram essa prática de modo informal, mas ela se mostrou tão bem-sucedida que a empresa — para incrementar sua lucrativa estratégia de crescimento — criou uma nova divisão para gerenciar a contratação por terceiros de seus próprios, e de outros, engenheiros para projetos de curto prazo.

O resultado? A GKN recombinou sua reputação de atrair engenheiros altamente qualificados, assim como seu talento em desenvolver habilidades em engenharia, e sua extensa rede de contatos para dar início, com todos os fins e propósitos, a uma agência de empregos extremamente sofisticada. A nova divisão, batizada de Engage, está agora em franco crescimento. Os executivos da GKN conheciam o modelo de negócio da Engage há anos. Só precisaram formalizá-lo, transformá-lo em uma nova divisão e recombiná-lo com as divisões existentes na GKN.

Tudo Moderadamente, Incluindo a Moderação

Alertei, na introdução deste livro, sobre os perigos de supervalorizar técnicas de gerenciamento, resultando em esperanças irreais que dão lugar a modismos gerenciais infrutíferos. É importante então que eu modere certas alegações porque pintei um quadro muito cor-de-rosa sobre a mudança na GKN com o intuito de exemplificar a recombinação criativa da forma mais explícita e persuasiva possível.

Portanto, sejamos claros. Não estou argumentando que a GKN recombinou todos, ou mesmo a maioria, de seus ativos ou elementos recombinantes úteis. No próximo capítulo, discuto como, durante o período em que prestei serviços a uma das companhias da GKN, a Westland Helicopters, testemunhei como seus executivos descobriram afortunadamente um processo que recombinaram com os processos existentes de forma a ter êxito e virtualmente sem sofrimento. Sei, entretanto, que a GKN nem sempre contou com tanta sorte.

Tampouco estou afirmando que a GKN promoveu mudanças profundas sem *nenhuma* destruição criativa. É verdade, por exemplo, que a GKN fundou a Engage em grande parte recombinando os ativos existentes. Também é verdade que a Engage experimentou as dores do crescimento — tendo que demitir um de seus primeiros CEOs, por exemplo. Portanto, não estou alardeando que a GKN não destruiu nada ou que promoveu uma mudança profunda sem sofrimento algum.

Estou afirmando que a GKN me ensinou através de suas palavras e realizações que é possível pender para a recombinação criativa e não para a destruição criativa. A recombinação pode tornar-se a opção de escolha dos líderes, gerentes e funcionários. Por fim, estou argumentando que a GKN gerencia a mudança de uma forma que a aproxima consideravelmente do ideal de mudança sem sofrimento.

Por que a ênfase maior em recombinação do que em destruição torna a mudança mais barata, menos sofrida e mais eficaz na GKN do que em outras companhias similares? Primeiro, porque a recombinação criativa permite que partes existentes da GKN continuem operando enquanto são recombinadas, diminuindo as interrupções e retomadas necessárias para destruir partes antigas e inventar outras totalmente novas. Segundo, porque promover mudanças menores incrementais torna desnecessário ações tão desestabilizadoras como eliminar um número grande de postos e funções à medida que a GKN implementa cada recombinação. Terceiro, porque os funcionários da GKN estão familiarizados com a recombinação de partes preexistentes. Portanto, uma mudança como o lançamento da Engage produz muito menos ansiedade do que se uma empresa nova fosse adquirida ou criada do zero. Por fim, porque as partes que a GKN recombina, ao contrário de partes transplantadas, são nativas da companhia e têm menos probabilidade de rejeição, o que iria requerer mais mudança desestabilizadora ainda.

Há inúmeras expressões para descrever como a GKN molda suas mudanças, semelhantes a estas: "quem não tem cão caça com gato", "jeitinho ingênuo de ser", "vencer por conta própria", "transformar ferro em ouro", "não jogar o bebê fora junto com a água do banho". Mas, obviamente, muitas culturas também enxergam valor na recombinação criativa, incluindo a francesa, cuja palavra *bricolage* refere-se ao mesmo tipo de processo de "dá-se um jeito", usando o que já se tem para criar uma colagem funcional de partes. O termo alemão *flickschusterei* possui uma conotação similar — "montar rusticamente ou remendar", referindo-se a uma pessoa que faz sapatos com retalhos de couro. A expressão turca *Bulup bulusturmak* também é traduzida literalmente como encontrar e combinar (ou reunir) para criar um novo conjunto. O termo japonês *kumikaeru*, ou recombinação, é usado no sentido de recombinação genética. Os ingleses recombinaram a palavra alemã *klug* ("inteligente") com um *e*, formando *kludge* — definida no dicionário como "qualquer solução para criar um dispositivo, especialmente mecânico, que consiste em montar várias peças e mecanismos não-relacionados de forma improvisada ou absolutamente desleixada".[9]

O tipo de mudança de que estou falando — seja ela chamada em seu porão de recombinação criativa, jeito, remendo ou improviso — é uma maneira de estarmos mais perto do ideal de mudança sem sofrimento. Para esclarecer, considere o que não é recombinação criativa: não é uma abordagem que envolve obliterar o passado para dar lugar a uma percepção de futuro totalmente novo. Divorciar-se para casar de novo, demolir a casa para repará-la, enxugar a força de trabalho para recontratar e destruir a estrutura organizacional atual para reestruturar são diversos exemplos da outra abordagem, freqüentemente chamada de destruição criativa. Exatamente o tipo de processo de gestão de mudança altamente desestabilizador que os gurus vêm recomendando sem parcimônia há várias décadas.

Recombinação Criativa *Versus* Destruição Criativa

Embora a destruição criativa às vezes seja inevitável em um mundo de mudanças excessivas, não deve ser a opção padrão. Varrer o presente do mapa e ter que reinventar o futuro é a modalidade com maior potencial para criar o mais alto grau de desagregação e sofrimento decorrente da mudança.

A recombinação criativa, por um lado, pode ser um processo muito menos desgastante. Como vimos, em vez de destruir partes de uma companhia e inventar estruturas inteiras, a mudança ocorre através da combinação de elementos existentes em uma empresa criando novas configurações mais úteis. A prensa tipográfica, para dar um exemplo de recombinação tecnológica, sem a qual a Harvard Business School Press não teria publicado meu livro, resultou de uma recombinação da prensa de vinho e da estampadora de moedas feita por Gutenberg. Se, por outro lado, tivesse se baseado na destruição criativa — e fundamentalmente tentado inventar um tipo de prensa e uma estampadora totalmente novas —, é provável que Gutenberg logo teria desistido, profundamente frustrado.

Essas recombinações contrastam fortemente com as tentativas frustradas de destruição criativa realizadas nas organizações atualmente. Tentativas frustradas sucessivas — como, em nosso exemplo inicial, as da Cisco Systems — resultam na síndrome da mudança repetitiva, juntamente com seus sintomas: sobrecarga de iniciativa, caos decorrente de mudança e ansiedade, cinismo e desgaste dos funcionários. Vamos examinar agora, comparativamente, a destruição criativa e a recombinação criativa no ambiente de trabalho sob a óptica desses sintomas.

Sobrecarga de Iniciativa Como a destruição criativa geralmente requer mais iniciativas de mudança do que a recombinação criativa, tem maior suscetibilidade à sobrecarga de iniciativas. Na destruição criativa, você precisa primeiro destruir o que tem, depois desenvolver um novo sistema e em seguida implementá-lo — processo que pode criar resistência na organização. Isso significa que você precisa de mais uma etapa, que é começar todo o processo de novo.

Considere, por exemplo, o caso do Bank of America, quando seus executivos decidiram criar um novo sistema de mensuração organizacional para a área de empréstimos do banco. Especificamente, em vez de medir e recompensar o número de empréstimos processados pelo banco, queriam passar a medir a lucratividade desses empréstimos. Para isso, o banco utilizou a destruição criativa. Em última análise, atingiu sua meta — mas à custa de muito tempo, esforço e sofrimento.

Por quê? Porque a destruição criativa exigiu no mínimo quatro iniciativas de mudanças significativas. Primeiro, o banco precisou eliminar o sistema em uso, o que significou que os funcionários tiveram que abandonar e desaprender esse sistema. Segundo, o banco teve que projetar um novo sistema, desenvolvendo novas medidas e adequando-as às novas estruturas de mensuração. Terceiro, precisou construir o projeto, o que significou desenhar as medidas específicas para os empréstimos, determinando quem iria recebê-los, com que freqüência, qual o *feedback*, quais as recompensas e assim por diante.

Por fim, o banco precisou pôr em funcionamento o projeto que construiu para que fosse entendido e aceito pelas pessoas — principalmente aquelas responsáveis pelos empréstimos — que seriam avaliadas, orientadas e recompensadas pelo sistema. Isso significou implementar de fato o sistema de mensuração, para que as pessoas soubessem como desenvolver e codificar os dados, entendessem a finalidade e as conseqüências da nova mensuração e sentissem que as medidas eram úteis e importantes e que, portanto, estavam alinhadas a seus propósitos.

Essa forma de criar mudança mostrou ser tão difícil quanto pareceu. O CEO à época, Tom Clausen, contou em uma palestra na Universidade Columbia, sobre sua visita ao pessoal de empréstimos do banco decorridos muitos meses da iniciativa de mudança. Quando perguntou a eles: "Estão ganhando algum dinheiro com os empréstimos?", a resposta, inevitavelmente, foi: "Demais! Estou fazendo mais empréstimos do que nunca". Nenhuma menção, entretanto, sobre a lucratividade desses empréstimos. O novo sistema de mensuração foi divulgado, todos os passos descritos anteriormente foram realizados e mesmo assim, a essa altura, nenhuma adesão ao sistema de mensuração. Era simplesmente muito complexo, envolvendo iniciativas de mudança demais ao longo do processo, para as pessoas responderem bem. Somente muitos meses depois de ter perguntado sobre "a lucratividade dos empréstimos" a centenas de funcionários que, nas palavras de Clausen, "os desgraçados finalmente entenderam que eu estava falando sério sobre lucratividade".[10] O uso de palavra ofensiva para referir-se a seus funcionários do Bank of America somente enfatiza a natureza altamente desestabilizadora desse tipo de mudança.

Agora veja como parte de uma grande companhia ferroviária, a Deutsche Bahn, usou a recombinação criativa para promover essa mudança de mensuração com dois meros passos. Primeiro, listaram e classificaram as inúmeras medidas usadas na empresa toda. Segundo, mantiveram 18 dessas medidas, subdivididas em quatro categorias, e eliminaram as outras. Isso foi tudo. A recombinação criativa envolveu apenas a listagem das peças existentes — neste caso medidas — e sua recombinação. Não foi preciso eliminar por completo o antigo sistema de mensuração. Além disso, não foi preciso desenhar, criar e testar novas medidas. Em vez disso, a tarefa foi encontrar e alavancar as medidas existentes que eram apropriadas para essa empresa (aquelas que, de qualquer forma, estavam de fato sendo usadas). A empresa precisou simplesmente dar um novo uso ao que já tinha e fazer mais daquilo que já fazia bem.

A recombinação requer menos iniciativas por duas razões adicionais. Primeiro, ela minimiza a necessidade de reinventar a roda porque o processo começa examinando se já existe uma roda que pode ser reutilizada, realocada e recombinada. Segundo, minimiza o potencial de oscilação entre estratégias mutuamente excludentes, tais como internalização e terceirização, centralização e descentralização ou reestruturação organizacional de produto e funcional. O processo de recombinação começa não apenas examinando quais partes atuais da organização você pode recombinar, mas também quais elementos passados você pode revitalizar, remanejar, reutilizar e recombinar. O processo, portanto, expõe diretamente quaisquer estratégias mutuamente excludentes já experimentadas no passado.

Caos Decorrente da Mudança Como a destruição criativa envolve um período de transição entre a destruição do sistema antigo e a implementação completa do sistema novo, tende a criar níveis elevados de caos decorrente da mudança. Durante esse período freqüentemente longo, a empresa pode ficar literalmente e figurativamente fora de controle.

Este foi o caso do exemplo clássico do Citibank na década de 70, quando John Reed, o futuro CEO do que viria a ser o Citigroup, promoveu mudanças rápidas e drásticas nos processos corporativos.[11] Sua meta era transformar radicalmente uma antiga operação de compensação bancária em um sistema de serviços financeiros altamente eficiente. Ele encerrou as operações na sexta-feira, 2 de setembro de 1971. No sábado, o banco eliminou os processos existentes. No domingo, substituiu-os pelos novos processos. Na segunda, acionou o sistema de compensação bancária pós-reengenharia.

No final daquela semana, tornou-se evidente que o novo centro de compensação era, de fato, autodestrutivo. O *pipeline** (sistema de processamento) dos papéis entrou em colapso e os documentos não processados começaram a se acumular. No final da segunda semana, foi o *pipeline* do dinheiro que entrou em colapso. Por que esse fracasso tão impressionante na mudança do Citibank? Porque, embora os processos existentes tivessem sido destruídos na sexta-feira, quando o sistema entrou em operação na segunda, os processos ainda não haviam sido plenamente testados e implementados. No final, tornou-se óbvio para todos que o processo de mudança gerou tanto caos que estava praticamente fadado ao fracasso.

O caso do Citibank ocorreu em 1970, mas não é nada diferente do que aconteceu com milhares de empresas na década de 90, submetidas ao processo de reengenharia corporativa (PRC) proposto por Michael Hammer — e que falharam de forma igualmente dramática.[12] (Examinaremos este modismo e suas conseqüências no capítulo 6.)

A recombinação criativa, por outro lado — ao contrário da PCR e da iniciativa de mudança do Citibank nos anos 70 —, requer muito menos do período de transição e, portanto, menos caos. Como os recombinantes já existem, você gasta menos tempo destruindo partes antigas e inventando e implementando novas. Freqüentemente, os recombinantes podem inclusive continuar operando durante a mudança. Quando a Deutsche Bahn mudou seu sistema de mensuração, os 18 tipos de medições que ela manteve continuaram funcionando. Durante a transição, a companhia continuou a usá-las para coletar, processar e distribuir informações.

A recombinação criativa também tende a gerar menos caos político decorrente da mudança. De fato, porque muito pouco é destruído, há menos o que defender ou justificar na empresa. Os gerentes gastam menos tempo e energia protegendo seu posto, capacitação e autoridade. Além disso, a síndrome NIA — "não inventado aqui" — torna-se irrelevante. As pessoas normalmente não rejeitam como "invenções de fora" iniciativas de mudança que recombinam componentes organizacionais já existentes.

Cinismo dos Funcionários H. L. Mencken disse certa vez que "cínico é um homem que quando sente o cheiro de flores procura um caixão". Os níveis de cinismo, ansiedade e desgaste dos funcionários decorrentes da destruição criativa estão bem documentados. Considere, por exemplo, a fusão do Chase e do J.P. Morgan em 2000 e sua tentativa de criar uma única e gigantesca empresa chamada J.P. Morgan Chase. Esse foi um caso clássico de destruição criativa. Durante anos, o

---

* O autor faz um jogo de palavras com o termo *pipeline* — cujo significado literal é encanamento, duto, ou canal de informações e, em informática, processamento paralelo de instruções — e as palavras *errupt* (estourar) e *burst* (romper). (N. da T.)

Chase abocanhou empresa após empresa — o Chemical Bank é um exemplo — que criou problemas arraigados de integração e alienação dos funcionários à medida que o Chase impingia mudanças seguidas a seu pessoal. A fusão com o J. P. Morgan, em que milhares de funcionários foram afunilados juntos para criar uma única grande companhia, desencadeou cinismo e ansiedade em tantas pessoas que elas deixaram em massa a empresa recém-formada. Uma funcionária sênior de investimentos com quem conversei disse que, pouco depois da criação do J.P. Morgan Chase, ela era a única pessoa que havia restado das 60 que trabalhavam em seu departamento!

A recombinação criativa, por outro lado, tende a ser muito mais desagregadora para os funcionários — em grande parte porque há menos sobrecarga de iniciativa e menos caos decorrente da mudança. Como os funcionários não ficam continuamente desperdiçando seus esforços, reinventando a roda ou alternando entre processos opostos de mudança, não se tornam tão cínicos. Como os recombinantes não são novos e desconhecidos, a ansiedade é mínima. E como a mudança recombinatória é em geral menos trabalhosa do que a destrutiva, as pessoas não se desgastam.

Visão Geral do Livro

Este capítulo e o próximo descrevem a recombinação criativa. Os sete capítulos seguintes demonstram como recombinar criativamente vários elementos de sua organização, assim como recombinar elementos de *fora* de sua organização.

Mais especificamente, os capítulos de 3 a 7 exploram diferentes dimensões da organização e como aplicar a recombinação criativa. O capítulo 3 foca as *pessoas* e como evitar o *downsizing*, redistribuindo os talentos de que a companhia já dispõe. O capítulo 4 examina as *redes sociais* da organização e como, em vez de criar mais uma rede de tecnologia da informação nova, podem alavancá-las para obter uma mudança sem sofrimento. O capítulo 5 concentra-se na *cultura* e em como a organização pode revitalizar seus valores, em vez de inventá-los do zero. O capítulo 6 explora os *processos* — especificamente, a recuperação de processos bons, em vez de sua submissão a uma reengenharia. Da mesma forma, o capítulo 7 examina a *estrutura* organizacional, com a atenção voltada para a reutilização de suas partes, em vez vivenciar o processo doloroso de substituir e reorganizar todas elas.

Cada um desses capítulos foca como recombinar um ou mais elementos dentro da empresa — pessoas, redes, cultura, processos e estrutura. O capítulo 8 muda o foco dos recombinantes internos da empresa para aqueles externos. Examina como promover uma mudança em larga escala, envolvendo não só os recombinantes de uma empresa, mas também aqueles pertencentes a seus fornecedores, clientes e, inclusive, concorrentes.

O capítulo 9 analisa a questão de *quando* recombinar. Mais especificamente, desafia a noção de mudança contínua — seja por destruição criativa ou por recombinação criativa — e introduz uma técnica que permite o equilíbrio entre estabilidade e mudança, visando reduzir o caos decorrente da mudança. Esta técnica, *pacing*, intercala períodos de estabilidade e mudança, contrabalançando as duas para explorar o benefício de ambas. O capítulo 10 conclui o livro com algumas dicas práticas para manter a agilidade dos "músculos recombinantes" da companhia e, portanto, buscar a mudança sem sofrimento como ideal ao longo da vida da organização.

O Ideal de Mudança sem Dor

O renomado cientista comportamental Kurt Lewin disse certa vez: "Não existe mudança sem sofrimento".[13] Ou, resumindo, "não sofre, não muda". Embora eu concorde veementemente com a verdade por trás do dito, gostaria de acrescentar também três advertências importantes. Primeiro, no ambiente atual de mudanças excessivas, é importante não supergeneralizar. Sim, às vezes nenhum sofrimento significa nenhuma mudança, mas algumas vezes níveis excessivos de sofrimento decorrente de mudança também podem tornar a mudança mais lenta, cara e muito mais suscetível ao fracasso. Em outras palavras: mais sofrimento, menos mudança. Devemos considerar, portanto, que menos sofrimento equivale a mais mudança.

Segundo, "não sofre, não muda" não pode ser o padrão de referência para julgarmos o gerenciamento da mudança, porque a expressão então se torna uma desculpa para todo tipo de mudança mal administrada. Por exemplo: "A mudança organizacional foi bem-sucedida, porém a organização experimentou um sofrimento insuportável e não sobreviveu".

Terceiro, "não sofre, não muda" não pode permanecer como padrão. Caso contrário, torna-se uma justificativa trivial para por que uma mudança é tão difícil, por que tantas iniciativas fracassam e para mais modismos de gestão de mudança.

Este livro propõe um ideal diferente ao qual aspirar: mudança sem dor — isto é, a mudança que os líderes e os gerentes podem repetir inúmeras vezes sem criar, ao longo do tempo, sobrecarga de iniciativa, caos generalizado decorrente da mudança e cinismo e desgaste dos funcionários. Eu advogo a mudança sem sofrimento não porque a missão dos executivos seja eliminar o sofrimento da vida organizacional (tornando o trabalho entendiante e sem desafios), mas porque, em um ambiente já com mudanças em excesso, mais sofrimento decorrente de mudança impede mudanças adicionais, aumenta seu custo e reduz sua eficácia. Mudança sem dor é um ideal que, mesmo se inatingível, desafiará e estimulará as pessoas que desenvolvem propostas de gestão de mudança a elaborar abordagens melhores para mudá-lo.

No próximo capítulo, começamos a explorar esta noção de mudança sem sofrimento examinando mais de perto como os líderes e gerentes a promovem — especificamente, através dos princípios básicos de recombinação criativa.

2 Recombinação Criativa

A EQUIPE DE EXECUTIVOS SENIORES da Westland Helicopters — a maior divisão da GKN Westland Aerospace — estava passando pelo tumulto da mudança de seu lastro primordial em um mercado militar maduro para um lastro adicional em um mercado civil em franco crescimento. A produção dessa divisão era extremamente pequena, geralmente de apenas quatro helicópteros, cada um feito sob medida para um tipo específico de missão militar — busca de submarinos, por exemplo, ou combate a tanques. Era um estilo de produção satisfatório, contanto que o orçamento militar fosse grande. Mas, após o final da guerra fria, o mercado tornou-se muito mais competitivo e a divisão ficou sob pressão intensa para operar em economia de escala de desenvolvimento e produção. Em outras palavras, precisava mudar.

E mudou. De fato, a Westland Helicopters foi inundada por tantas iniciativas de mudança que não conseguia fabricar os helicópteros. Entrou em um ciclo crônico de síndrome da mudança repetitiva em que os executivos tratavam problemas gerados por uma onda de destruição criativa com outra onda de destruição criativa que só aumentava o problema.

Cegos por esse círculo vicioso, os executivos seniores extenuados enfrentaram ainda outra mudança: lançar mais um programa de alteração de desenvolvimento de produto para eliminar o que estava errado no programa existente.

Felizmente, o time de profissionais conseguiu enxergar que era impossível trabalhar assumindo cada vez mais obrigações de gestão de mudança. Acometidos pela síndrome da mudança repetitiva, esse time de elite formado por executivos altamente comprometidos concordou em tentar uma nova abordagem — resultando em um raro final de conto de fadas para uma divisão tão esgotada.

Examinando a divisão e a matriz para ver o que já existia que poderia ser reutilizado para elaborar as mudanças de que precisavam, os executivos encontraram uma solução fácil e de custo eficiente. Primeiro, descobriram que já dispunham de um modelo "produto-desenvolvimento" muito bom na divisão de informática da própria companhia. Com um pouco de customização e tradução, perceberam que o processo podia ser adaptado para a produção de helicópteros e assim minimizar os custos de projeto. Segundo, poderiam aprimorar a produção aproveitando o conhecimento dos funcionários vindos do setor automotivo da matriz e que, portanto, tinham experiência em produção de carros em larga escala. Por fim, remanejaram outro conceito de produto, que chamaram de "Boneca Barbie", e que há muito estava em uso em outra divisão da companhia. Isso possibilitou que eles construíssem um helicóptero básico, que poderia ser equipado (ou recombinado) com inúmeros acessórios — armas, bombas e aviônica — para clientes militares brincarem. A estratégia permitiu tanto a produção quanto a customização em massa e que a companhia lucrasse com ambas. Obviamente, a mudança não foi uma recombinação criativa. Foi necessária também alguma destruição criativa, mas muito menos do que a usual.

Ao contrário das modalidades de mudança altamente desagregadoras e sofridas que geralmente acompanham a destruição criativa, a recombinação facilita uma transformação mais tranqüila e com custo eficiente, o que a Westland Helicopters conseguiu concretizar. A divisão não precisou obliterar o passado para criar o futuro: ocorreram poucas demissões, foram adquiridos poucos softwares e equipamentos novos, poucas idéias totalmente novas foram criadas ou trazidas de fora e pouca mudança cultural foi necessária. O efeito total? A Westland Helicopters conseguiu uma mudança muito menos desestabilizadora e sofrida com muito sucesso.

Portanto, a mudança sem dor é alcançada, primeiro, descobrindo-se o que já existe na organização que pode ser reutilizado (em vez de criar, inventar ou comprar algo novo) e, segundo, sabendo como reutilizar, remanejar e recombinar esses elementos existentes em novas configurações. Isso é a recombinação criativa em ação.

Vamos explorar agora essa noção em mais detalhes, examinando que tipos específicos de coisas uma organização pode já ter guardadas em sua oficina para promover uma mudança positiva sem sofrimento.

O Que Recombinar

Um dos principais desafios na recombinação criativa diz respeito às possibilidades que você vê. Para encontrar os elementos organizacionais que você pode recombinar eficientemente é preciso primeiro saber onde procurá-los. Em seguida vem uma técnica de mapeamento que destaca toda a gama de possibilidades e funciona como uma ferramenta para garantir que você não deixe passar nenhuma boa.

Os Cinco Recombinantes

Observe qualquer arquitetura organizacional e você encontrará cinco elementos em comum, ou recombinantes: pessoas, redes, cultura, processos e estrutura. São os equivalentes organizacionais das bielas, cintos velhos de couro e discos de metal da oficina de meu pai e com os quais ele construiu meu torno de oleiro. Posto de outra forma, são as coisas que você encontrará guardadas no seu porão corporativo. São os elementos organizacionais que você pode recombinar para criar uma mudança sem dor.

As pessoas em sua organização, é claro, são seus funcionários. Eles criam redes de contato entre si; isto é, trocam informações, favores, recursos e até mesmo fofocas através dos sistemas informais da empresa. A cultura da empresa compreende seus valores (por exemplo, decisão por consenso), normas (o que a empresa considera um comportamento normal, como o trabalho até depois da meia-noite nos fins de semana) e papéis informais (um mentor informal, por exemplo). Os processos são as atividades recorrentes — tais como compras, produção ou distribuição — que permitem que uma empresa transforme insumos como matéria-prima, mão-de-obra ou capital em bens como produtos ou serviços. Estrutura refere-se ao organograma, linhas de comunicação e reporte, quadro de pessoal e aos mecanismos de controle que os gerentes implementam para assegurar que os funcionários conduzam os processos de forma eficiente e eficaz. Portanto, vender é um processo, enquanto um bônus de venda é um mecanismo de controle estrutural para garantir vendas eficazes e eficientes.

Quando planeja uma mudança através da recombinação criativa, em vez de eliminar pessoas, redes, cultura, processos e estrutura para substituí-los por novos, você trabalha com o que já tem. Em outras palavras, você busca soluções para sua mudança apenas nas partes existentes da arquitetura organizacional.

A perspicácia dos líderes da Westland Helicopters ficou evidente, não tanto pelo fato de terem encontrado uma forma de produzir helicópteros em escala, mas por buscarem o que podiam recombinar para fazer isso. Eles consideraram dois elementos nos processos existentes — o de desenvolvimento de software e o "Boneca Barbie" — que poderiam ser úteis, assim como o inestimável valor do conhecimento que parte de seu pessoal possuía. E perceberam que podiam recombinar esses elementos para criar uma linha de produção capaz de fabricar centenas de helicópteros de uma vez, não lotes de apenas três ou quatro. Dessa forma, os executivos revitalizaram ainda outro recombinante — um valor esquecido, latente, na cultura da Westland Helicopters de "usar o que já temos".

O resultado foi que a Westland Helicopters promoveu uma mudança de custo eficiente sem sofrimento, recombinando criativamente processos, pessoas e um aspecto de sua cultura. Imagine quanto tempo, esforço e dinheiro a divisão teria desperdiçado — sem mencionar a ruptura criada — se o time de executivos tivesse continuado a inventar "novas" soluções para seus problemas, em vez de alavancar recombinantes existentes!

Outra maneira de pensar sobre os cinco recombinantes é como uma estrutura de Lego — aqueles blocos multicoloridos de plástico com pinos que podem ser encaixados para criar todos os tipos de combinação e configuração A mudança em uma estrutura de Lego não precisa ser na forma de destruição criativa — desmontar toda a estrutura, jogar todos os blocos fora, comprar um conjunto novo e reconstruir uma estrutura totalmente diferente. Em vez disso, a mudança acontece reaproveitando — tirando um bloco de uma estrutura e adicionando a outra. Em outras situações, subestruturas inteiras de Lego podem ser recombinadas com outras subestruturas e desempenhar um novo papel na estrutura como um todo.

A Figura 2-1 ilustra o Lego organizacional: os recombinantes pessoas, cultura, rede, processos e estrutura. Mostra também como os cinco recombinantes tendem a se dividir em um "eixo físico" e um "eixo instintivo" e como se sobrepõem quando uma companhia, como a Westland Helicopters, promove uma mudança através da recombinação criativa. O eixo processos-estrutura representa o eixo de recombinantes organizacionais "físico" — isto é, recombinantes que estão sob o controle direto da gerência. Na Westland Helicopters, ele representa os processos de aquisição de helicópteros, produção e contratos, assim como a complexa divisão da mão-de-obra em unidades de produção coordenadas. Esses processos foram respaldados por sistemas de mensuração, avaliação e recompensa que garantem que cada helicóptero de combate seja entregue no prazo, com o armamento correto e a qualidade necessária para combater o inimigo. O eixo rede-cultura representa o eixo de recombinantes organizacionais "instintivos", porque cultura e redes são recombinantes que em geral ocorrem espontaneamente na organização, em vez de serem ditados diretamente pelo time administrativo. Na empresa em questão, esses elementos incluíam a cultura de engenharia da empresa, que valorizava mais a produção de helicópteros rápidos, elegantes e letais do que a existência de uma marca e de redes sociais abrangentes conectando não apenas os funcionários com a empresa, mas também alguns desses funcionários com agências regulamentadoras, generais do exército e da força aérea e com os mais diversos especialistas técnicos fora da empresa.

FIGURA 2-1

Mapa de Recombinantes

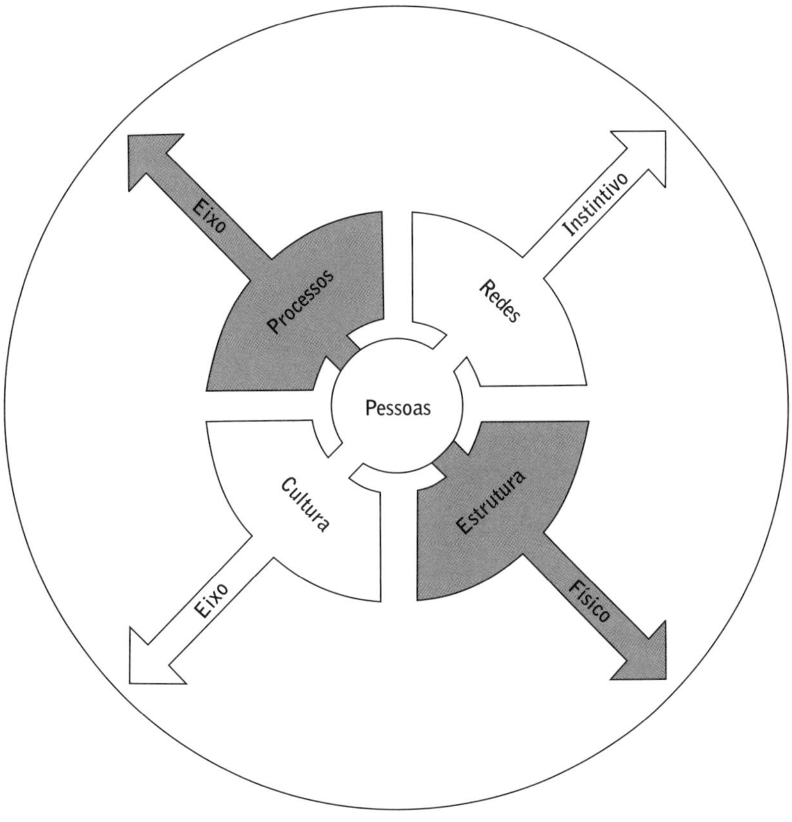

Toda vez que uma empresa vai em busca de uma estratégia existente ou nova, reutilizando, reorganizando ou recombinando aspectos de seu pessoal, redes, cultura, estruturas ou processos, em vez de destruí-los e recriá-los do zero, está recombinando criativamente. Então, em vez de enxugar, reorganiza os talentos de seu pessoal. Em vez de pagar por alguma forma de rede informatizada para gerenciar o conhecimento, alavanca as redes sociais através das quais esse conhecimento já flui. Em vez de inventar toda uma nova cultura, procura revitalizar ou reforçar os valores culturais já presentes na empresa. Em vez de reestruturar, reutiliza elementos existentes em sua estrutura atual. E em vez de promover uma reengenharia criando processos totalmente novos, mantém aqueles perfeitamente bons usados há tempos na organização.

Em suma, você não começa pegando uma folha de papel em branco e desenhando sua visão de ideal desde o princípio. Você não destrói e queima o que existe para criar a Terra Prometida. Começa com o que já tem guardado no porão corporativo. Então, usa o velho e bom jeitinho, o reaproveitamento, *bricolage, bulup bulusturmak, kumikaeru* e *flickchusterei* para fuçar, mexer, montar, fazer sozinho, consertar e trilhar seu caminho para uma mudança eficaz que resulte no menor incômodo possível a todos.

Agora vamos voltar um pouco. Após terem usado as técnicas de mapeamento e saberem o que procurar — que tipo de elementos da organização querem reutilizar, remanejar ou recombinar —, os líderes podem estar imaginando qual será o truque para encontrar os que lhes que são úteis. Em outras palavras, precisam de uma técnica de busca, além da de mapeamento.

Uma das técnicas de busca é perguntar: "Do que eu preciso para alcançar o fim que desejo?", e então procurar esses meios na organização. Na Westland Helicopters, por exemplo, o time de executivos começou esclarecendo essa finalidade: passar da produção de pequenos lotes de helicópteros para produção em massa. A clareza e o foco permitiram que descobrissem quais dos recombinantes organizacionais existentes serviam como meio para aquele fim — e tornou-se um primeiro passo importante para encontrar os meios para uma mudança sem dor.

A outra técnica de busca é perguntar: "O que já tenho guardado em meu porão e em quais oportunidades potenciais posso capitalizar?". A tarefa então é encontrar um bom fim para aplicar os meios existentes. Examinemos agora essa questão sobre meios e fins em maior detalhe.

Encontrando Recombinantes

Pergunte à maioria das pessoas: "Como se resolvem os problemas ou se exploram as oportunidades?", e elas dirão sem hesitar que os problemas e as oportunidades surgem primeiro e só depois é que as pessoas buscam soluções para resolvê-los ou exploram as oportunidades. É muito mais raro elas reconhecerem que as soluções freqüentemente surgem primeiro e só depois revelam problemas até então desconhecidos que podem ser resolvidos, ou oportunidades desconhecidas que podem ser exploradas. Avanços recentes em cirurgia plástica, por exemplo, possibilitaram modificar a aparência do umbigo de uma pessoa. Essa solução está levando um número crescente de pessoas a descobrir quão "para dentro" ou "para fora" é seu "nozinho". Mais pertinentemente, só depois que técnicas para descrever e transformar a cultura de uma companhia foram desenvolvidas, muitos CEOs perceberam que tinham um "problema cultural" ou uma "oportunidade cultural" em sua empresa.

Seja a técnica encontrar uma solução para resolver um problema criando um meio para um fim, ou seja ela ter uma solução que revela uma oportunidade criando um fim para um meio, o resultado final é o mesmo: uma relação meio-fim é estabelecida e em seguida o problema é resolvido. Então, você pode perguntar, por que se preocupar em analisar essa distinção? Porque as técnicas de busca que solucionam questões meios-para-fins e questões fins-para-meios em geral são extremamente diferentes.

Reconsidere por um momento a oficina no porão. Um tipo de técnica de busca é envolvido quando existe um problema ou uma oportunidade concretos — por exemplo, uma criança quer um torno de oleiro, o que faz seu pai procurar, no meio das sucatas, aquelas de que precisa para criar o torno. A técnica de busca é muito diferente quando os recombinadores vão à oficina sem um problema específico em mente e procuram um conjunto de peças com as quais poderiam construir algo útil.

No caso da Westland Helicopters, vimos como identificar os fins ajudou os executivos a descobrir recombinantes que poderiam servir como meios para alcançá-los. A Dow Corning, por outro lado, proporciona um exemplo de como uma companhia, a partir de meios existentes, encontrou fins para aplicar esses meios. Possuía um processo para transformar plástico em folhas finas, flexíveis e colantes utilizadas em revestimentos industriais. Para quais outros fins esse processo poderia servir? Resposta: Saran Wrap (filme de PVC), um produto para o multimilionário mercado de massa. Bons recombinadores, portanto, podem procurar novos fins para um recombinante existente.

A busca por novos fins para meios existentes não é mais uma versão do mantra "construa que eles virão". Em vez disso, ela implica que, se você já construiu, por que não encontrar mais formas para eles virem? De fato, sabemos há muito tempo que a incapacidade de explorar inovações é por certo muito mais predominante do que a incapacidade de inovar. Considere o exemplo da divisão PARC R&D da Xerox. Ela foi a inventora, entre outras coisas, do mouse e da interface gráfica. A Xerox nunca comercializou essas inovações extraordinárias, deixando que outras companhias utilizassem esses meios para criar produtos brilhantes — companhias como a Apple Computer e a Microsoft, que recombinaram as invenções da Xerox com seus próprios produtos.

Após identificar seu problema e oportunidade e decidir quais recombinantes em sua organização irá focar, o próximo passo é saber como pode combinar o que tem para promover uma mudança de custo eficiente sem sofrimento. Em outras palavras, precisa voltar sua atenção para o que chamo de a *técnica de ação* que lhe permitirá reutilizar, remanejar e recombinar de forma mais eficiente os elementos existentes na empresa em novas configurações.

Como Recombinar

Dominar a aplicação da recombinação criativa requer o entendimento da diversidade de técnicas que os líderes, gerentes e funcionários podem utilizar. Assim como existe mais de uma técnica de busca para decidir o que e quanto recombinar, também existe uma variedade de técnicas de ação para determinar a melhor forma de recombinar.

Muitas soluções de mudança excelentes falham não tanto por serem as erradas, mas porque os agentes de mudança as implementam de forma ineficiente. O sucesso depende do uso da técnica de ação correta para cada tipo de recombinante e de um suporte para essa ação com os recursos apropriados.

Você pode promover uma mudança através da recombinação criativa escolhendo entre três técnicas de ação muito diferentes, que chamo de *clonagem, customização* e *tradução.* A escolha da técnica depende das características que você quer recombinar, seja de pessoas, redes, cultura, processo ou estrutura. Cada técnica de ação requer não só diferentes tipos de processos de implementação, mas também diferentes tipos de conhecimento de suporte para implementá-los adequadamente.

Clonagem

Das três técnicas de ação, a clonagem é a menos árdua. Essencialmente, você simplesmente "instala e usa" — contanto que o que está clonando seja completamente compatível com o novo ambiente em que será usado. Por exemplo, a maioria dos programas de computador pode ser copiada com precisão e facilmente instalada entre diferentes plataformas padronizadas.

Recombinantes clonáveis, ou *clones*, são aqueles que possuem as mesmas propriedades que esses programas — isto é, os mesmos meios podem ser usados inalteradamente para alcançar os mesmos fins com sucesso em um setor diferente da empresa. Outro exemplo de recombinante clonável pode ser uma política comum de retorno que você pode implementar em diferentes negócios de franquia, estipulando uma variação para a taxa de retorno dentro de uma determinada faixa, independentemente do perfil socioeconômico dos clientes de cada franquia.

Em nosso exemplo da Westland Helicopters, o valor cultural que a divisão instilou durante seu programa de mudança — o "dê um jeito com o que temos" — foi na realidade clonado e revitalizado a partir de uma tradição há muito perdida no âmbito da divisão. Durante os anos em que a mudança radical por destruição criativa era o mantra, esse valor simplesmente foi enterrado, substituído por "dêem um jeito com as novas visões audaciosas e os consultores que temos". Mas o valor latente da autoconfiança criativa não morreu de todo. Como um engenheiro me contou, nenhum helicóptero produzido na divisão era igual a outro e, portanto, sempre havia necessidade de se "dar um jeito", improvisando uma solução com peças existentes ou artefatos. Além disso, a mudança radical tumultuou tanto a rotina das operações que apagar incêndios — improvisar soluções rapidamente para aplacar problemas — tornou-se uma arte na Westland Helicopters. A necessidade de apagar incêndios criou uma geração de funcionários altamente qualificados, Michelangelos da recombinação, capazes de em instantes montar, a partir de peças desconexas, soluções maravilhosas para evitar catástrofes. O valor "dê um jeito com o que tem," portanto, residia na empresa esperando ser revitalizado a qualquer momento, clonado e explorado por líderes sagazes.

É importante lembrar, entretanto, que nem todos os elementos de uma organização podem ser clonados. A chave para a clonagem, então, é saber o que você tem que é clonável. Alguns recombinantes de eixo intuitivo da organização, tal como pessoas, não podem ser clonados (ainda) por razões óbvias (embora geralmente seja possível clonar de alguma forma suas habilidades e conhecimento). Tampouco podem ser clonadas certas redes sociais, porque as conexões sociais entre as pessoas em uma rede situam-se em um nível de confiança e cooperação difícil de duplicar. Até mesmo alguns recombinantes do eixo físico de processos e estruturas não são clonáveis, embora existam muitos que possam ser.

Por exemplo, a franquia automotiva GKN Meineke desenvolveu um curso Web para treinar alguns franqueados. Descobriu que podia estender o curso, sem modificá-lo, não só para a maioria de suas franquias novas, mas também para as existentes. Um banco de investimentos, pelo contrário, constatou que levar um curso Web destinado a reforçar os valores de integridade e o foco no cliente dos Estados Unidos para o Reino Unido requeria mudanças significativas para adequar-se ao contexto dessa segunda localidade. É por isso que, ao pensar em clonagem, é importante primeiro saber com o que está lidando.

Customização

Certos recombinantes não podem ser simplesmente clonados pelos agentes de mudança. Devem, em vez disso, ser customizados e em seguida recombinados para promover uma mudança. Precisam ser alterados para se adequarem a diferentes áreas da organização. Ou, posto de outra forma, você deve modificar os meios para atingir os mesmos fins com sucesso nas diversas partes de sua empresa.

Na Westland Helicopters, quando os executivos remanejaram a *expertise* da indústria automobilística para o know-how de produção em massa e habilidades de seu pessoal, não estavam utilizando aqueles especialistas exatamente da mesma forma que eram utilizados no setor automotivo. Os executivos precisaram customizar o conhecimento dos especialistas para a produção de helicópteros, para sua alta complexidade tecnológica e imperativos de segurança de vôo.

Quando você customiza, deve essencialmente "readequar e usar". Nesse sentido, customizar é mais desafiador do que clonar porque requer que você saiba não só o que está recombinando, mas também por quê, como e quando o recombinante funciona.

Por exemplo, considere transferir para um norte-americano as qualificações de um motorista parisiense — isto é, a habilidade de chegar a qualquer lugar a tempo nessa cidade confusa sem ficar irremediavelmente perdido ou ser preso. Tal transferência requer muito mais fornecer ao americano um guia de Paris com os trajetos mais rápidos na cidade. Você não necessita apenas de informações explícitas, tais como: "Pegue a Avenue du Maine e vire no Boulevard Montparnasse". Precisa também de informações mais sugestivas como: "Se for uma sexta-feira ensolarada, use uma rota alternativa à proposta, porque praticamente todos os franceses usarão o mesmo trajeto. A menos, é claro, que seja agosto, quando principalmente os estrangeiros trafegam, caso em que você pode dirigir de forma mais universalmente agressiva e rude. Mas apenas em ruas que não aquelas congestionadas, citadas nos guias populares de Paris para estrangeiros".

Resumindo, a transferência das habilidades de direção não requer fornecer apenas o *know-what* ("saber o quê" — qual rua tomar), mas também o *know-when* ("saber quando" — quando usar um trajeto ou outro) e o *know-how* ("saber como" — quando dirigir de acordo com os padrões parisienses ou de uma forma mais universalmente agressiva e rude). Finalmente, e mais importante, é o *know-why* ("saber por quê") — isto é, o conhecimento sobre por que um *know-when* e um *know-how* em particular são bem-sucedidos apenas sob certas circunstâncias.

Por que o *know-why* é tão importante? Sabemos apenas que o recombinante — neste caso o caminho para chegar rapidamente do ponto A ao ponto B em Paris — funcionou em um contexto. Não temos informações sobre se, quando e como funciona em outros contextos. Portanto, corremos o risco de usá-lo erradamente no contexto certo, corretamente no contexto errado ou, pior, erradamente no contexto errado.

A Disney, por exemplo, tentou clonar a fórmula de seu parque temático em uma localidade nos arredores de Paris. Entretanto, faltava-lhe um entendimento do porquê e de como parques temáticos Disney funcionam tão bem nos Estados Unidos e no Japão e por que não funcionariam, sem uma customização, em um contexto europeu. O resultado? Intelectuais franceses ferrenhamente nacionalistas apelidaram a Euro Disney de "Chernobyl cultural", os funcionários franceses do parque se rebelaram contra as regras determinando que tipo de roupas íntimas podiam usar e mães e pais franceses procuraram infrutiferamente pelo copo de vinho que acompanha obrigatoriamente o almoço.

A Disney, reconhecidamente, tem sido um recombinador hábil em quase todos os contextos, exceto para a Euro Disney. Não surpreendentemente, logo percebeu seu erro e, com um pouco de *know-why, know-when e know-how*, transformou a Euro Disney de um clone desastroso em uma customização altamente bem-sucedida do modelo do parque temático Disney.

Tradução

Certos recombinantes são essencialmente incompatíveis com novos contextos. Portanto, você talvez precise traduzi-los de alguma forma para que possam se recombinar com maior sucesso e menos sofrimento. Em outras palavras, você precisa interpretar, reinventar e torná-los úteis para a nova situação. Assim, os recombinantes alcançam os mesmos fins na organização, mas por meios completamente diferentes. Garfos, *hashis* (palitos usados por orientais) e a mão, por exemplo, são traduções de meios diferentes para o mesmo fim: comer. Da mesma forma, o valor cultural corporativo da oportunidade talvez precise ser reinventado para sua utilização nos Estados Unidos, onde "tempo é dinheiro" e, portanto, valoriza-se a oportunidade, ao contrário de seu uso em um país como a Espanha, onde se valoriza mais como, e não quanto, o tempo é gasto. (Por exemplo, deixar de lado o costumeiro prolongado e descontraído almoço, mesmo no contexto comercial, seria considerado estranho.)

Na Westland Helicopters, embora os executivos tenham alavancado e customizado as competências de seus funcionários com *expertise* automotiva para adequá-las à produção de helicópteros, tiveram que traduzir outros recombinantes para que funcionassem corretamente. A maioria das pessoas concordaria, por exemplo, que um software é muito diferente de um helicóptero. Quando os executivos remanejaram processos de desenvolvimento de seu software para sua operação de helicópteros, não estavam simplesmente clonando ou mesmo customizando os processos. Em vez disso, estavam copiando as funções proporcionadas por cada passo do software de desenvolvimento de processos, não os passos propriamente ditos. Da mesma forma, algumas particularidades da Euro Disney precisaram ser traduzidas para o contexto europeu — por exemplo, um menu de almoço sem cerveja ou vinho precisou ser adaptado para um com essas bebidas apresentadas em destaque.

Traduções bem-sucedidas são, portanto, a mais difícil de todas as técnicas para implementar o tipo de recombinação que facilita uma mudança sem dor. Geralmente requer um diálogo cara a cara com pessoas que usaram o recombinante com sucesso em outro contexto e podem explicar como ele funciona para alcançar determinados fins.

Por exemplo, os consultores de empresas renomadas como a McKinsey, Booz•Allen & Hamilton ou ATKearny são mestres em recombinar a experiência que desenvolveram em uma consultoria para solucionar problemas encontrados em outra. Os problemas de consultoria com que se deparam são tão complexos e ambíguos e os padrões de excelência exigidos tão altos, que recombinar métodos desenvolvidos em uma consultoria requer muito mais do que uma clonagem ou customização. Os meios que utilizam, portanto, servem como fonte de inspiração para traduzir um método em particular de um trabalho de consultoria para outro com o intuito de alcançar os mesmos fins.

Quando é preciso um diálogo cara a cara (ou fone a fone) para obter a informação necessária a fim de traduzir uma técnica usada em uma consultoria em outra, outro tipo de conhecimento se torna crítico: o conhecimento de como contatar para que haja esse diálogo. Chamo esse conhecimento de *know-who* (saber quem). Além disso, se você não dispõe de *know-who*, também é imprescindível conhecer aqueles raros indivíduos, ou sistemas de TI, que podem colocá-lo em contato com as pessoas certas com quem falar. Redes de contato interpessoal ricas, assim como tecnologias de informação de ponta, proporcionam esse tipo de conhecimento aos consultores.

A Tabela 2-1 oferece um resumo das características particulares a cada uma das três técnicas de ação e como se comparam. Agora que examinamos as várias técnicas de ação que permitem a recombinação criativa, vamos considerar a escala. O tamanho de um programa de mudança pode determinar a abordagem utilizada.

A recombinação de um único tipo de recombinante, por exemplo, pode ser alcançada em geral tanto por clonagem como por customização ou tradução. Entretanto, a recombinação de muitos recombinantes é tão complexa que raramente é possível alcançá-la por mera clonagem e normalmente requer a customização ou, inclusive, a tradução.

À medida que avança na leitura do livro, tenha em mente que mudar através da recombinação criativa não é algo que você pode aplicar facilmente ao tipo de companhia avessa a mudanças que descrevemos no capítulo 1. Essas são companhias antigas, formais e obtusas que mudaram muito pouco e que, de qualquer forma, são uma espécie em extinção hoje, dada a febre de programas de mudanças radicais e a popularidade da destruição criativa nas últimas décadas. O problema das empresas avessas a mudanças é que, devido a sua excessiva estabilidade, com o passar do tempo tornaram-se melhores cada vez menos até que sua excelência reduziu-se praticamente a nada — sobrando muito pouco para recombinar. A recombinação criativa, por sua vez, aplica-se a empresas que promoveram (ou quase) muitas mudanças — que chamei de viciadas em mudança — e estão repletas de recombinantes que podem reutilizar, remanejar ou revitalizar para alcançar uma mudança de custo eficiente, sem sofrimento.

Tenha em mente também que, embora a mudança por recombinação criativa seja muito menos desagregadora do que aquela por destruição criativa, também tem sua parcela de desagregação. Quando a empresa deve mudar ou quando deve estabilizar suas operações também é uma questão extremamente importante que abordo no capítulo 9, onde examino a técnica de *pacing* — intercalação de períodos de estabilidade e de mudança para explorar os benefícios de ambas.

TABELA 2-1

Clonagem, Customização e Tradução

Tipo de Recombinante	Características	Processo de Implementação	Recursos de Suporte	Exemplo
Clonável	Os mesmos meios alcançarão os mesmos fins com sucesso entre setores de uma empresa	Clonagem: formalizar, transmitir e adotar	*Know-what*: qual é o recombinante a ser reutilizado?	Enviar cópias de um programa e exigir seu uso na empresa com um padrão de PC comum
Customizável	Os meios devem ser modificados para alcançar os mesmos fins com sucesso entre setores de uma empresa	Customização: comunicar, adotar e adequar	*Know-when, know-how e know-why*: quando, como e por que o recombinante deve ser reutilizado?	Treinamento de idiomas para especialistas baseados em subsidiárias de outros países
Reinventável	Os meios devem ser reinventados para alcançar os mesmos fins com sucesso entre setores de uma empresa	Tradução: interpretar, reinventar e adotar	*Know-who*: quem sabe o que, por que e quando sobre esse recombinante? Saber quem conhece quem: quais pessoas têm o *know-what, know-when* e *know-why* para recombinantes específicos?	Recriar um valor corporativo ou uma marca existente em uma subsidiária para alcançar o mesmo fim em uma subsidiária sediada em outra cultura nacional

O Que Você Vê É o Que Recombina

Uma antiga anedota diz que um homem, a caminho de seu trabalho no turno da noite, vê um bêbado procurando algo em volta de um poste de luz. Sendo um bom samaritano, pergunta ao bêbado o que está procurando. "Minhas chaves!", responde o bêbado em um tom alto e ameaçador. O bom samaritano vai embora. Horas mais tarde, voltando do trabalho, com as ruas ainda envoltas na escuridão, ele vê o mesmo bêbado rondando o mesmo poste de luz, ainda procurando pelas chaves. Como o bêbado parece um pouco mais sóbrio, o bom samaritano lhe pergunta por que continua procurando as chaves no mesmo lugar. O bêbado responde no mesmo tom alto e ameaçador: "Porque este é o único lugar onde tenho luz suficiente para encontrá-las!"

A anedota é medíocre, mas toca em um ponto importante. Um mapa, assim como o poste, tende a lançar luz em determinados aspectos de uma situação e obscurecer outros. Entretanto, o que fica fora do mapa, envolto na escuridão, pode ser o que realmente importa. Um bom mapa ou técnica de mapeamento para uma dada finalidade, portanto, nos ajuda a ver certos cursos de ação e nos mantém na escuridão somente no que não interessa. Para ir de Nova York a Washington, por exemplo, um bom mapa rodoviário precisa mostrar apenas vias expressas importantes, estradas e cidades grandes. Sempre existem mapas detalhados que mostram estradas vicinais, ruas e avenidas necessárias para encontrar um endereço em uma cidade grande. Mapas ruins são deficientes em foco. Ou focam coisas demais e nos confundem com sua complexidade ou coisas de menos e nos deixam no escuro.

Da mesma forma, se você espera promover uma mudança através da recombinação criativa, precisa de um bom mapa para encontrar os recombinantes necessários na rica oficina de sua organização e descobrir como reutilizar, remanejar ou revitalizá-los. O restante deste livro busca exatamente isso: proporcionar um mapa que mostre como implementar uma recombinação criativa entre recombinantes específicos para promover uma mudança duradoura, de custo eficiente e sem sofrimento.

O que é um bom mapa de recombinação? Primeiro, um bom mapa deve lançar luz ao local onde procurar toda a gama de recombinantes, não apenas os óbvios. Segundo, deve distinguir diferentes tipos de recombinante. Terceiro, deve mostrar o tipo de técnica requerida para se utilizar cada tipo de recombinante. Este capítulo, por exemplo, distinguiu três técnicas de ação para recombinar que envolvem três tipos de recombinante: clonáveis (que podem ser copiados e recombinados), customizáveis (que podem ser copiados, mas precisam ser modificados para serem recombinados) e traduzíveis (que não podem ser copiados e devem ser adaptados para alcançar os mesmos fins e serem recombinados). A tipologia é útil porque cada tipo de recombinante requer uma técnica de recombinação diferente.

O próximo capítulo examina como você pode recombinar criativamente seu pessoal — ou mais precisamente, as qualidades particulares de seu pessoal. Primeiro, examina que tipos de qualidade as pessoas têm. Segundo, explora como procurar pessoas com as qualidades necessárias para lidar com um determinado problema ou oportunidade e como encontrar os problemas e as oportunidades que as qualidades das pessoas que temos permitem lidar. Terceiro, examina como essas qualidades — quando encontradas — podem ser recombinadas. Analisa que técnica ou técnicas (clonagem, customização ou tradução) podem ser usadas com maior eficácia sob quais circunstâncias. Finalmente, proporciona uma série de exemplos das táticas criativas usadas por empresas para recombinar seu pessoal em vez de demiti-los.

Os capítulos subseqüentes examinam como criar mudança sem dor por meio dos outros quatro recombinantes das redes, culturas, estruturas e processos organizacionais. Cada um desses capítulos possui a mesma estrutura de quatro partes do capítulo 3: primeiro, aborda as técnicas de mapeamento que revelam quais aspectos do recombinante em particular você pode reutilizar, remanejar e recombinar; em seguida, as técnicas de busca necessárias para encontrar esses recombinantes em uma situação concreta; e depois as técnicas de ação — isto é, as técnicas para clonar, customizar ou traduzir um determinado tipo de recombinante. A parte final de cada capítulo leva os argumentos para o nível de tomada de decisão. Essa parte responde à pergunta: "Tudo bem, como coloco essas técnicas em prática na minha empresa?", proporcionando uma ampla gama de exemplos de companhias que o fizeram.

Vamos começar nossa abordagem da implementação da recombinação criativa examinando aquele que provavelmente é o recombinante mais valioso de qualquer empresa: seu pessoal. Se as organizações de fato querem deixar para trás a era da destruição criativa e os aspectos dolorosos da síndrome da mudança repetitiva que essa destruição provoca, não existe melhor ponto de partida. O ideal de mudança sem dor, afinal, é um ideal de quinta-essência humana e humanitária.

3 Remanejar em Vez de Demitir

ESTAVA MINISTRANDO AULAS em um curso de MBA para executivos, alunos com dez ou mais anos de experiência gerencial. Falávamos sobre downsizing. *Eric, indubitavelmente o líder da turma, declarou: "Estou na Columbia Business School por causa de um* downsizing. *[Risos na classe] Não fui demitido; simplesmente saí". Ele continuou a nos contar a história de sua empresa, uma grande companhia norte-americana de bens de consumo, cujo nome ele deseja manter anônimo. Quando o CEO da companhia decidiu enxugar a organização, começou por seu próprio time de líderes, demitindo um a um, até restarem dois terços de seus comandantes. Ele então instruiu cada um desses comandantes a demitir um terço de seus subalternos. Os dois terços remanescentes naquele nível hierárquico, por sua vez, foram instruídos a demitir um terço de seus subalternos, e assim por diante, até a base da estrutura.*

Para o pessoal da empresa, o processo de downsizing *tornou-se uma lenta e torturante marcha para a morte à medida que cada nível gerencial concluía suas demissões e o processo no nível subordinado seguinte se iniciava. Eric disse que "era como ver um piano caindo por dentro de um arranha-céu — em cada andar, as pessoas tinham que decidir onde ficar para não serem atingidas por ele". De fato, conforme as demissões atingiam os planos inferiores da hierarquia, o jogo se alinhava com aqueles com menor chance de serem demitidos — e cujos chefes tinham menor chance de serem demitidos. Portanto, quando alguém era inesperadamente demitido oito níveis acima, iniciava-se uma corrida maluca de realinhamento em cada nível subalterno.*

O estresse prolongado resultante da política organizacional, rupturas na cadeia de comando e ameaça de ser demitido quase paralisaram a empresa. Por fim, o processo tornou-se tão doloroso, desagregador e politizado que funcionários excepcionais como Eric optaram sozinhos por deixar a companhia, por puro desgosto.

A moda do *downsizing* no final da década de 80 e meados da de 90 foi talvez um dos mais óbvios e generalizados períodos de destruição criativa que o mundo corporativo já vivenciou. Durante esse período, mais de 90 % das grandes empresas no Canadá, França, Alemanha, Grã-Bretanha e nos Estados Unidos demitiram estrategicamente centenas de milhares de funcionários e mais de dois terços dessas empresas promoveram demissões subseqüentes.[1] Alguns desses processos de *downsizing* foram necessários, visto que o mercado sofreu mudanças drásticas e rápidas, deixando as empresas com fraco desempenho, virtualmente sem outra opção senão demitir. Entretanto, um padrão claro de evidências empíricas indica que menos da metade das empresas que enxugaram seus quadros nos anos 80 experimentou o crescimento nos lucros ou na produtividade esperado com as demissões, e no final da década o preço de suas ações estava abaixo da média da indústria.

Para alguns tipos de organização, os efeitos do *downsizing* foram ainda mais devastadores, transformando-se literalmente em uma questão de vida ou morte. Em um estudo conduzido em 281 hospitais com unidade de terapia intensiva que demitiram em massa[2], as taxas de mortalidade e morbidade aumentaram de 200% a 400%. Além disso, a economia de curto prazo nos custos associada ao *downsizing* nesses hospitais desaparecem em um ou dois anos.

Em todos os tipos de organização, as conseqüências do *downsizing* e da destruição criativa paralela foram devastadoras. Como vimos no primeiro exemplo sobre a empresa de bens de consumo que enxugou seu quadro demitindo um terço de seu pessoal em cada nível organizacional, os efeitos incluíram ruptura da cadeia de comando que logo levou à paralisia e desmotivação (e eventual êxodo em massa) dos melhores profissionais da empresa. Vários estudos científicos conduzidos cuidadosamente apontaram 20 problemas específicos associados ao *downsizing* (Tabela 3-1).

TABELA 3-1

Conseqüências Disfuncionais do *Downsizing*

1. Destruição da confiança e lealdade dos funcionários e clientes
2. Perda do relacionamento pessoal entre funcionários e clientes
3. Ruptura das rotinas previsíveis e corriqueiras da empresa
4. Aumento e formalização de regras, padronizações e rigidez
5. Diminuição da criatividade
6. Perda das interações interpessoais ao longo do tempo, levando à menor transferência de conhecimento entre unidades e níveis
7. Menos documentação e, portanto, menor compartilhamento de informações sobre mudanças
8. Perda de produtividade dos funcionários
9. Perda de uma cultura organizacional comum
10. Menos inovação
11. Aumento da resistência à mudança
12. Menor disposição, comprometimento e lealdade dos funcionários
13. Escalada de grupos com interesses políticos especiais e disputas políticas internas
14. Aversão ao risco e conservadorismo na tomada de decisões
15. Aumento de custos e redundâncias
16. Aumento de conflitos interpessoais
17. Efeitos negativos na saúde dos funcionários (dores de cabeça, problemas estomacais, elevação da pressão sangüínea, assim como relatos sobre aumento do consumo de álcool e fumo)
18. Aumento de sintomas psicológicos negativos (ansiedade, depressão, insônia, sensação de impotência, dificuldades cognitivas)
19. Perda da auto-estima, autocontrole, insatisfação pessoal, pessimismo, desânimo e rigidez
20. Diminuição da unidade familiar, aumento de conflitos, diminuição do bem-estar psicológico do cônjuge, aumento de brigas domésticas, deterioração do ambiente familiar e um aumento de sete vezes nos divórcios e separações

Fonte: Kim S. Cameron, *"Strategic Organizational Downsizing: An Extreme Case"*, Research in Organizational Behavior 20 (1998): 185-229.

Felizmente, como já começamos a ver nos dois primeiros capítulos, há uma alternativa para o *downsizing*. Existe outra maneira de promover mudanças além da destruição criativa e da síndrome da mudança repetitiva. Este capítulo examina o que você pode reutilizar, remanejar e recombinar dos recombinantes mais valiosos de sua organização — o talento e o conhecimento de seu pessoal — para promover uma mudança duradoura sem sofrimento.

O Que Recombinar

Na introdução deste livro, mencionei os *cases* clássicos de gestão de mudança, que muitos líderes de mudança conhecem bem porque autores, consultores e professores os utilizaram (ou talvez superutilizaram). Podem, portanto, ser reutilizados. Espero que este livro nos ajude a recombiná-los com base no pensamento atual e reconsiderá-los sob uma nova luz.

Considere o *case* clássico de Peter Browning na Continental White Cap (CWC), uma divisão da Continental Can Company. Li as notas de aula sobre este *case* distribuídas aos professores e tanto ministrei essa aula como a vi ministrada muitas vezes.[3] O *case* exemplifica muitos dos princípios discutidos neste capítulo sobre recombinação criativa de pessoas, embora os professores — inclusive eu — freqüentemente o ensinamos como um *case* de destruição criativa.

A CWC, desde sua fundação na década de 20, tem sido extremamente bem-sucedida em seu nicho de mercado de produção de tampas para vasilhames. Em meados dos anos 80, entretanto, o ambiente começou a mudar, com uma crescente guerra de preços no mercado e a introdução de tampas de garrafa de plástico, em vez de metal, que a CWC ainda precisava desenvolver. Alguns de seus clientes mais antigos, como a H.J. Heinz (com quem a divisão tinha negócios desde 1940), em breve teriam que mudar de fornecedor porque estavam desenvolvendo garrafas plásticas de apertar que precisariam de tampas de plástico. Mas a CWC não parecia muito preocupada com qualquer dessas questões. Na verdade, dada sua longa história de sucesso, a CWC via pouca necessidade de responder às mudanças do mercado. Tratava-se de uma divisão feliz e complacente.

Foi quando entrou Peter Browning, um novo vice-presidente de divisão recém-saído de uma arrasadora sessão de *downsizing* na Bondware, outra divisão da Continental Can. Em sua segunda missão de reestruturação, Peter Browning foi incumbido pelo quartel general corporativo de ajudar a CWC a tornar-se mais focada no mercado e, paralelamente, reduzir custos, aumentar a produtividade e manter o desempenho das vendas. Era hora de mais um *downsizing*?

Não exatamente. Browning começou vasculhando o porão corporativo da CWC. Lá ele viu diversos recombinantes muito potentes com os quais poderia começar a promover uma mudança, mais notadamente seu pessoal; uma força de trabalho altamente qualificada e extremamente comprometida que, historicamente, era a fonte de sucesso da divisão. Dentre outros tipos de recombinações que Browning viria a usar, iniciou seu processo de recuperação focando a reutilização, o remanejamento e a recombinação do capital humano da CWC.

Antes de examinarmos com mais detalhes como Peter Browning promoveu essa mudança extensiva recombinando pessoas na CWC, vejamos que tipos de recombinante uma organização pode encontrar em seu pessoal que permitem reutilização, remanejamento e recombinação para atingir suas metas.

Estrutura dos Recombinantes de Pessoas

Começaremos examinando que aspectos das pessoas podem ser melhor recombinados. Afinal, as pessoas, assim como os diamantes, são multifacetadas: a pessoa não é de fato o recombinante, mas sim suas qualidades. O desafio é encontrar esse diamante bruto com o talento, conhecimento e as habilidades apropriados que um líder pode recombinar em uma determinada situação para criar uma mudança sem dor. É necessário, então, ter uma estrutura de mapeamento que ajude você a decifrar quais recombinantes procurar nas pessoas.

A Figura 3-1 é um tipo de ferramenta. Essa estrutura, baseada no trabalho de Donald C. Hambrick, destaca o que seus funcionários já têm que você pode revitalizar, reutilizar e remanejar — especificamente, conhecimento e habilidades; atitudes e redes; e valores, aptidões e personalidade .[4] Ilustrarei esses recombinantes de pessoas em breve através de exemplos.

Mas, primeiro, vejamos: por que os recombinantes estão em uma pirâmide de três níveis? Porque um bom mapa de características individuais que os líderes e gerentes podem recombinar deve não só revelar a diversidade humana, mas também distinguir as características que podem ser facilmente modificadas e ajustadas das que pouco se pode fazer para modificar — aquelas próximas da base da pirâmide. Um bom mapa também deve sugerir quais técnicas são apropriadas — treinamento, desenvolvimento, *coaching* ou aconselhamento — para ajustar as características de forma que os líderes e gerentes possam remanejar e recombiná-las com sucesso para uma função existente.

Voltemos ao exemplo da CWC para ilustrar essa estrutura. Considerando-se que Peter Browning foi incumbido de tornar a CWC mais orientada para mercado (em particular, capaz de competir na guerra de preços e satisfazer a nova tendência de plásticos), o chefe do marketing seria o elemento-chave para qualquer plano de mudança. Mas Browning logo percebeu que faltava a ele, Jim Stark, a aptidão para ser um gerente eficiente de sua força de vendas, e que também não abordava os novos aspectos do ambiente competitivo. Browning precisava encontrar outro para assumir essa função crítica.

FIGURA 3-1

Mapa dos Recombinantes de Pessoas

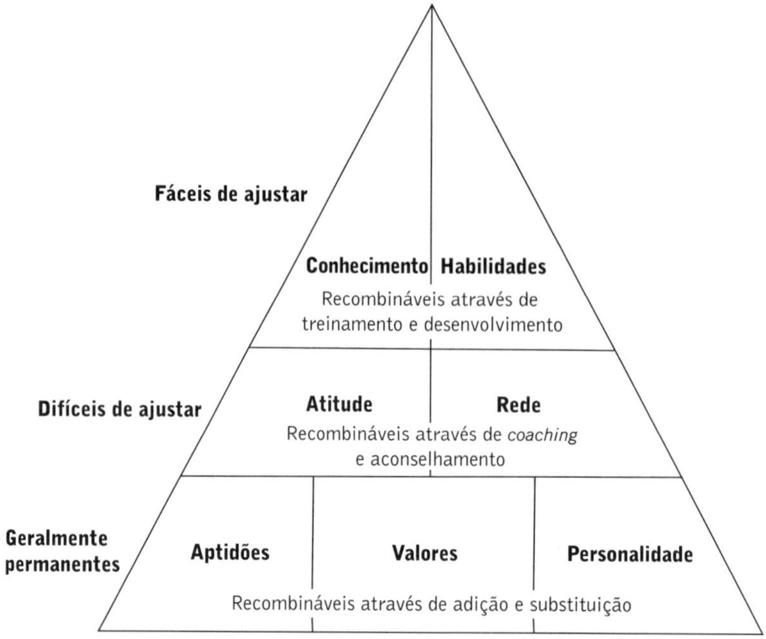

Felizmente, Stark tinha determinadas qualidades importantes que Browning podia alavancar para realocá-lo em um setor diferente da divisão. Como Browning expôs: "Ele estava no trabalho errado, e nós deixávamos de aproveitar suas habilidades adequadamente". Portanto, em vez de demiti-lo, Browning deu a Stark o cargo de diretor de desenvolvimento de embalagens e o incumbiu de tornar-se o contato entre a companhia e os fabricantes de vasilhames de plástico. O resultado? Em dois anos, Stark transformou os plásticos em uma vantagem competitiva para a divisão, firmando acordos com todos os principais fabricantes de plásticos e ganhando um bônus significativo durante o processo. Visualizar Stark sob a lente da estrutura dos recombinantes de pessoas ajuda a explicar por que Browning pôde recombiná-lo e por que deixar de fazê-lo representaria perder uma tremenda oportunidade.

Conhecimento e Habilidades Considere o topo da pirâmide: conhecimento é o que você sabe e habilidades são as coisas que consegue fazer. Stark não dispunha de grande parte do conhecimento e das habilidades necessárias para ser o contato com os fabricantes de vasilhames de plástico, mas conhecimento e habilidades são relativamente fáceis de modificar. Só foi preciso, no caso de Stark, uma atualização em plásticos.

Atitude e Redes Mais difíceis de modificar do que conhecimento e habilidades são os recombinantes do segundo nível da pirâmide: atitude e redes. Normalmente, o *coaching* ou o aconselhamento oferece uma solução de longo prazo. A atitude de um funcionário é a impressão ou a percepção que ele ou ela deixa em outras pessoas. A atitude de uma pessoa se desenvolve lentamente a partir da infância e de suas experiências de vida. Uma vez desenvolvida, os outros esperam tal atitude por parte daquela pessoa. Caso contrário, parecerá fora de seu papel. Portanto, as pessoas que conhecemos reforçam consistentemente nossa atitude cada vez que interagimos com elas. Como resultado, é muito mais difícil mudar a atitude do que mudar muitas das habilidades e áreas de conhecimento. Ela envolve não só mudança na pessoa, mas também mudança em seu relacionamento com outras pessoas e talvez essas próprias pessoas. Felizmente, Stark tinha a atitude correta para seu novo papel.

Sua rede pessoal é composta por todos que você conhece ou conheceu, assim como por todos que conhecem você ou já o conheceram. O lema de um *networker* (formador de rede de contatos é "não é o que você conhece, mas quem você conhece". Em outras palavras, os *networkers* sabem muito bem que seus contatos podem ser vitais para conseguirem desempenhar seu trabalho. É suficiente dizer aqui que Stark não tinha uma rede de contatos com os fabricantes de vasilhames de plástico que poderia reutilizar e recombinar para promover a mudança em seu novo papel de contato. Isso apresentou um problema. É difícil mudar a rede de uma pessoa. Para cultivar uma rede de contatos não basta apenas conhecer mais pessoas; é preciso também um processo de criar uma relação de confiança com as pessoas de sua rede. No caso de Stark, desenvolver sua rede para incluir executivos do segmento de fabricantes de vasilhames de plásticos exigia que ele fosse apresentado a esses profissionais, em quem as pessoas da CWC confiavam e que podiam garantir a qualificação e confiabilidade de Stark. Entretanto, mudar as redes de uma pessoa pode geralmente requerer não apenas apresentações, mas também *coaching* e *mentoring*. A mudança tende a ser mais lenta e gradual para a pessoa envolvida.

Valores, Aptidões e Personalidade Os recombinantes de pessoa na parte inferior da pirâmide são geralmente permanentes, inatos e muito difíceis de modificar. Portanto, talvez você não deva tentar recombinar funcionários que não tenham a aptidão, os valores e a personalidade apropriados. Não há *coaching* que chegue para incutir certas características nos funcionários. Não há treinamento suficiente para criar aptidão matemática, para mudar um valor profundamente arraigado em uma pessoa, ou transformar um indivíduo extremamente introvertido em uma pessoa atirada, extrovertida e impetuosa.

Entretanto, Stark, como muitos outros funcionários da CWC, tinha como valor pessoal uma extraordinária lealdade a sua empresa. Mais importante, como muitos dos que chegam ao topo da estrutura de vendas, Stark tinha personalidade e aptidão para vender pessoas, por assim dizer. Essas características o capacitavam a vender a CWC com muita eficácia para os fabricantes de plástico. Demitir Stark e substituí-lo por outra pessoa teria significado uma busca prolongada por alguém com aptidão, valores e personalidade apropriados para ser o contato com os fabricantes de plástico. A saída menos dolorosa era proporcionar a Stark um curso de atualização, introduzi-lo na rede de contatos dos fabricantes de plástico e deixar que seus talentos inatos fizessem o trabalho.

O exemplo de Jim Stark pode criar a impressão de que todo funcionário da CWC era recombinável e de que estou alegando que sempre existe uma alternativa para o *downsizing*. Sejamos claros: essa alegação seria um grande exagero do poder da recombinação de pessoas. Mesmo na CWC, uma empresa repleta de funcionários dotados de conhecimento, habilidades, redes e talentos inatos, havia funcionários como Tom Green (um gerente de recursos humanos), que passava a maior parte do tempo lendo o *Wall Street Journal* e não agregava muito valor para a companhia.

A análise de Green sob a lente da estrutura dos recombinantes de pessoas indicou que ele possuía alguns recombinantes úteis — primordialmente sua extensa rede de contatos na empresa. Mas, devido a sua atitude "'tô' nem aí", tinha pouco respeito de sua equipe e, de modo geral, Green era considerado inacessível para as pessoas da CWC. Mesmo assim, Browning percebeu que sua rede de contatos seria difícil de replicar e poderia mostrar-se extremamente útil para vender a mudança para o pessoal da CWC. Além disso, a função de RH seria crítica durante a reestruturação da divisão. Browning decidiu então que, antes de despedir, daria a chance a Green de atingir algumas metas em particular em um determinado período de tempo. Em outras palavras, daria a ele a oportunidade de se recombinar com a nova CWC que Browning estava tentando criar.

Em última análise, Green provou não possuir as características da base da pirâmide do recombinante (valores, aptidões e personalidade, que em geral têm pouca probabilidade de mudar), o que permitiria sua recombinação na nova CWC. Portanto, quando Green mostrou ser incapaz de mudar sua performance, Browning não teve outra opção senão substituí-lo, proporcionando a ele um pacote de desligamento e de recolocação decente.

Encontrando Recombinantes de Pessoas

Existe mais de uma maneira de perguntar: "Quais recombinantes de pessoas posso usar nesta situação?" Certas vezes, a forma de fazer a pergunta se impõe para os tomadores de decisões. Eles se deparam com um problema óbvio e crítico — as metas estratégicas e operacionais são claras, mas não estão sendo atingidas. Outras vezes, os tomadores de decisões se deparam com uma oportunidade inequívoca — atingiram facilmente sua meta e ficou evidente que a que foi definida está muito aquém do que poderia ser feito. Em ambas as situações, os fins são muito nítidos: resolva este problema ou explore aquela oportunidade. A pergunta de recombinação é ainda mais clara: "Quais recombinantes de pessoas que já possuo servem como meios para o fim de resolver este problema ou investir naquela oportunidade?" Esta, obviamente, é a abordagem de recombinação meios-para-fins que descrevi no capítulo 2.

Em outras ocasiões, não existe a princípio uma meta estratégica ou operacional clara conduzindo o esforço de recombinação. O que está claro, no entanto, é que a empresa dispõe de algum recurso — um recombinante de pessoas, no contexto deste capítulo — extremamente valioso, mas que não está sendo usado ou está subutilizado. Por exemplo, a organização tem um funcionário promissor como Jim Stark que possivelmente precisará demitir. O que não sabe é como pode remanejar este funcionário. Em outras palavras, o líder ou gerente conhece um ou mais funcionários que poderiam ser os meios da recombinação, mas não sabe para que fim pode recombinar este ou estes funcionários. O líder ou gerente tem uma solução à procura de um problema ou oportunidade. A pergunta de recombinação neste caso é: "Em qual problema ou oportunidade que tenho poderia aplicar esses recombinantes de pessoas?" Essa é a abordagem fins-para-meios.

Meios dos Recombinantes de Pessoas

A maneira mais fácil de usar seu pessoal para promover uma mudança sem dor é começar tendo em mente um determinado fim — a mudança que você deseja fomentar — e depois procurar recombinantes existentes nos funcionários da empresa que podem ser utilizados. Isso parece simples, mas muitas empresas perdem essas oportunidades. Felizmente, podemos aprender com organizações como o Exército dos Estados Unidos, que é altamente qualificado quando se trata de remanejar pessoas para solucionar um problema ou investir em uma oportunidade em particular.

Esse foi o caso de meu irmão, que seguiu carreira militar. Assim como eu, meu irmão é cidadão dos Estados Unidos, mas foi criado na França por pais norte-americanos. Assim como eu, ele fala inglês e francês como um nativo, mas, ao contrário de mim, ele tem uma extraordinária aptidão para línguas. É fluente em mais quatro idiomas, incluindo o japonês — uma das três línguas mais difíceis para um norte-americano nativo aprender (as outras são árabe e coreano). Ocorre que o Exército dos Estados Unidos necessita continuamente de oficiais de inteligência para assuntos externos, familiarizados com outras culturas e fluentes nesses idiomas — especialmente o japonês, árabe ou coreano.

Mesmo assim, quando meu irmão alistou-se nas Forças Armadas, após graduar-se em estudos asiáticos e morar por dois anos no Japão, o Exército não optou por treiná-lo para ser oficial da inteligência. Em vez disso, ele foi para a 82ª divisão de pára-quedistas de elite da Força Aérea e chegou ao posto de major. Em lugar de usar sua tremenda aptidão para línguas, foi ensinado a saltar de pára-quedas à noite, carregando uma mochila de 75 quilos, e descer em posições inimigas, onde precisava se defender como pudesse e arranjar uma área de pouso para as tropas de pára-quedistas. Ele provavelmente teria terminado sua carreira como alto oficial da Força Aérea caso não tivesse decidido se recombinar para uma função no serviço de inteligência do Exército, a fim explorar suas habilidades lingüísticas.

Como, você pode estar se perguntando, essa história demonstra a proficiência do Exército em recombinar as habilidades e o conhecimento de seu pessoal visando a novos fins? Certamente, à primeira vista, parece ser mais um exemplo de uma imensa e desperdiçadora burocracia governamental incapaz de identificar e recombinar o precioso capital humano que ela já comanda. De fato, por que o Exército não detectou a extraordinária aptidão para línguas de meu irmão ao recrutá-lo? Ou, se o fez, por que não o encaminhou imediatamente para um cargo na inteligência que explorasse plenamente esse recombinante precioso? Que estupidez!

O que esse raciocínio deixa de considerar é que, se o Exército tivesse posto meu irmão atrás de uma escrivaninha como oficial da inteligência quando o recrutaram, ele teria simplesmente se desligado. Por quê? Porque meu irmão alistou-se "para dar tudo de si" em situações extremas do front de batalha e defender seu país. Ele não se alistou para ficar atrás de uma escrivaninha nas profundezas do Pentágono, enclausurado em um escritório sem janelas por motivos de segurança. O recombinante-chave que o Exército pôde empregar quando meu irmão se tornou um oficial foi seu profundo valor patriótico, suas aptidões atléticas e sua necessidade psicológica de um desafio físico e marcial extremo. Generalizando, nas Forças Armadas norte-americanas, cujo alistamento é totalmente voluntário e os proventos freqüentemente estão abaixo daqueles que um voluntário altamente instruído e qualificado poderia obter no setor empresarial, os recombinantes-chave que o Exército tem para explorar são os valores patrióticos e a personalidade.

Similarmente, o Exército deve possibilitar que seus voluntários encontrem carreiras com trajetórias que capitalizem seus valores e personalidade e que utilizem suas aptidões, conhecimentos e habilidades individuais singulares. Após anos de operações do tipo forças especiais, meu irmão estava pronto para explorar sua habilidade lingüística singular no contexto de uma carreira militar mais "pacífica". Àquela altura, o Exército já dispunha dos sistemas que permitiriam a meu irmão se recombinar. Em outras palavras, o Exército sabe que recombinar um funcionário para solucionar um problema ou explorar uma oportunidade nem sempre é algo que os superiores fazem para os subordinados. Pode ser extremamente eficaz ter sistemas disponíveis que permitam aos subordinados decidir voluntariamente se recombinar para resolver os problemas ou explorar as oportunidades de seus superiores.

Conto o caso de meu irmão focando em um único indivíduo com um conjunto idiossincrático de recombinantes. Ele proporciona uma boa ilustração de como recombinar um indivíduo para promover uma mudança em pequena escala dentro de uma organização, recombinando efetivamente o seu rumo para uma mudança menos sofrida. Além disso, oferece uma sugestão inicial de como uma instituição pode se estruturar para recombinar não apenas um voluntário, como meu irmão, mas muitos desses voluntários a fim de promover uma recombinação em larga escala. O que o exemplo não ilustra é qual processo os líderes que detectam um grupo de funcionários com recombinantes singulares usam para lidar com a pergunta: para que fins específicos esses funcionários servem como meios?

Fins para os Recombinantes de Pessoas

Quando a companhia ferroviária Deutsche Bahn se deparou com um ambiente em que as as estradas de ferro chegaram a um ponto de saturação, a empresa perdeu a necessidade de manter um departamento de planejamento e projetos de grandes proporções. Uma opção era extinguir o departamento e demitir todo seu quadro. A Deutsche Bahn, entretanto, adotou outra técnica que tem reutilizado continuamente desde então: considerou como poderia recombinar sua equipe de planejadores e gerentes de projeto altamente qualificados para um novo fim.

A resposta foi fazer a cisão do departamento criando uma companhia independente. A nova empresa permitiu à Deutsche Bahn continuar usando esses funcionários quando necessário para funções de planejamento e projetos, mas mantendo-os empregados em uma companhia auto-sustentável que atendia a outros clientes. Agora sólida, a nova empresa emprega muitas pessoas, que teriam perdido seus empregos caso a companhia ferroviária tivesse optado por uma abordagem mais criativamente destruidora. Assim, a Deutsche Bahn recombinou funcionários eficientemente criando uma companhia totalmente nova com recursos humanos existentes.

Grandes recombinadores têm mais de um truque na cartola quando se trata de encontrar recombinantes. Também têm uma cartola cheia de truques quando se trata de técnicas para usar esses recombinantes de forma verdadeiramente eficaz e sem sofrimento. Volto a elas a seguir.

Como Recombinar

O capítulo 2 descreveu três técnicas para usar a recombinação criativa e promover mudanças sem dor: clonagem, customização e tradução. Como você se lembrará, cada técnica requer não só diferentes tipos de implementação, mas também diversos tipos de conhecimento de suporte para aplicá-las corretamente.

Quando se trata de recombinar aspectos de seu pessoal, usar a técnica certa para cada tipo de recombinante — e fornecer suporte com os recursos certos — será o diferencial entre uma mudança bem-sucedida ou não. Em geral, os recombinantes da base da pirâmide apresentada anteriormente neste capítulo — valores, aptidões e personalidade — não são facilmente mutáveis e, portanto, tornam mais difícil sua clonagem, customização e tradução. As características do nível intermediário da pirâmide — atitude e redes — podem ser customizadas ou traduzidas para se adequar a uma nova situação, mas raramente clonadas (como explicarei em maior detalhe mais adiante nesta seção). Com os recombinantes do topo da pirâmide — conhecimentos e habilidades — você pode usar qualquer das três técnicas, dependendo da situação, e terá sucesso.

Clonando Recombinantes de Pessoas

Tom Green da CWC não possuía determinados valores e aptidões que teriam possibilitado sua recombinação. É aí que a clonagem entra em cena: Browning substituiu Green por uma mulher que na época era funcionária do departamento de recursos humanos da Bondware, a companhia da Continental Can, onde Browning acabara de conduzir um *downsizing*. Ela tinha todos os recombinantes necessários para assumir a posição de gerente de RH na CWC — toda a pirâmide, isto é, o conhecimento e as habilidades adequados, a rede e a atitude, assim como os valores, a aptidão e a personalidade que faltavam a Green. Ela se encaixava perfeitamente. Browning pôde quase que literalmente pegá-la na Bondware e colocá-la na função de Green na CWC, onde teve um desempenho admirável e ajudou a divisão a promover as mudanças no quadro de pessoal que a tornariam mais focada no mercado e produtiva. Efetivamente, Browning "clonou" os recombinantes dela ao transferi-la de um ambiente para outro.

Isso levanta um ponto importante. Embora muitos recombinantes de pessoas encontrados na estrutura da pirâmide possam ser de fato clonados para criar mudanças positivas em uma organização, obviamente, é impossível clonar um indivíduo inteiro (ainda). Felizmente, as pessoas vêm como um pacote completo de recombinantes. Eles englobam uma gama de conhecimentos e habilidades, atitudes e redes e valores, aptidões e personalidades. Como vimos no caso de Stark, vários desses recombinantes (como conhecimento e habilidades) podem ser facilmente clonados para criar mudanças positivas em uma organização, sem ter que procurar pessoas novas fora da empresa. (Embora, infelizmente, este não tenha sido o caso de Tom Green.) Somente em raras ocasiões as pessoas — como a mulher que Peter Browning trouxe para a CWC de uma companhia coligada — possuem o conjunto exato de recombinantes apropriados para serem diretamente clonados em uma nova situação, isto é, os conhecimentos, habilidades, atitude, rede, valores, aptidões e personalidade que funcionam eficientemente naquela situação.

Customizando Recombinantes de Pessoas

Um exame rápido da pirâmide nos diz quão fácil ou difícil será desenvolver ou, por outro lado, mudar recombinantes específicos de pessoas. Isso permite decidir, portanto, se um gerente deve remanejar uma pessoa para promover uma mudança em particular — e, neste caso, quanta customização isso irá requerer.

A maioria dos funcionários possui muito mais características (por exemplo, conhecimento sobre um assunto em particular, habilidades para desempenhar uma tarefa especial) do que aquelas pelas quais foram contratados ou que utilizam em seu trabalho. Portanto, para permitir uma ampla oportunidade de recombinação, um bom ponto de partida é fazer uma relação dessas habilidades não utilizadas. Ao contrário daquelas características da base da pirâmide, você pode treinar funcionários com relativa facilidade para que adquiram o conhecimento e as habilidades que não têm — como foi o caso de Stark em relação às tampas de plástico.

Esta relativa facilidade no treinamento do conhecimento e das habilidades fundamenta o princípio "contrate a atitude e treine as habilidades", adotado por muitas empresas bem-sucedidas. A Southwest Airlines, por exemplo, costuma contratar comissários de bordo com experiência em ensino e trabalho social, em vez de na indústria da aviação. Elas acreditam que valores centrados no consumidor são absolutamente necessários e extremamente difíceis em novas contratações. Habilidades, tais como oferecer amendoins, não são.

Uma segunda abordagem — rotatividade de funções — não se baseia no treinamento formal para customizar o conhecimento e a habilidade de um funcionário, adequando-o a uma função ou posição em particular. As assim chamadas atribuições estendidas são tarefas para as quais o funcionário possui habilidade e conhecimento suficientes para desempenhar na função para a qual foi recombinado, mas não a habilidade e o conhecimento requeridos para se destacar naquela função. A rotatividade dos funcionários nessas atribuições estendidas permite que eles adquiram, trabalhando, o conhecimento e a habilidade de que precisam para se destacar na função. Esse aprendizado-pelo-trabalho pode ser muito valioso para uma empresa que recombina seus funcionários em vez de demiti-los. De fato, à medida que passam de uma atribuição estendida para outra, os funcionários não só adquirem uma gama crescente de habilidades e conhecimentos, mas também aprendem como aprender, tornando-se cada vez mais realocáveis e recombináveis.

Muito mais difíceis de customizar e recombinar são as pessoas que não possuem os recombinantes do segundo nível da pirâmide: atitude e redes. Geralmente, o *coaching* ou o aconselhamento oferece uma solução de longo prazo. Dificílimas de recombinar são as pessoas que não possuem os recombinantes do último nível da pirâmide. Como você pode lembrar, o problema com Tom Green, gerente de RH da CWC, em última análise dizia respeito a seus valores, aptidões e personalidade. Tendo trabalhado durante décadas na divisão, Green simplesmente não tinha a motivação necessária para retreinar (ou recrutar) e gerenciar uma equipe que impulsionasse a empresa para níveis mais elevados de sucesso. E finalmente teve que ser substituído por alguém que o fizesse.

Em resumo, existem determinadas peças que simplesmente não se encaixam em certos espaços: não se pode transformar Green em algo que ele, em essência, não é. Em contrapartida, vejo muitas empresas perderem tremendas oportunidades de customizar remanejando seus funcionários, isto é, colocando funcionários com um misto de características customizáveis (topo da pirâmide) e não-customizáveis (base da pirâmide) em posições ou equipes que precisam de pessoas com essas características. Mais recentemente, por exemplo, observei uma empresa de software da Califórnia que não percebeu que a população hispânica se tornaria uma porcentagem rapidamente crescente de sua base de clientes. De fato, estima-se que 17% da população dos Estados Unidos em 2005 será de origem hispânica[6], e a porcentagem na Califórnia será muito maior. Mesmo assim, essa empresa perdeu totalmente a oportunidade de alavancar os valores, habilidades e sensibilidade de seus funcionários hispânicos para dimensionar o acesso e desenvolver mercados para seu software. Ela não enxergou uma fonte rica de recombinantes de pessoas que estão ganhando cada vez mais importância, com predicados valiosos que incluem sensibilidades estéticas, como bom gosto, e um entendimento das preferências de um grupo étnico, regional ou socioeconômico em particular.

Traduzindo Recombinantes de Pessoas

Assim como a customização, a tradução torna-se cada vez mais difícil de usar à medida que descemos em direção à base da pirâmide. Via de regra, ela tem um uso muito limitado quando se trata dos recombinantes do nível inferior da pirâmide (valores, aptidões e personalidade). Entretanto, toda regra tem uma exceção que a confirma. Voltando ao nosso exemplo da CWC, Peter Browning conseguiu traduzir um desses recombinantes. Vejamos como.

Browning promoveu uma última mudança na divisão através de um indivíduo-chave: Bob White, filho do fundador da divisão. Embora na época em que Browning entrou em cena Bob White já tivesse se aposentado, ainda permanecia como um ser supremo na cultura da Continental White Cap. Ele possuía dois recombinantes extremamente valiosos. O primeiro era a extensa rede de pessoas que conhecia na divisão e que, mais importante ainda, o conheciam e confiavam nele. Na cultura essencialmente paternalista da CWC, Bob White era o "pai" e os funcionários da divisão seus "filhos". O segundo recombinante eram os valores pessoais de White, aqueles que ele e seu pai imprimiram à empresa: lealdade, trabalho duro e inovação.

Peter Browning considerou esses dois recombinantes como algo que poderia alavancar para promover as mudanças necessárias na divisão. O primeiro recombinante, a rede de White, era facilmente recombinável para o novo tipo de divisão focada no mercado que Browning fora incumbido de criar. Com a anuência de White para as mudanças propostas, Browning tinha o próprio White como porta-voz dessa mensagem para toda sua rede na CWC.

O segundo recombinante, os valores de White, seria impossível de mudar. Ele sempre se ateria aos valores que cultivou durante décadas na empresa. Seria possível, entretanto, traduzir esses "valores de White" para os funcionários de tal forma que se adequassem mais ao desafio competitivo que a CWC enfrentava? Esta era uma pergunta que Browning queria ao menos tentar responder. Mais especificamente, White incorporava o valor da inovação — mas não uma inovação voltada para o mercado. Browning precisava traduzir para um novo contexto aquilo em que White acreditava. White também incorporava os valores de paternalismo da companhia para com os funcionários e a lealdade dos funcionários a uma companhia paternalista. A lealdade, entretanto, parecia mais dirigida diretamente a White do que à meta mais ampla de uma divisão bem-sucedida. Portanto, a tarefa não era transformar White; era traduzir os valores que ele representava de uma forma que enfatizasse que ser leal à empresa significava ajudá-la a atuar eficientemente.

Essa parte final do exemplo da CWC ilustra que, embora não seja possível mudar os valores, a aptidão ou a personalidade de uma pessoa, quando esse indivíduo representa um símbolo em uma cultura corporativa, talvez seja possível traduzir o significado desse símbolo a fim de recombiná-lo com a nova condição da empresa. Voltaremos a discutir esse uso de recombinantes simbólicos no capítulo 5, que aborda a recombinação da cultura corporativa. Entretanto, antes disso, o capítulo 4 examina mais a fundo o desafio de recombinar redes sociais informais.

Das Idéias para a Prática

Esta seção do capítulo, assim como a dos capítulos subseqüentes, trata das questões "quando" e "onde". Ela visa ser a ponte entre as idéias sobre ferramentas e a arte e prática de usá-las para obter resultados. Para isso, proporciona diretrizes para se determinar quando as técnicas de mapeamento, busca e ação apresentadas anteriormente são apropriadas. Também oferece exemplos de como líderes corporativos e gerentes estão colocando essas técnicas em prática hoje.

Recombinantes complexos, como pessoas, criam uma gama muito grande (quase infinita) de possibilidades recombinatórias. Esta seção pode delinear apenas alguns dos muitos exemplos de como as companhias recombinam pessoas.

A seção anterior examinou em detalhe como um líder de mudanças (Peter Browning) realocou e recombinou pessoas usando como ferramentas a clonagem (Green), a customização (Stark) e a tradução (White). Este exemplo provavelmente lhe trouxe à mente como você — na qualidade de líder ou gerente da mudança — usa essas ferramentas e como pode colocá-las em uso de uma maneira ainda melhor. Como já discuti em detalhes a aplicação das ferramentas de ação de clonagem, customização e tradução a um indivíduo, esta seção foca como aplicá-las a um número maior de pessoas.

Lembre-se do exemplo muito diferente de meu irmão, um major do Exército que, por iniciativa própria, realocou e recombinou suas extensas habilidades lingüísticas transformando-se de um pára-quedista de elite em um oficial da inteligência. Este exemplo levanta a seguinte pergunta: que características existentes em sua empresa e funcionários você pode alavancar para o bem deles e da empresa? Examino primeiro as técnicas e ferramentas, como a assim chamada *e-cruiting* (contratação pela Internet), que facilitam a auto-recombinação dos funcionários.

Você não pode, é claro, recombinar todos. Líderes precisam demitir funcionários — às vezes muitos deles. Certas companhias, entretanto, transformaram esse desafio em uma oportunidade. Forneço exemplos dessas técnicas após examinar as técnicas de auto-recombinação como o *e-cruiting*.

E-cruiting

Todos nos lembramos como costumávamos encorajar os funcionários a se recombinar com novas funções na empresa — através de anúncios de vagas afixados no quadro de avisos no hall do departamento pessoal. Um número crescente de empresas está criando um site de empregos interno, recombinando o quadro de avisos do departamento pessoal com a página Web da empresa. Idealmente, os funcionários encontram oportunidades de auto-recombinação em sua companhia com um clique do mouse. Este tipo de auto-recombinação é algo natural para funcionários que conseguiram seu emprego na companhia através dos muitos sites que incluem uma seção de empregos — seja ela geral como a do Yahoo! ou do Hotjobs.com, ou especializada, de sites como o 6figures.com, voltado para candidatos em busca de altos salários.

Em resumo, companhias inteligentes investiram na tendência chamada de *e-cruiting*, através de um site de anúncios de empregos interno que permite aos funcionários se recombinarem com as novas funções que atendem melhor às suas necessidades, assim como às da empresa. Um grupo de 32 companhias que inclui a Intel, Mutual of Omaha, Lockheed Martin e a IBM levaram essa lógica de recombinação um passo adiante: recombinaram seu endereço interno de classificados para criar a DirectEmployers.com, a mãe de todos sites de busca de auto-recombinação.

Sites de empregos, assim como outras ferramentas Web de recuperação de conhecimento, também têm suas desvantagens. A informação disponível sobre recombinantes de pessoas é superficial, mesmo quando são usadas as ferramentas de busca mais sofisticadas. Muito da auto-recombinação (40% segundo a Forrester Research[7]) ainda ocorre através da boa e velha rede social, que proporciona informações ricas sobre se um indivíduo tem as habilidades, conhecimento, rede, atitude, valores, aptidões e a personalidade necessários para ser remanejado de uma parte da empresa para outra. Empresas inteligentes sabem como alavancar essas redes existentes. A Intel, por exemplo, afirma que metade de suas contratações não vem de anúncios de empregos, mas de seu programa de referência de funcionários.

Redes de Ex-funcionários

Considere o exemplo de Audrey, uma advogada imobiliária, culta, experiente e bem-relacionada que trabalha na Brown & Wood, uma firma de advocacia sediada em Nova York. Frente à crescente dificuldade financeira enfrentada pela empresa, em vez de demitir Audrey sumariamente, Christiane, sua supervisora, rendeu-se à antiga solicitação da advogada de trabalhar meio período. Entretanto, isso não conseguiu salvar seu emprego e, alguns meses antes da aquisição da Brown & Wood por outra companhia, Christiane demitiu Audrey, para consternação de todos.

Embora Christiane tenha cortado a relação empregatícia, não rompeu o relacionamento — convidou Audrey para festas, recepções e até mesmo eventos corporativos. Durante esse período, Audrey conseguiu um emprego em uma agência municipal reguladora da indústria imobiliária. Então, na década de 90, houve o reaquecimento do setor imobiliário, criando um mercado propício para advogados como ela — especialmente aqueles com grande experiência no segmento governamental e em redes de contatos. Christiane ofereceu uma recontratação a Audrey, que aceitou trabalhar meio período pelo dobro de seus vencimentos no governo.

Compare o caso de Audrey com o de Christiane, que apresentei no capítulo 1. A segunda provavelmente preferiria morrer a voltar para a Cisco, independentemente de quão atraente fosse a proposta.

Compare também a Cisco com outra empresa de Palo Alto — a Agilent Technology, uma companhia diversificada que atua nas indústrias de comunicações, eletrônicas e biotecnologia. Quando a Agilent precisou demitir 8 mil funcionários, criou uma rede de ex-funcionários na esperança de recontratá-los quando a situação melhorasse. A Agilent revitalizou uma idéia antiga — a Bain, uma empresa de consultoria, criou uma rede de ex-funcionários 17 anos antes. Esta rede extremamente ativa com mais de 4 mil ex-funcionários da Bain tornou-se não só uma fonte de recontratações — funcionários familiarizados com sua cultura e práticas e que podem ser facilmente recombinados para trabalhos de consultoria — como também uma fonte de referência para novos funcionários e empresas.

Aposentando-se no Trabalho

A Volkswagen proporciona mais um exemplo. No final da década de 80 e início da década de 90, a companhia decidiu remanejar e recombinar seus aposentados. O programa de aposentadoria gerou um imenso problema de estrutura *versus* custo na Volkswagen porque o alto valor de aposentadoria pago pela empresa, característico da indústria alemã, multiplicava-se devido ao grande número de aposentados. Os executivos sabiam que precisavam encontrar algo para fazer com esses funcionários de mais idade, porém ainda produtivos. A Volkswagen estava sentada sobre um recombinante poderoso — as habilidades, experiência e o conhecimento de um segmento de seu pessoal —, só faltava descobrir para que fins ele servia.

Quando os executivos da empresa estruturaram a pergunta fins-para-meios nesses termos, surgiu uma resposta fácil e clara: por que não usar esses antigos funcionários da Volkswagen como mentores e *coaches* dos novos operários da linha de montagem? Quem mais seria tão capacitado, experiente e familiarizado com os valores culturais e as normas da Volkswagen? Quem mais poderia ajudar os recém-contratados a lidar com a complexidade, o estresse e a exaustão da linha de montagem moderna? Sairiam beneficiados não só os pupilos, mas os próprios mentores, que agora teriam algo altamente significativo em que trabalhar à medida que se aproximavam do final de suas carreiras — isto é, o *mentoring* da próxima geração de funcionários da companhia. A Volkswagen deu um passo ousado, especialmente para uma companhia alemã, oferecendo aos funcionários da linha de montagem com mais de 57 anos um trabalho de meio período durante dois anos, recebendo 75% de seu salário atual, se concordassem em atuar como mentores.

Transformando o Downsizing em Negócio

Sem desmerecer a sagacidade da Bain e da Volkswagen, outras companhias também forçadas a um *downsizing* levaram a lógica recombinatória a um passo adiante. Já mencionei neste capítulo o exemplo da Deutsche Bahn, que, em vez de enxugar parte de sua operação, fez uma cisão, mantendo a opção de contratar da nova companhia auto-sustentável os serviços de seus ex-funcionários conforme necessário. Também mencionei, no capítulo 1, a abordagem ainda mais criativa da GKN. Em vez de demitir os engenheiros que se tornaram redundantes devido ao cancelamento de contratos, criou uma empresa, a GKN Engage, para oferecer o serviço desses engenheiros. Em outras palavras, usou sua reputação de atrair engenheiros altamente qualificados, assim como seu talento para desenvolver habilidades em engenharia e sua extensa rede de contatos, para iniciar o que, para todos os fins e propósitos, era uma agência altamente sofisticada de empregos.

Quando Recombinar Pessoas

A introdução do livro argumentou insistentemente que prescrições de ação sem especificações de quando você deve usá-las criam a impressão de que elas funcionam em qualquer situação, de diversas formas que atendem as suas necessidades idiossincráticas, com resultados garantidos — promessas que nunca podem ser cumpridas e que invariavelmente levam ao desapontamento com a técnica prescrita. Portanto, que diretrizes são úteis para responder à pergunta "quando recombinar pessoas?"

Primeiro e mais importante, a recombinação de pessoas deve ser igualmente ou mais eficaz e eficiente, tanto em termos financeiros quanto humanos, do que opções alternativas como a destruição criativa, seja por demissões em pequena escala e recontratação ou por um *downsizing* estratégico. Os capítulos 1 e 2 demonstraram que empresas avessas a mudanças se beneficiam mais da destruição criativa. A recombinação criativa, ao contrário, atende melhor às viciadas em mudanças — empresas que mudaram excessivamente e que sofrem, ou estão à beira de sofrer, da síndrome da mudança repetitiva. Isso é particularmente verdade quando se trata de recombinar criativamente pessoas.

Reconsidere o exemplo da Cisco no capítulo 1. Até o final de 2000, a empresa adotava uma estratégia de expansão extremamente rápida, adquirindo companhias a torto e a direito em uma média de mil funcionários ao mês. A desaceleração no setor de telecomunicações atingiu a Cisco em cheio; a esta altura, sua estratégia de crescimento acelerado já havia provocado uma crise severa da síndrome da mudança repetitiva na companhia. Em 2001, John Chambers, um líder que construiu a Cisco com a promessa de autonomia e nenhuma demissão, teve que mudar de curso e ordenar o que seria a primeira de quatro ondas sucessivas de *downsizing*. A síndrome da mudança repetitiva, já grave na fase de expansão, piorou com o *downsizing*.

Em uma análise retrospectiva, podemos ver com clareza que menos contratações e demissões teriam evitado o imenso sofrimento da Cisco causado pelo crescimento e o *downsizing*. A Cisco e outras empresas como ela nos ensinam duas lições em particular. Primeiro, pouco aumenta mais rapidamente a sobrecarga de iniciativa e o caos decorrente da mudança em uma fase de crescimento do que a carga de trabalho adicional para os funcionários existentes resultante de um acréscimo de funcionários novos. Ouça Christiane novamente: "A gerência da Cisco não enxergava os tremendos custos de contratar e se reorganizar para o crescimento — equipes precisavam ser recompostas, tarefas redistribuídas, tudo precisava ser reaprendido e, por um par de meses, nada era feito porque todos precisavam descobrir o que fazer". Segundo, pouco aumenta mais o cinismo e o desgaste resultante da síndrome da mudança repetitiva do que ver colegas de trabalho próximos serem demitidos — especialmente quando a promessa de não haver demissões é quebrada, como na Cisco, e quando sobram menos pessoas para fazer o mesmo volume de trabalho.

Mesmo quando a síndrome da mudança repetitiva exige a recombinação criativa, ela requer pessoas que tenham algo para recombinar. Os funcionários de empresas viciadas em mudanças freqüentemente possuem esses recombinantes. As muitas e variadas mudanças que promovem lhes proporcionam um leque de conhecimentos, habilidades e redes que podem remanejar e recombinar para atingir novos fins. Isso não é verdadeiro para os funcionários de empresas avessas a mudanças, particularmente se a empresa não investiu no desenvolvimento de sua força de trabalho ou investiu demais na contratação e desenvolvimento de especialistas estritos — pessoas que sabem cada vez mais sobre cada vez menos até que chegam a conhecer virtualmente tudo sobre virtualmente nada. Estes especialistas se tornam tão específicos para um determinado trabalho ou situação que acabam praticamente irrecombináveis para qualquer outra coisa.

Este livro oferece ferramentas de mapeamento, busca e ação para remanejar e recombinar funcionários. Além disso, essas ferramentas já existem em muitas empresas. Para serem úteis, entretanto, os líderes e gerentes devem utilizá-las. Imprescindíveis para promover uma mudança por recombinação são a disposição, o estímulo e a oportunidade que tanto os funcionários como os gerentes têm para usar essas ferramentas. Discuto essa idéia ao longo do livro, mas principalmente no capítulo final.

Da Recombinação de Pessoas para a Recombinação de Suas Redes

Voltando ao *case* de Peter Browning, é interessante notar que em sua posição anterior, ele teve que fazer a reestruturação de outra divisão da Continental Can, a Bondware. Sem entrar em detalhes, é suficiente dizer que a Bondware era uma empresa verdadeiramente avessa a mudanças — uma empresa à beira da extinção que praticamente não tinha recombinantes para reutilizar e remanejar. Browning, o recombinador criativo, teve, portanto, que se tornar o destruidor criativo. Nesta situação, a destruição criativa era o caminho para mudar com o mínimo de sofrimento.

O brilho de um líder como Browning é que ele não é um artista da reestruturação com um único truque — um tipo de assassino contratado para promover uma chacina em uma empresa na esperança de que ela sobreviva. Quando chegou à CWC, percebeu que o caminho para uma mudança com um mínimo de sofrimento era a recombinação criativa, não a destruição criativa. Viu que a CWC era uma rica coleção de recombinantes de pessoas. Viu também (como veremos nos próximos capítulos quando voltarmos ao exemplo da CWC) que a cultura da empresa possuía muitos outros tipos de recombinante que ele podia revitalizar, remanejar e recombinar.

Este capítulo enfatizou a importância da rede de contatos de uma pessoa como recombinante. As pessoas, entretanto, sempre criam relacionamentos com outras pessoas, gerando grandes redes sociais que englobam centenas, milhares, milhões e até mesmo bilhões de pessoas. A maioria das pessoas hoje já conhece a teoria dos seis graus de separação. As pessoas que você conhece estão a um grau de separação de você. As pessoas que essas pessoas conhecem estão a dois graus e as pessoas que essas pessoas conhecem estão, por sua vez, a três graus de separação. Avance seis graus de separação em sua rede e você descobrirá que João conhece Bill, que conhece Swen, que conhece Abule, que conhece Mombasa, que, por sua vez, conhece Nelson Mandela.

No próximo capítulo, volto-me para essas vastas redes sociais e para como as empresas podem recombinar pequenas partes, ou mesmo grandes partes, das redes que compreendem não só a empresa, mas também seus fornecedores, clientes, reguladores e até mesmo seus concorrentes.

4 Alavancando Redes Sociais em Vez de Redes de TI

A DELOITTE TOUCHE TOHMATSU (DTT) é uma empresa global com receita de mais de 13 bilhões de dólares gerados em 140 países. Historicamente, assim como a maioria das grandes empresas de consultoria, a DTT era produto de uma série de fusões e aquisições de unidades, que deixaram a companhia um pouco fragmentada. Os escritórios em todo o mundo precisavam de uma melhor coordenação se a empresa esperava continuar a atrair grandes clientes globais. Os parceiros seniores sabiam que a companhia precisava se globalizar de forma mais rápida e eficiente. Especificamente, precisava proporcionar para seus grandes clientes um nível de serviço mais homogêneo e rigidamente coordenado nos diversos países em que atuava. Mas como promover essa mudança tão radical?

Uma forma seria destruir criativamente a estrutura atual da organização e seus vários escritórios ao redor do mundo, cujos líderes foram selecionados devido a sua experiência profissional — não gerencial. Efetivamente, esses profissionais vinham administrando seus escritórios como unidades locais semi-autônomas. Portanto, uma opção seria a empresa se reinventar, criando uma nova estrutura global com novos tipos de pessoa — gerentes em vez de profissionais — *super-*

visionando o trabalho nas divisões regionais. Em outras palavras, podia mudar de um tipo de federação de companhias de serviços profissionais para uma corporação de grande porte coordenada. Outra abordagem seria implementar uma extensa rede informatizada de compartilhamento de conhecimento que permitisse aos parceiros nos escritórios em todo o mundo usarem todos os tipos de informação, suporte e conexões.

A DTT recorreu a uma parcela de TI e uma parcela de reestruturação para concretizar seu extremamente bem-sucedido esforço de globalização. Mas tendo observado companhias em outras indústrias tentar tais mudanças — e constatando o tipo de sofrimento generalizado que normalmente resulta das demissões e do caos geral (sem mencionar os custos extras) associado a essa mudança radical —, a DTT fez outra opção. Tornou-se uma companhia mais globalmente conectada capitalizando as redes sociais dos parceiros que já tinha. No final, a DTT alcançou a meta de coordenar seus escritórios ao redor do mundo a um custo muito menor para a organização. Através de suas ações ela me ensinou uma lição inesquecível sobre como se aproximar dos ideais de mudança sem dor.

Este capítulo examina em detalhe um tipo de recombinante apresentado no capítulo 2: redes. Ele foca não só as *redes individuais*, mas também os recombinantes oferecidos pelas redes que interligam muitas pessoas em uma empresa. Esse segundo tipo de redes são as chamadas *redes sociais* que os líderes de uma organização podem aprender a reutilizar, remanejar e recombinar para promover uma mudança com menos sofrimento. Vamos começar examinando o que exatamente os líderes podem recombinar dentro de redes e entre elas.

O Que Recombinar

Uma análise dos recombinantes encontrados em redes organizacionais deve provavelmente começar com um retrato da aparência dessas redes. A Figura 4-1 proporciona um bom mapa da aparência de um sistema de redes de uma organização como a DTT.

A complexidade da figura em si já é uma indicação de quão extensas e abrangentes as redes podem ser e do poder de criar mudanças que essa capacidade de conectar pessoas implica. Vejamos alguns elementos que você pode recombinar em uma rede corporativa dessa magnitude, usando as especificações deste diagrama como exemplo.

FIGURA 4-1

Mapa da Rede

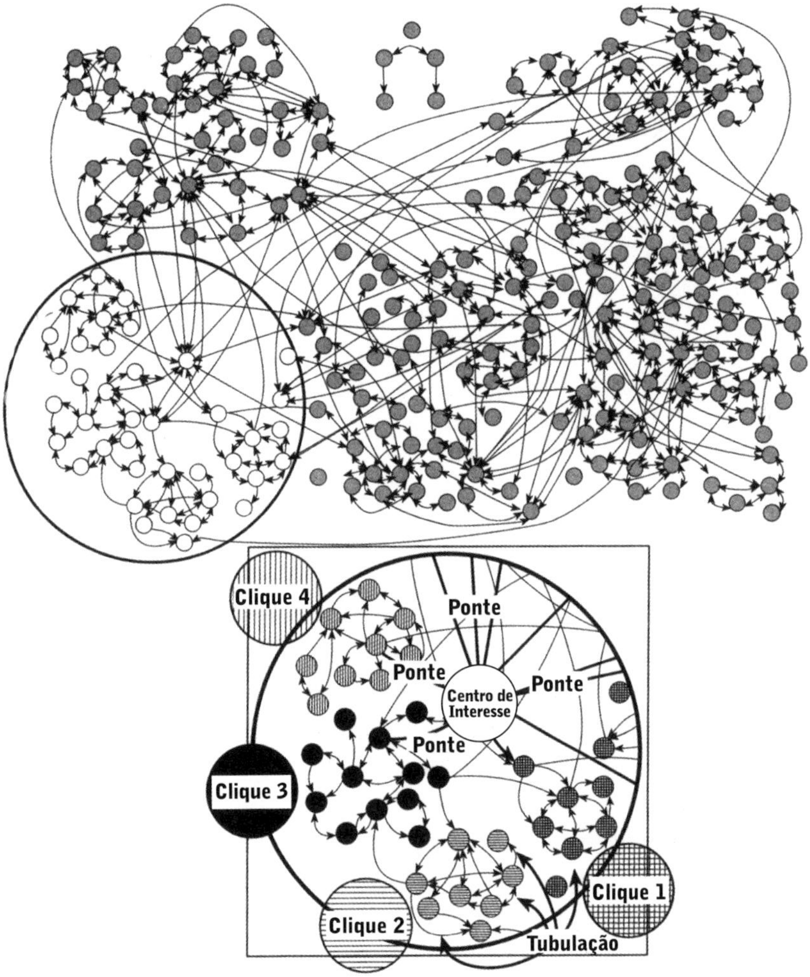

Estrutura dos Recombinantes de Redes

Vários dos elementos de redes podem ser encontrados no porão corporativo e recombinados em níveis variados para fomentar uma mudança. Embora eles não se encaixem perfeitamente em uma pirâmide hierárquica como os recombinantes de pessoas, podemos pensar nos recombinantes de redes como clusters (agrupamentos), pontes, *hubs* (centros de interesse) e tubulações organizacionais.

Clusters *e Cliques* Observe na Figura 4-1 que algumas áreas das redes são aglomerados densos de conexões, como o *cluster* de contatos apresentado no círculo expandido da figura. Esses *clusters* podem refletir limites estruturais, assim como limites de um departamento. Também podem refletir grupamentos mais informais — a rede de fumantes, por exemplo, que se encontram regularmente na entrada do prédio da empresa na paradinha para o cigarro, ou a rede global de pessoas que compartilham idéias sobre o gerenciamento da cadeia de suprimentos mundial.

Os *clusters* contêm *subclusters* ainda menores e mais densamente interconectados chamados cliques. O *cluster* apresentado no círculo expandido da figura contém quatro cliques diferentes, que podem ser formados por pequenas equipes de trabalho, ou constituir categorias informais: um grupo de pessoas que saem para almoçar juntas todos os dias e trocam fofocas do trabalho, por exemplo, ou um grupo pertencente a uma minoria étnica na empresa.

Quais são as propriedades recombinantes dos *clusters* e cliques? Considere o exemplo da rede de fumantes. Eles se encontram regularmente na entrada do prédio, obedecendo a uma norma local. Conversam enquanto fumam e freqüentemente formam cliques muito densos. Em empresas grandes, ou se há muitos fumantes, podem formar toda uma rede de grupos. Esses cliques e *clusters* de fumantes estão em diversas partes da empresa — diferentes divisões, funções e localidades. Também estão em diferentes categorias hierárquicas de funcionários, que variam da mais júnior à mais sênior. Elas podem até se estender para fora da empresa e incluir diferentes parceiros e constituintes — clientes, reguladores e fornecedores — que visitam a empresa regularmente.

Brinco com as pessoas em seminários dizendo que elas não devem fumar, mas fingir que são fumantes para ganhar acesso à extensa, coesa e eclética rede de fumantes tanto de sua empresa como daquela de seus clientes. De fato, por sua natureza eclética, essas redes são excelentes fontes de todos os tipos de idéia, informação e conhecimento sobre recombinantes.

Os *clusters* e cliques não só circulam recombinantes, mas são eles próprios recombinantes. Em sua maioria, as redes surgem naturalmente, ao acaso e informalmente. Com freqüência, elas surgem porque a estrutura formal da empresa não proporciona os suportes necessários para se desempenhar o trabalho. Você pode então alavancar essas redes formadas espontaneamente para resolver problemas que geraram sua existência.

Considere o caso da Columbia Business School (Escola de Administração de Columbia), que sempre esteve na vanguarda dos avanços tecnológicos de apoio à educação e foi uma das primeiras a adotar computadores. Assim como muitos dos primeiros que adotaram essa tecnologia, os líderes da escola não previram totalmente a complexidade técnica, os problemas e as oportunidades que ela criaria. Portanto, a escola não criou um departamento de suporte. Como resultado, uma rede informal de professores, administradores e até mesmo de alunos surgiu espontaneamente para que pudessem trocar todos os tipos de informações de TI, hardware, software, correções, dicas e truques para usar e explorar a tecnologia da companhia. Chame esse elemento de rede "clique *geek** da informática".

O que o clique *geek* possibilitou? O *geek* foi uma solução temporária para um problema que cresceu com o número de usuários e a complexidade da tecnologia. Com o tempo, um clone do excelente sistema de suporte técnico que funcionava na universidade toda foi recombinado com o pessoal de TI do departamento de pequenas empresas da escola de administração, assim como com algumas pessoas da TI da universidade. Entretanto, um problema importante permaneceu — questão que a maioria dos usuários de computador que já "interagiu" com um especialista em suporte técnico experimentou. A lacuna de jargão e conhecimento tecnológico existente entre os especialistas em TI e os usuários produziu uma conexão repleta de condescendência, hostilidade e mal-entendidos.

O que poderia ser feito? Muito simples: renomear o clique *geek* de "Comitê de Informática do Corpo Docente" e promover reuniões regulares entre o comitê e o chefe do departamento de TI para criar uma ponte aproximando os usuários da equipe de suporte. O Comitê de Informática dos Docentes da Escola de Administração de Columbia existe até hoje e tornou-se um ingrediente-chave do excelente serviço de informática da escola. É um exemplo real de como é possível formalizar e recombinar um clique de rede com processos existentes para promover uma mudança sem dor.

***Pontes* e Hubs** Como a área expandida da Figura 4-1 indica, redes podem conter *hubs,* que são centrais de conexão de cliques e *clusters* da rede que, de outra forma, ficariam isolados. No exemplo da Figura 1-4 em particular, o *hub* serve como uma ponte de rede que interliga os cliques em um *cluster*. Sem este *hub* (centro de interesses), os cliques estariam praticamente desconectados e impossibilitados de compartilhar informações entre si.

Considere outro exemplo real: o *case* clássico de John Clendenin na Xerox, usado extensivamente para ilustrar como as redes funcionam em uma organização. Entretanto, esse *case* também nos ensina uma lição muito diferente e importante que raramente é mencionada nas suas instruções de uso[1]: especificamente, ensina que certas pessoas que ocupam posições de *hub* em redes sociais podem ser inesti-

---

* *geek* — termo usado para se referir aos aficionados ou entendidos em tecnologia, no caso, informática. (N. da T.)

máveis para organização. As funções de ponte que proporcionam — permitindo um fluxo de comunicação que abrange *clusters* e cliques — podem ser remanejadas e recombinadas para promover uma mudança por toda a organização. A Xerox, neste caso, viu na rede de John Clendenin um meio rico que podia ser remanejado e recombinado repetidamente para o fim de criar uma ponte de comunicação entre as quatro principais divisões da Xerox.

John Clendenin, um ex-oficial do Exército, foi contratado inicialmente pela Xerox como estagiário durante as férias de verão entre o primeiro e o segundo ano de seu curso na Escola de Administração de Harvard. Durante o verão, ele mexeu com dois projetos: um para eliminar o excesso de embalagem da ordem de 300 mil dólares ao ano e outro para cortar um elo de uma cadeia de suprimentos que significava uma economia de 2 milhões de dólares para a Xerox. Clendenin provou ser um recombinador mestre que desempenhou sua tarefa com sucesso estonteante. Seu sucesso no verão foi apenas um preâmbulo do que estava por vir.

Impressionada com as realizações do estagiário, a USMG (divisão regional da Xerox nos Estados Unidos) o contratou como consultor interno do departamento de peças e suprimentos. Em um ano, o promoveu para gerente do departamento. É aqui que o caso se transforma em uma história de uma recombinação fins-para-meios em que uma organização usou a rede de um indivíduo para encontrar problemas que poderia solucionar. Em sua nova posição, Clendenin começou construindo uma forte aliança com um veterano da Xerox, Tom Gunnings, que possuía uma ampla rede que se estendia por muitas divisões da empresa. Como resultado, a rede de Clendenin agora era um clone da de Gunnings, abrangendo muitos níveis da hierarquia da Xerox, assim como todos as quatro divisões regionais — não só a USMG nos Estados Unidos, mas também a Fuji Xerox, no Japão, a Rank Xerox, na Europa, e a American Operations, na América do Sul.

Clendenin tornou-se um *hub* — um indivíduo que possui a rede informal para ver uma organização como um todo e explorar oportunidades de sincronização e recombinação. Com sua rede pronta, Clendenin deu um passo interessante em sua carreia. Fez um *lobby* com as pessoas da alta esfera de sua rede a fim de mudar para uma unidade minúscula, o Multinational Development Center (MDC) — centro de desenvolvimento multinacional —, com um quadro de cinco funcionários e um orçamento de 400 mil dólares. Dois anos mais tarde, a unidade tinha um orçamento de 4 milhões de dólares. Além disso, Clendenin aumentou o quadro para 42 funcionários.

O que aconteceu? A rede abrangente de Clendenin lhe permitiu ver que o MDC situava-se exatamente no centro da rede da Xerox. É uma das poucas unidades que conectam as quatro divisões regionais da Xerox. Clendenin, o recombinador, enxergou uma oportunidade. O MDC de Clendenin pode proporcionar duas funções-chave para a Xerox. Uma é arbitragem. De fato, ele descobriu, através de sua rede, que uma mesma peça da copiadora podia ter um nome diferente em cada uma das quatro divisões regionais da Xerox. Como resultado, o estoque da Fuji podia estar abarrotado de uma peça e o da Rank com falta. Entretanto, como as peças tinham nomes diferentes, a Rank não conseguia reconhecer o excedente na Fuji. Clendenin era a única conexão da rede sincronizando essas partes diferentes da Xerox e capaz de transferir o excesso de estoque de uma divisão da Xerox para outra.

O MDC também oferecia recombinações pobres para os executivos das quatro divisões internas da Xerox. Por exemplo, Clendenin descobriu que as divisões usavam o obsoleto COBOL como linguagem de programação. Ele aproveitou a experiência de programação em C de alguns de seus funcionários e ofereceu soluções de TI pela metade do preço. Como a rede de Clendenin abrange as quatro principais divisões da Xerox, ele pode distribuir suas soluções por toda a empresa.

Canalização Organizacional As redes contêm um último recurso de recombinação: podem atuar como o sistema de canalização da organização. Cada reta que conecta duas pessoas na Figura 4-1 é um segmento da canalização social. Através dela fluem diversos tipos de informação e suportes vitais para alavancar e recombinar as potencialidades existentes em uma empresa. Além disso, esse sistema de canalização organizacional transporta não só informações, mas também suporte mútuo, que pode ser o respaldo político, o financiamento ou inclusive a amizade que ajuda a conduzir uma recombinação para uma mudança bem-sucedida sem sofrimento.

Quais são as propriedades da canalização organizacional? Pense nas fibras ópticas. Os provedores de sistemas de fibra óptica atualmente passam seus cabos por tubulações obsoletas que antes transportavam gás até os prédios localizados nas áreas movimentadas do centro da cidade para fins de iluminação. Reutilizar essas tubulações custa uma fração do que custaria instalar uma nova tubulação, supondo que essas áreas movimentadas jamais permitiriam a desordem causada por tal obra de infra-estrutura.

Da mesma forma, você pode recombinar qualquer segmento da canalização da rede social de sua empresa para transmitir um tipo de informação e suporte diferente daquele transmitido anteriormente. Por exemplo, vejo executivos usarem com freqüência a rede de fofocas como um meio de circular informações à velocidade da luz pela organização. Foi exatamente isso que o time da liderança da DTT fez quando realocou o que era naturalmente transmitido por sua rede de canalização interna — coisas como troca de favores, fofocas, amizade e informações de todos os tipos — para ajudar as várias partes da empresa a terem uma melhor coordenação no âmbito global.

É claro, uma coisa é entender conceitualmente que partes das redes de sua empresa você pode recombinar para criar uma mudança. Outra muito diferente é encontrar recombinantes de rede úteis — assunto que discutiremos agora.

Encontrando Recombinantes de Rede

Cada vez mais, as empresas procuram maneiras de remanejar e recombinar conhecimento especializado entre si. Em minha experiência, e como ilustra o preâmbulo deste capítulo sobre a DTT, muitas dessas empresas se decepcionaram com as soluções de TI para essa oportunidade. Elas implementaram uma extensa rede de computadores, arduamente coletaram, classificaram e organizaram em categorias esse conhecimento especializado e o inseriram nessas intranets, e imploraram a seus funcionários que não só extraíssem, mas também acrescentassem informações aos sistemas. Estes sistemas fracassam porque não funcionam ou funcionam bem demais. No primeiro caso, o processo formal de TI existe, mas ninguém usa. No segundo, todo mundo usa e ao longo do tempo ele se torna como a World Wide Web: existem diamantes de informação recombinante no estado bruto, mas para encontrá-los é preciso procurar no meio de tanto lixo que mal vale a pena.

Freqüentemente, as empresas procuram complementar ou mesmo substituir soluções de TI por troca de informações cara a cara (ou ao menos fone a fone). Esses mecanismos recebem muitos nomes, sendo talvez os mais comuns *grupos de conhecimento, comunidades de práticas* e *caucuses* (assembléias).

Os funcionários que fazem parte de um grupo de conhecimento reúnem-se para compartilhar e disseminar suas informações e conhecimento em particular, que varia de habilidades de integração pós-fusão a como sobreviver no mundo corporativo sendo mulher ou afro-americano. A informação compartilhada pode então ser recombinada no grupo e na empresa como um todo.

Já observei muitas tentativas de criação de comunidades de práticas. As pessoas começam com a melhor das intenções. Entretanto, a menos que cada membro da comunidade tenha um retorno real por ter gasto um tempo precioso de sua atribulada vida profissional para dar e receber da comunidade, o entusiasmo desaparecerá rapidamente.

Uma técnica muito mais fácil é aproveitar cliques ou *clusters* que já estão no porão corporativo — pessoas que já troquem essas informações — e formalizá-los. Em outras palavras, usar os meios existentes para um fim totalmente novo.

Meios para Redes

O clique *geek* da Escola de Administração de Columbia oferece um exemplo de como aproveitar um aspecto existente em uma rede para criar um novo fim — neste caso a rede formal foi chamada de Comitê de Informática do Corpo Docente. Mas considere também o crescimento dos movimentos dos direitos civis, dos direitos dos gays e o feminista. Muitas empresas e funcionários sofreram o tipo de discriminação explícita e implícita que impedem certas classes de funcionários de chegar ao topo da hierarquia corporativa.

A discriminação formal é relativamente fácil de solucionar com processos formais — padronizando critérios de promoção, por exemplo. A discriminação informal, entretanto, é muito mais difícil de abolir. Uma de suas causas, conforme indicado por pesquisas, não é a discriminação generalizada. Ao contrário, resulta da *homofilia*, a tendência que pessoas com características semelhantes têm de se agrupar, às vezes em detrimento de pessoas com outras características.

A Xerox é conhecida por sua capacidade de recombinar materiais e produtos. Não tão conhecido é seu substancial histórico de recombinar processos organizacionais informais. Considere, por exemplo, o *cluster* de funcionários afro-americanos que se formou na Xerox como resultado do movimento dos direitos civis. Devido a sua dificuldade de acessar outras redes (e as informações sobre carreiras que nelas circulavam), os funcionários afro-americanos da empresa trocavam informações sobre carreiras e conselhos informais entre si. Felizmente, a Xerox teve a visão de estimular e formalizar essas redes (que chamou de *caucuses* — assembléias) como um meio de integrar outras minorias na rede da empresa. A GE possui *caucuses* que alavancam a experiência de funcionários com diferentes origens e formação.

Esses exemplos ilustram a oportunidade de alavancar cliques e *clusters* — seja entre minorias, fumantes ou aficionados por informática — para alcançar determinados fins. Basta simplesmente mapear as redes e estimulá-las, em vez de tentar o mais difícil, desestabilizador e sofrido processo de começar tudo do zero.

Fins para Redes

Você tem uma rede rica; então, o que faz com ela? As redes podem ser soluções procurando um problema para resolver ou uma oportunidade para explorar. Voltando ao caso de Clendenin, os executivos freqüentemente têm opiniões discordantes sobre ele. Alguns o descrevem como um herói glorioso nessa situação, enquanto outros o difamam, chamando-o de criador maligno de impérios. Como ele se atreve a montar um negócio próprio rentável dentro da Xerox, mesmo que ela tenha se beneficiado desse negócio? Por que, em vez disso, Clendenin não promoveu uma reestruturação da cadeia de suprimentos global que teria sincronizado o processo de compra nas quatro divisões da Xerox? Por que ele não levou sua idéia sobre programação ao departamento de TI e deixou que eles desenvolvessem uma iniciativa de programação em C para a empresa como um todo?

Embora a princípio os poderosos da Xerox também compartilhassem dessa visão negativa, logo identificaram a existência de um meio potente: as habilidades de *networking* de Clendenin. E em vez de desencorajar os valiosos fins que ele produziu (tais como a movimentação eficiente de peças entre as divisões regionais), a Xerox optou por remanejá-lo para novos fins, transferindo-o para mais uma posição de ponte onde ele podia reutilizar sua rede para realizar feitos semelhantes.

Portanto, em vez de ver Clendenin como um criador de impérios para interesse próprio, a Xerox o viu como alguém que explorava informalmente grandes oportunidades de recombinação. Viu a MDC de Clendenin como um mecanismo maravilhoso que solucionava problemas, os quais seus gerentes seniores inclusive desconheciam. Dessa forma a Xerox conseguiu uma disseminação cruzada eficiente entre suas quatro divisões regionais sem precisar criar algo novo. Com a rede de Clendenin, não foi preciso implementar nenhum sistema formal grande para conduzir o gerenciamento de estoque na Xerox como um todo. (De fato, sincronizar as quatro divisões de uma organização antiga, grande e bem-sucedida teria levado décadas.) Em vez disso, a mudança sem dor prevaleceu. O próximo passo lógico seria a companhia institucionalizar a abordagem de Clendenin: recombinar esse ativo informal em um dispositivo permanente da Xerox e disseminá-lo por clonagem — não destruí-lo só para sofrer durante o difícil processo de mudança de recriá-lo.

Clendenin é um *hub* de rede vital, o líder informal modelo com autonomia autoconferida para solucionar problemas disseminados na empresa de forma suave e fácil. Ele é o *networker* estratégico que emprega seu amplo e eclético conjunto de contatos para descobrir problemas disseminados pela organização e para solucioná-los recombinando agressivamente visando ao bem maior da empresa. Muitos recombinantes permanecem trancados nos silos da Xerox. Um *networker* estratégico como Clendenin pode criar uma ponte entre abismos estruturais nas redes da Xerox. Ele pode levar através dessa ponte a preciosa semente de uma idéia trancada em um silo, disseminá-la para outro e usar esse conhecimento para inseminar o próximo silo. Além disso, ele verifica que esse processo se desenrola eficientemente em uma base contínua.

A história de Clendenin ilustra o que uma organização encontrou (a rede de uma pessoa) para recombinar visando criar uma mudança sem dor e como estruturou a mudança em uma solução fins-para-meios. Uma vez que você tenha definido que aspectos de suas redes organizacionais quer usar para promover uma mudança, está pronto para decidir que técnica usar para conduzir a recombinação com mais eficácia.

Como Recombinar

Recombinar redes envolve escolher um recombinante de rede — um *cluster*, um clique, uma ponte, um *hub* ou um segmento da canalização — e realocá-lo para uma nova finalidade. Assim como vimos no capítulo 3 para os recombinantes de pessoas, você pode clonar, customizar ou traduzir recombinantes de rede para fomentar uma mudança.

Clonando Redes

Clonar um recombinante de rede significa reutilizar o mesmo *cluster*, clique, *hub*, ponte ou canal para criar uma oportunidade ou solucionar um problema. Geralmente, clonar uma rede envolve a reprodução exata da rede de uma pessoa por outra pessoa, com o responsável original apresentando essa nova pessoa para todos os seus contatos, garantindo sua confiabilidade. Isso ocorre freqüentemente quando um ás em vendas permite que um vendedor novato clone sua rede: o experiente apresenta-o a todos os seus contatos de vendas e garante o crédito dessa pessoa. Isso permite que o ás vá em frente e crie novas redes de vendas, para um outro vendedor novato então clonar.

Outra abordagem para clonar redes não requer reproduzir literalmente uma rede duplicando seus contatos na rede de outra pessoa. Pode ser suficiente incluí-la e a sua rede em um clique ou *cluster* organizacional em particular.

Considere o caso de Jerry Sanders, que, com um investimento de 180 mil dólares, fundou a X-Cardia — uma companhia da indústria de equipamentos médicos —, que vendeu em 1997 por 33 milhões de dólares para a UroHealth, um fornecedor sólido e em crescimento acelerado de equipamentos médicos.[2] Como ele fez isso? Uma empresa iniciante de equipamentos médicos, em essência, é uma recombinação de quatro tipos de recurso: capital de investimento, idéia para um equipamento médico, protótipo do equipamento e fornecedor de equipamentos médicos bem-estabelecido disposto a comprar essa nova empresa. A rede de Sanders tinha a canalização organizacional por onde o capital e as idéias podiam chegar a ele. Ele possuía uma rede extensa de contatos na comunidade de investimentos, incluindo investidores privados e os assim chamados especuladores, que podiam atrair suporte financeiro de grandes investidores institucionais.

Sanders tinha um relacionamento sólido com Ascher Shmulewitz, um cardiologista com doutorado em engenharia elétrica e biomédica. O Dr. Shmulewitz pode ser mais bem descrito como um recombinador médico por excelência. Suas recombinações incluem a recombinação da tecnologia de raios X com a de ultra-som para detecção precoce do câncer de mama — uma recombinação que Sanders o ajudou a transformar na companhia chamada NeoVision. Outra recombinação foi a idéia geradora da X-Cardia. Shmulewitz aproveitou uma idéia que já existia desde a década de 30 — o uso de corrente elétrica e eletrodos para medir a resistência do sangue e o débito cardíaco — e a atualizou conectando esses eletrodos ao tipo de tubo não-invasivo implantado em muitos pacientes submetidos a cirurgias cardíacas. Pronto, ele tinha uma recombinação não-invasiva para medir o débito cardíaco. Não era nada novo — apenas uma montagem com quinquilharias médicas guardadas no porão.

O que faltava a Sanders, entretanto, para transformar seu recombinante de equipamento médico em uma companhia era uma rede capaz de canalizar os outros dois recursos necessários para uma iniciante em equipamentos médicos: um protótipo e um cliente corporativo rico procurando um protótipo para comprar. Outra possibilidade seria encontrar alguém que possuísse uma rede como essa e cloná-la através de uma duplicação. Mais simples ainda seria dar a essa pessoa uma participação na nova empresa e acrescentar sua rede ao clique que se estava formando para a empresa. Isso é exatamente o que Sanders fez quando trouxe Margaret McHenry, uma executiva com 20 anos de experiência na indústria médica, para a empresa iniciante. Com sua extensa rede criando uma ponte tanto com os fabricantes de protótipos como com fornecedores bem-estabelecidos de equipamentos médicos à procura de uma boa idéia, McHenry tornou-se o recombinante de rede de que Sanders precisava — alguém que atuasse como contato com os fabricantes de protótipos para o desenvolvimento do protótipo do X-Cardia e que pudesse então vendê-lo para um fornecedor de equipamentos médicos.

Customizando Redes

Ao contrário da clonagem, a forma como os recombinantes de rede podem ser customizados depende do que se está customizando, se cliques, *hubs* e pontes ou canalização organizacional.

Customizando Clusters e Cliques Uma pesquisa extensa nos diz que a canalização de uma rede não é como o encanamento de uma casa.[3] A maioria dos sistemas de canalização de rede são altamente redundantes quando se trata de transportar recursos. Colocando de forma diferente, muito da — mas não toda — canalização da rede de uma empresa pode ser removido sem afetar outros tipos de recursos que fluem pela companhia.

Considere o exemplo extremo de uma divisão que chamo de Island Engines, fabricante de turbinas, como parte de um grande conglomerado global.

Quando encontrei pela primeira vez seu time de gerência sênior, formado por 13 executivos, fiquei surpreso ao notar que todos usavam o mesmo tipo de sapato — o qual, como me explicaram orgulhosamente, era usado exclusivamente em uma embarcação típica da ilha em que trabalhavam. Fazendo justiça, seu código de vestuário permitia duas variantes para combinar com os sapatos obrigatórios: calças cáqui com camisa social azul ou branca.

Por que este alto nível de semelhança em sua atitude? Pelo fato de estar em uma ilha, essa equipe almoçava todos os dias junta na cafeteria dos executivos. Com o tempo, apresentaram os outros membros da equipe a seus amigos e contatos. Como resultado, a rede de cada executivo era virtualmente um clone da dos outros.

Ouvindo as conversas desse clique fortemente entrelaçado, ficou claro para mim que cada executivo tendia a receber a mesma informação repetidamente, às vezes mais de uma dúzia de vezes, dos outros executivos. A canalização que interligava os membros desse clique e que servia de ponte entre o seu e os outros cliques era extremamente redundante. Como resultado, não só todos tinham a mesma informação, mas também, por interagirem com tanta freqüência, tinham a mesma visão da vida. Conseqüentemente, tendiam a interpretar a mesma informação de forma igual.

Cliques fortemente interconectados possuem tremendos benefícios: forte coesão, ampla confiança e um poderoso espírito de cooperação que lhes permite navegar ilesos pelas mais agitadas tempestades corporativas. Entretanto, também possuem tremendas desvantagens, que devem ser consideradas quando essas equipes são recombinadas: a redundância de informações e a visão restrita não característica dos cliques e *clusters* com redes mais diversificadas.

Recombinar esses cliques altamente homogêneos pode requerer, portanto, alguma customização. Talvez seja necessário introduzir alguns indivíduos novos com redes diferentes para trazer maior diversidade de informações e perspectivas para o clique ou *cluster*. Por exemplo, ajudar a equipe de executivos da Island Engines a encontrar, contratar e integrar em seu time alguns executivos de fora de sua rede coletiva poderia trazer para a equipe as informações e as perspectivas novas de que tanto precisa. Também seria necessário instruir a equipe sobre como manter a diversidade que os novos executivos trariam — e sobre como não transformá-los em mais réplicas dos executivos da empresa.

Customizando Hubs e Pontes Não é impossível recombinar um *hub* de rede como Clendenin e a função de ponte que ele proporcionou entre os quatro negócios desconectados que constituíam a Xerox. De fato, como destaquei anteriormente, a Xerox recombinou Clendenin e sua rede duas vezes, em outras partes da companhia, para utilizar sua função de ponte.

Recombinar *hubs* de rede, entretanto, pode requerer com freqüência alguma customização. Geralmente será preciso acrescentar ou remover conexões na canalização da rede, para adequar os *hubs* a outro cenário. Isso gera um desafio maior para a customização. Além disso, a canalização da rede permite maior fluxo de recursos quando as pessoas que conecta confiam umas nas outras.

De fato, em muitas empresas as pessoas não disponibilizarão informações, recursos ou recombinantes, a menos que confiem que o receptor irá manter certos tipos de informação preciosa em sigilo ou que oportunamente disponibilize reciprocamente seus recombinantes. Como foi o caso quando Stark, da CWC, teve que construir uma rede de contatos com os fabricantes de vasilhames de plástico, o principal desafio de customização em recombinar uma pessoa que serve de *hub* ou ponte é criar essa relação de confiança com os novos contatos acrescentados a sua rede.

Customizando a Canalização Organizacional A canalização interna de uma empresa são os ductos por onde fluem o *know-how* e o *know-when* necessários para promover a recombinação através da customização (veja a Tabela 2-1). É também o canal para o *know-what* requerido para a clonagem, assim como para o *know-who* e o *know-who-knows-who* necessários para descobrir como traduzir um meio útil para alcançar um fim em uma dada situação a meios similares para os mesmos fins em uma condição diferente.

Recombinar o que flui em um segmento da rede de canalização pode assumir formas diferentes. Uma abordagem freqüente é recombinar o canal por onde flui amizade com um conteúdo corporativo. O Citigroup, por exemplo, tem sido muito bem-sucedido em usar o canal de amizade de seus funcionários para circular produtos de seguros e planejamento financeiro. A Amway fez o mesmo com seu detergente, assim como a Tupperware fez com seus potes plásticos e a Mary Kay, com cosméticos. Em cada um desses exemplos, a rede de amizades dos funcionários tornou-se o canal pelo qual produtos e serviços podem fluir e ser vendidos. Obviamente, o fluxo de amizade é muito diferente do fluxo de um serviço ou produto. A chave, conforme ilustrado por Mary Kay, é treinar funcionários para transformar a compra de cosméticos em uma experiência social.

Você pode customizar a rede de canalização modificando não tanto o que flui por ela, mas como esse fluido é utilizado. O departamento de RH da Microsoft, por exemplo, tem a garantia de manter a companhia unida alavancando redes informais de fofocas para descobrir quais executivos estavam insatisfeitos ou prestes a sair e agir prontamente. Em outras palavras, um fluxo de fofocas foi customizado para servir como um serviço de informações de alerta. Certamente, essas recombinações tiveram que ser customizadas com extrema discrição e essencialmente para o bem-estar da empresa.

Traduzindo Redes

A clonagem e a customização envolvem reutilizar os mesmos *clusters*, cliques, *hubs*, pontes e canalização tanto para fins existentes como para novos. A tradução de uma rede não. Em vez disso, envolve decidir como uma rede em particular serve como meio para um fim em particular e então recriar uma rede de pessoas diferentes que atendam ao mesmo fim.

Por exemplo, após o sucesso da X-Cardia, não foi difícil para Sanders teorizar sobre os ingredientes para um início de sucesso na indústria de equipamentos médicos. Especificamente, precisava de um grupo de pessoas com pontes em redes para (1) a comunidade de investidores de capital em empresas iniciantes, (2) a comunidade de cientistas com idéias para novos equipamentos médicos, (3) a comunidade de empresas que produzem protótipos dos equipamentos e (4) fornecedores bem estabelecidos de equipamentos médicos. Na iniciante X-Cardia, Sanders proporcionava a ponte para a comunidade 1, Shmulewitz a ponte para a comunidade 2 e McHenry para as comunidades 3 e 4. A questão então é: "É possível traduzir esta fórmula de rede para ser utilizada em outra indústria, com um elenco diferente desse trio dinâmico?" Ou: "Esse mesmo trio pode traduzir a fórmula de rede para iniciar um negócio em uma outra indústria?"

Considere outro exemplo conhecido: a Corning, fabricante produtos especializados de vidro, e sua longa história de cooperação com outras empresas através de *joint ventures* e alianças estratégicas. A Corning tem uma fórmula geral para gerenciar a rede de relacionamentos com esses parceiros. Devem existir conexões de rede confiáveis no topo das empresas parceiras — de CEO para CEO. Os executivos da Corning responsáveis por estratégias de setor participam da diretoria das *joint ventures* novas para criar uma rede de relacionamento com seus membros e em seguida passam seu papel para um presidente de grupo. Devem existir conexões de rede não só nos níveis seniores, mas também em cada nível da parceria. Isso é apenas o modelo, é claro. A rede real que conecta a Corning a suas parceiras de *joint ventures* precisa ser reinventada com base nesse modelo.

Das Idéias para a Prática

Existem muitas e variadas maneiras de ajudá-lo a pôr sua rede social para funcionar. Posso apenas proporcionar alguns exemplos sugestivos nesta seção. Elas vão desde usar sua rede pessoal até alavancar a rede de sua organização e explorar as de outras organizações. A ferramenta-chave aqui é a *análise de rede social* (ARS), uma série de técnicas e programas para apresentar redes sociais graficamente.

Quando Alavancar Redes Usando Análise de Rede Social

A ARS baseia-se em uma extensa pesquisa acadêmica.[4] Existem diversas ferramentas de mapeamento facilmente disponíveis, assim como muitos especialistas utilizando essas ferramentas. Elas oferecem mapas de rede como o apresentado na Figura 4-1. Nesses mapas, a espessura da reta representa a força das conexões da rede, linhas pontilhadas indicam diferentes tipos de relacionamento e preenchimentos indicam diferentes tipos de pessoa. Uma seta de duas pontas denota que um par se reconhece mutuamente como um contato de rede, enquanto uma seta de uma ponta denota uma relação unidirecional. Trabalhar com mapas de rede de contatos na tela do computador torna possível aproximar dois cliques e inserir um círculo em torno deles.

Esses mapas permitem entender como suas redes se projetam no mundo social e permitem que os gerentes tenham idéia de como as redes de seus subordinados podem ser recombinadas e descombinadas. Após desenvolver um retrato preciso da rede global de sua empresa, você estará pronto para determinar onde melhor pode encontrar os tipos de *clusters* e cliques, *hubs*, pontes e canalizações organizacionais que podem ser recombinadas. Antes de discutir as diferentes formas em que a ARS foi usada, uma condição se faz necessária. A análise de rede social é uma ferramenta poderosa para explorar recombinantes de rede. Entretanto, assim como muitas ferramentas desse tipo, é importante entender quando ela deve ser usada e quais são seus limites. Caso contrário, a ARS promete se tornar uma moda que substituirá muitos esforços fracassados de gestão de conhecimento.

O desafio na análise de rede social não está tanto no software para traçar gráficos, mas em como obter dados de alta qualidade sobre relacionamentos de rede que são traçados por ele. Esse desafio é mínimo para redes pessoais ou quando elas são pequenas — passar um questionário para pessoas na rede facilita obter os dados e traçar o gráfico. Para redes maiores, entretanto, a tarefa pode ser assombrosa. A chave, então, é alavancar elementos existentes, que estão se tornando cada vez mais disponíveis: dados sobre quem manda e-mails para quem na empresa, sobre quem acessa quais sites na página Web, sobre ligações a partir de telefones celulares na empresa, e assim por diante, embora isso provoque problemas de privacidade.

A questão maior é se a ARS é uma ferramenta de trabalho ou educacional. É claramente útil para criar uma sensibilidade quanto a como as redes funcionam e como você pode alavancá-las. Minha impressão, entretanto, é que, uma vez que essa sensibilidade foi desenvolvida usando as ferramentas ARS, executivos experientes identificam oportunidades de recombinantes sem precisar traçar gráficos de toda a rede a cada vez.

Deixando essas condições de lado, vamos considerar exemplos concretos de ARS em uso. As companhias desenvolvem *expertise* em gestão de mudança. A IBM captura essa *expertise* através de sua Unidade de Transformação e a remaneja para gerenciar a próxima rodada de mudanças. Chip Drozenski, um gerente de programa sênior da Unidade de Transformação, tinha à frente a implementação da mudança para o sistema SAP em vasta operação de desempenho da IBM — uma unidade de logística com 30 mil funcionários, responsável pela remessa dos produtos IBM para 14 milhões de clientes no mundo. Havia muito em risco para Chip.

Recentemente testemunhei como uma dessas mudanças de sistema em uma grande companhia de serviços industriais produziu uma catástrofe logística de tal magnitude a ponto de virtualmente destruir a maior divisão da empresa.

Drozenski fez algo incomum: mapeou a rede de contatos entre as pessoas envolvidas na mudança usando um programa de análise de rede social. O resultado não foi uma imagem bonita. Ela mostrou Drozenski incrustado em uma rede extremamente coesa de gerentes seniores — como aqueles da Island Engines — que conversavam basicamente apenas entre si. Muito poucos canais de rede transportavam informações entre este clique de gerentes seniores e os especialistas de campo. Além disso, a canalização que de fato existia transportava um fluxo unilateral de informações — da gerência sênior para os especialistas, não vice-versa. Por fim, a canalização necessária para se comunicar com parceiros-chave no esforço de mudança não existia. Como resultado, o clique da gerência sênior tomava decisões de implementação com pouca contribuição de campo e conseqüentemente as primeiras etapas do esforço de mudança fracassaram e precisaram ser repetidas.

Entretanto, o mapa da rede de Drozenski não era a imagem do apocalipse. Ele revelava certos funcionários — *hubs* de rede — posicionados na rede social para transmitir informações vitais relacionadas à mudança, não apenas entre o clique de executivos e o de especialistas, mas também entre diferentes cliques e *clusters* de campo. Alguns desses *hubs* atuavam como gargalos de informação e precisavam ser desobstruídos; outros serviam como pontes de informação que Drozenski poderia estender para obter o fluxo bilateral de comunicação necessário para promover uma mudança sem percalços. Em última análise, Drozenski atribuiu ao mapeamento e à alavancagem da rede social uma "melhora dez vezes maior da comunicação interfuncional".

Colocando Sua Rede Pessoal para Funcionar

A experiência de Drozenski ilustra uma lição simples: você terá problemas para alavancar e recombinar sua rede se não conseguir analisá-la como um todo. Portanto reserve meia hora para fazer algo fácil e rápido. Traçar um gráfico de sua rede social. Existem programas complexos para traçar gráficos de rede, mas é suficiente ter um desenho de sua rede em uma folha de papel.

Usando a Figura 4-1 como modelo, coloque os nomes de seus contatos de trabalho em círculos e ligue-os com setas para retratar não só seu relacionamento com seus contatos, mas também o relacionamento entre eles. Use outro símbolo que considere útil como anotação para o gráfico, como linhas mais espessas para denotar contatos mais próximos, setas simples para contatos unilaterais, ou triângulos para distinguir executivos das pessoas de campo. Trace também os contatos de seus contatos — pessoas que você não conhece pessoalmente, mas que poderiam ser de grande utilidade se seu contato as apresentasse ou as contatasse para você. Se você tem dúvidas sobre elas, alguns telefonemas podem ajudá-lo a preencher o desenho da rede.

Agora que você tem um retrato de sua rede, o que sabe? Vamos recordar alguns princípios básicos do trabalho em rede. Nos próximos minutos, pense em sua rede social como uma ferramenta que existe para o único propósito de ajudá-lo a realizar seu trabalho de forma eficiente e eficaz — seja ele implementar um software SAP, encontrar novos clientes, detectar más práticas de funcionários, tutorar um subordinado ou encontrar informações estratégicas. Claramente, sua rede proporciona muitas outras funções não relacionadas ao trabalho, mas vamos deixá-las de lado por enquanto.

Focando sua Rede Sob esta perspectiva pragmática, redes grandes — no sentido de conhecer mais pessoas — não são necessariamente melhores. O bem mais precioso dos executivos geralmente é o tempo. O trabalho em rede requer tempo, e manter muitos contatos requer mais tempo ainda — tempo que será perdido se proporcionar pouco retorno a seu investimento. Considere, por exemplo, a rede fortemente coesa de Drozenski com gerentes seniores que praticamente conversavam apenas entre si. Cada um de seus contatos no grupo de gerentes seniores lhe trouxe muito poucas informações novas sobre a mudança porque todos esses executivos compartilhavam basicamente o mesmo conhecimento e a mesma perspectiva. Em contraste, cada contato de rede adicional que criou uma ponte entre Drozenski e um *cluster* da rede do campo que estava envolvido na mudança trouxe informações totalmente novas interpretadas sob a perspectiva muito diferente do nível de campo. Também proporcionou um canal de retorno através do qual Drozenski pôde comunicar às pessoas daquela rede como gerenciar a mudança.

Se existe uma regra para o *networking*, é a de que, em uma rede otimizada, menos vale mais: você deve alavancar um número mínimo de contatos para maximizar a eficiência e a eficácia de seu trabalho. Contatos que não são imprescindíveis podem proporcionar benefícios como senso de inclusão, amizade ou fofocas interessantes. Sob uma perspectiva estritamente pragmática, o tempo investido em manter esses contatos de rede não proporciona um retorno significativo relacionado ao trabalho. Focar na rede diminuindo a freqüência com que você interage com contatos dispensáveis freqüentemente proporciona uma forma simples de alavancar sua rede pessoal. Libera tempo para explorar contatos-chave mais a fundo e empregar esse tempo para conduzir outras atividades relacionadas ao trabalho.

Alavancando Contatos-Chave Outra abordagem para alavancar redes pessoais envolve alavancar os contatos-chave em sua rede. O que torna um contato um "contato-chave"? Características óbvias de contatos úteis são fatores como seu status, reputação, *expertise* e posição em outra unidade de sua empresa ou na de um cliente — itens que determinam se ele pode ajudar você a fazer seu trabalho. Seu mapa deve realçar esses tipos de contato.

Uma segunda característica diz respeito à disposição de um contato de rede em ajudá-lo. Você pode confiar nessa pessoa para ajudá-lo, mesmo que não seja interessante para ela? Ela irá gastar o tempo necessário para lhe dar toda a informação, o suporte e o conhecimento de que você precisa para fazer o melhor trabalho possível? Em outras palavras, esse contato é um aliado — uma pessoa com quem você tem um relacionamento equilibrado baseado no compartilhamento mútuo de ajuda, suporte e informação? Exagerando, você pode contar com essa pessoa para ajudá-lo em uma situação difícil, chova ou faça sol? Seu mapa deve distinguir esses relacionamentos próximos dos mais distantes.

As demais características de bons contatos dizem respeito não a quem eles são, mas a quem eles conhecem. Particularmente importante, como Drozenski descobriu, são os *hubs* de rede — pessoas como Clendenin na Xerox — cujas redes se conectam a diversos cliques e *clusters* que influem no desempenho com que você realiza um trabalho. Esses *hubs* proporcionam e disseminam informações, conhecimento e suporte de diferentes níveis e partes de sua e de outras empresas que são críticas para que o trabalho seja realizado. A maioria deles também proporciona o *know-who*, isto é, o conhecimento sobre a quem recorrer para obter a informação, conhecimento, suporte ou o *expertise* de que você precisa para fazer o trabalho. Os *hubs* podem inclusive ter um conhecimento rico do que eu chamo de *know-who-knows-who*: eles conhecem quem são as pessoas a quem recorrer para descobrir quem tem conhecimento sobre um assunto em particular vital para atingir seus objetivos.

Em resumo, alavancar sua rede pessoal significa desenvolver uma imagem gráfica da rede, focá-la e estimular contatos-chave para que o trabalho seja realizado.

Ponha a Rede de Sua Organização para Funcionar

A IBM usou sua experiência e especialistas em gestão de mudança para fundar sua Unidade de Transformação, que a levou a descobrir que podia usar a tecnologia de mapeamento de rede social existente para ajudar a promover uma mudança. Mas a história de recombinação da IBM não termina aqui. A IBM transformou sua *expertise* em ARS e mapeamento de redes sociais em um serviço de consultoria que oferece a outras companhias. O que está em jogo aqui não é a rede relevante para um único indivíduo, mas a de uma empresa, ou de uma de suas constituintes, que ajude a companhia como um todo a realizar o trabalho.

Localizando e Motivando Funcionários Líderes e gerentes sensíveis à rede social de sua empresa ou de sua unidade, especialmente se as mapeiam graficamente, podem encontrar muitos tipos diferentes de recombinantes. Por exemplo, a sensibilidade do superior de John Clendenin tornou claro que sua rede e suas habilidades de *networking* podiam ser remanejadas e recombinadas. O mapeamento das redes organizacionais pode revelar muitos outros Clendenins. A sensibilidade a redes também ajuda os líderes a entender como ajudar subordinados a desenvolvê-las e alavancá-las para melhorar seu desempenho.

As propriedades dos cliques e *clusters* de rede também podem ser promovidas para motivar funcionários. O Exército, por exemplo, sabe muito bem que a união e o poder de luta de uma unidade em combate está em grande parte no nível dos pequenos cliques de soldados que vivem juntos, lutam juntos e até mesmo morrem um pelo outro. Companhias inteligentes reforçam esse espírito de cooperação espontâneo para motivar e dar autonomia a seus funcionários. Essa técnica é bem conhecida de empresas como a Southwest Airlines, que constrói cliques de rede coesos entre sua tripulação de cabine e de bordo, que continuarão desempenhando suas funções efetivamente não importa o que aconteça.

Diversidade e Confiança As propriedades dos cliques e *clusters* de rede são uma faca de dois gumes. Podem servir como um tipo de mecanismo de conformidade e controle. Até algumas décadas atrás, grandes volumes de dinheiro mudavam de mãos no distrito financeiro de Londres sem contratos formais ou garantias. Mesmo assim, não se ouvia virtualmente falar de roubos. Por quê? Porque a comunidade financeira de Londres era um *cluster* fortemente interconectado. Funcionava um pouco como uma cidade pequena — todo mundo conhecia e podia checar a vida dos outros. De fato, os membros de cliques e *clusters* coesos tendem a monitorar e controlar o comportamento dos outros e, em última análise, aprender a confiar uns nos outros. Em resumo, *clusters* como a comunidade financeira de Londres alavancam redes sociais como um mecanismo poderoso para combater más práticas de funcionários.

O outro gume da faca são as propriedades exclusivistas e de conivência das redes "meu chapa", em que telhado de vidro e barreiras raciais são alguns exemplos. Os executivos, entretanto, podem usar mapas de rede para detectar tanto a extensão dessas redes quanto os funcionários novos que enfrentam essa exclusão. Esses funcionários podem receber suporte e serem usados para estimular a diversidade no âmbito dessas redes. Por exemplo, uma empresa para a qual trabalhei alavancou a pequena rede das altas executivas para atuar como mentoras das novas profissionais promovidas ao nível sênior. Outras companhias, como a Xerox e a GE, promoveram redes informais para proporcionar suporte social para funcionários pertencentes a minorias em sua empresa.

Formando Equipes e Unidades Grandes Alavancar redes é importante quando líderes recombinam pessoas para formar uma equipe ou uma unidade maior. O grupo como um todo deve ter o perfil de equipe e rede correto. Um executivo com quem trabalhei mapeou as redes de funcionários para criar a melhor equipe interfuncional — com funcionários cujas redes incluíam *hubs* importantes em todas as funções que precisavam ser integradas. Outro executivo usou essa técnica de mapeamento de rede para formar equipes de vendas com funcionários que já possuíam uma rede de relacionamentos sólida com tomadores de decisão importantes em cada um de seus clientes.

Promover redes pode ir muito além de alavancar as de pequenas equipes. Em muitas ocasiões, uma rede informal pode proporcionar todas as funções de uma parte da estrutura organizacional. Discutirei este assunto em maior detalhe no capítulo 7, que aborda recombinantes estruturais; portanto, um exemplo é suficiente aqui. Indústrias inteiras alavancam as redes de seus funcionários como ferramentas de vendas. Há exemplos em abundância: Tupperware, Creative Memories, Mary Kay, Pampered Chef, Discovery Toys, Home Interiors & Gifts, Southern Living e Weekenders. Além disso, muitas dessas companhias estão ocupadas recombinando seus funcionários de vendas diretas com a Web, permitindo que eles vendam através de suas redes sociais baseadas na Internet. Os funcionários da Tupperware agora podem promover reuniões on-line, por exemplo.

Freqüentemente, o melhor é simplesmente deixar que essas redes organizacionais façam seu trabalho. Descobri uma tendência nos executivos de querer mexer nessas redes quando descobrem sua existência e sua função. Novamente, menos vale mais aqui. Existem ocasiões, entretanto, em que os líderes podem precisar formalizar redes informais para expandi-las e proporcionar suporte com maior eficiência. Examino isso a seguir.

Contratando Redes e Comunidades de Prática O capítulo 3 examinou como a contratação freqüentemente ocorre pelo boca a boca informal, propagado por redes de funcionários. Algumas empresas, como a Intel, formalizaram essas redes para que elas proporcionem metade de suas contratações. A Paul Hastings, a grande firma de advocacia corporativa da Califórnia, levou esta lógica a um passo adiante. Oferece um bônus atraente aos advogados do escritório que recrutarem outros advogados de sua rede. Os bônus são incrementados proporcionalmente ao tempo que o recrutado fica na firma. O resultado é um recrutamento por metade do valor cobrado por *head hunters*.

O papel das redes organizacionais como dispositivo de compartilhamento de informações é mais bem conhecido. Aqui também, entretanto, os mapas de rede podem proporcionar uma enorme assistência. O truque é encontrar *clusters* interfuncionais e descobrir se eles já estão compartilhando o conhecimento desejado.

Esses *clusters* aparecem em mapas de rede porque conectam pessoas com funções semelhantes em diferentes partes da organização. Quando esses cliques e *clusters* se destacam em um mapa, podem (mas não precisam) ser formalizados e receber o suporte de recursos melhores. Mesmo que um agrupamento desses não apareça no mapa, os líderes e gerentes podem desviar canais da rede para transmitir um tipo de conhecimento diferente.

Além disso, as redes de conhecimento não se restringem apenas aos limites das organizações. Elas ultrapassam a fronteira organizacional e têm o potencial de conectar a empresa à imprensa, agências governamentais, aos clientes e, inclusive, aos concorrentes. Muitas companhias, por exemplo, estimulam seus executivos e funcionários a usar suas redes para fazer lobby com representantes do governo que têm poder de voto em problemas que afetam a empresa.

Pondo a Rede Interorganizacional para Funcionar

Alianças, fusões e *joint ventures* criam oportunidades para recombinar redes entre duas ou mais organizações. Já mencionei o exemplo de como a Corning replica com sucesso redes entre divisões para gerenciar *joint ventures*. Outro exemplo é o uso de redes para facilitar a integração pós-fusão. De fato, muitas fusões fracassam porque, embora sejam criados mecanismos estruturais para integrar as empresas, suas redes sociais nunca são recombinadas e as sinergias da fusão nunca ocorrem. Considere a aquisição feita pela Rubbermaid de seu competidor europeu, a Curver, em 1998. Ralph Polumbo, vice-presidente de integração da Rubbermaid, decidiu mapear a rede das empresas fundidas no período pós-integração. Isso deixou claro como detectar, alavancar e reforçar a rede da emergente e as sinergias entre as redes.

O Sexto Dedo

Todos conhecemos grupos de colegas de trabalho que almoçam juntos diariamente. Seu primeiro almoço junto pode ter sido acidental — eles foram escalados para o mesmo programa de treinamento e talvez houvesse apenas uma mesa livre. Mês após mês eles sentam na mesma mesa. À medida que fofocam juntos, se divertem juntos e algumas vezes sofrem juntos, formam cliques que se tornam cada vez mais coesos. Eles não só se conhecem bem, mas estão em via de se influenciarem fortemente. Sua confiança mútua também aumenta. Aprendem a prever o comportamento dos outros e ficam de certa forma surpresos quando um membro do clique age de forma inesperada.

Esses grupos de almoço podem ser maravilhosos — a amizade, a confiança, a união, a camaradagem. Todos lêem a mesma página do livro e atiram do mesmo lado do navio. Esses cliques e *clusters* de rede são recombinantes poderosos que você pode reutilizar, remanejar e recombinar em uma empresa. De fato, eles se tornaram mais que uma rede de pessoas: eles pensam e agem igual. Eles formaram, em suma, uma cultura que guia esses indivíduos mesmo quando não estão almoçando juntos, que orienta muitos aspectos de como eles pensam sobre seu trabalho e como o desempenham.

O próximo capítulo foca o entendimento, a alavancagem e recombinação dessas culturas. Antes disso, é necessário fazer uma última advertência que se aplica a ambas: redes e culturas. Embora elas tragam muitos benefícios, também representam uma ameaça. Cliques, *clusters* e culturas podem ter um lado negativo se não forem gerenciados adequadamente. Podem se tornar um pouco como as cidades pequenas em que todo mundo tem um sexto dedo porque tudo é um pouco incestuoso.

5 Revitalizando Valores, Não Inventando

O ANO ERA 1992, mas poderia muito bem ser 1892. A cultura corporativa da Consolidated Edison of New York, Inc. era uma caricatura da cultura corporativa predominante durante a revolução industrial. As gerências valorizavam as boas e velhas técnicas de comando-e-controle. A tomada de decisão era tipicamente centralizada. Exércitos de burocratas em ternos escuros na esparramada sede da empresa em Nova York decidiam rotineiramente sobre tudo, de grandes estratégias à decoração do escritório. Para esses "aspones corporativos", a Con Edison nada mais era que uma máquina industrial e os funcionários, reles engrenagens que produziam trabalho com base em diretrizes claras, com política "carrot and stick" (cenoura e chicote), incentivo financeiro ou ameaça de demissão. Não surpreendentemente, essa cultura abrigava muitos papéis informais — o funcionário como agitador, por exemplo, ou funcionário como sabotador.

Como a Con Edison tornou-se esse anacronismo vivo? Todos conhecemos a história. A Con Edison era um monopólio regulamentado há décadas. Então veio a desregulamentação dos serviços de utilidade pública. A Con Edison se de-

parou com um ambiente muito mais complexo e dinâmico cheio de destruição criativa do tipo Enronico.

Entrou um novo CEO inclinado a mudanças culturais. A antiga gestão tinha valorização na cultura antiga. A nova cultura valorizaria um equilíbrio entre gerência e liderança: seria normal os funcionários se conferirem autonomia, inovarem e atuarem empreendedoramente para levar suas inovações ao topo da hierarquia. Na cultura antiga, cada unidade e subunidade maximizava seus próprios interesses, freqüentemente à custa da empresa inteira. Na nova cultura, cada unidade valorizaria os interesses coletivos da companhia.

Para esse fim, um treinamento em larga escala foi implementado em cada nível da empresa. Recrutamento, avaliação, recompensas, processos, estruturas — tudo foi redesenhado com a meta de destruir a cultura antiga e criar uma nova. Poucos anos depois de iniciada essa revolução, o resultado de uma pesquisa avaliando a mudança cultural dirigida para maior agilidade, inovação, empreendedorismo, autonomia e espírito coletivo foi apresentado. A pesquisa mostrou uma mudança praticamente imperceptível nos fatores que medeiam a mudança cultural na Con Edison.

Para seu crédito, a Con Edison persistiu nesse curso de transformação cultural, ao longo do mandato de vários CEOs. Embora muito demoradamente, a nova cultura ganhou vida. Hoje, a Con Edison é a imagem da inovação, empreendedorismo, agilidade e autonomia. Mesmo assim, a mudança foi extremamente lenta e complicada; e sempre existe a probabilidade de que sem um esforço sustentado a empresa regrida para sua antiga cultura "de cima para baixo".

Quando a moda de mudança cultural chegou ao cenário gerencial no início da década de 80, um executivo teria dito: "Essa coisa de cultura corporativa é o máximo. Quero uma cultura na segunda-feira". A pesquisa indica, entretanto, que a experiência da Con Edison é muito mais comum: a mudança cultural é tipicamente muito lenta — se estende por anos, não por semanas, requer uma persistência ferrenha por parte dos líderes da empresa e é acompanhada por uma resistência anticultural explícita e implícita, freqüentemente resultando em obstáculos que levam a empresa a voltar para sua cultura anterior.

Por que a destruição criativa de uma cultura é tão difícil? Primeiro, porque a cultura em si é algo tão incutido, incontestável e invisível para seus adeptos que qualquer tentativa de destruí-la acaba só por reforçá-la. Na Con Edison, os defensores mais ardorosos da mudança cultural caíram na armadilha de usar as técnicas de comando e controle em sua tentativa de destruir exatamente a cultura de comando e controle.

Segundo, diversos mecanismos funcionam cotidianamente para tornar uma cultura imutável. O que as pessoas de uma empresa valorizam, a forma como normalmente se comportam e os papéis informais que assumem são trançados gradualmente para tecer uma cultura, que se forma, estabiliza e se adensa cada vez mais ao longo das décadas. Gradualmente, a cultura tanto molda como é moldada por outras facetas da empresa — seus processos, estrutura, pessoas e redes. Como resultado, a cultura torna-se forte e inflexivelmente alinhada com essas outras facetas.

Por exemplo, as pessoas que permaneceram na Con Edison o fizeram porque migraram da conformidade, para o respeito e finalmente para a conversão aos valores da Con Edison. As que não o fizeram, saíram. Não é de surpreender que as pessoas que permaneceram resistiram às iniciativas de destruir sua cultura para criar uma nova. Da mesma forma, os sistemas de incentivo da Con Edison evoluíram ao longo das décadas focados em recompensar a aderência a seus valores, normas e papéis. Mudar a cultura significava mudar o que os funcionários valorizavam pela recompensa e recompensá-los por atividades que eles não valorizavam.

Mais intensamente, o exército de gerentes que construíram a cultura da Con Edison teve que passar pelo difícil e intensivo processo de apresentar a cultura aos novos membros, ensinar os princípios e convertê-los. Esses mesmos gerentes eram freqüentemente protecionistas ferrenhos do que criaram tão arduamente. Em geral, destruir uma cultura antiga e tentar criar uma nova nas reminiscências do passado significa que a nova cultura invariavelmente não se alinhará com as pessoas, estruturas, processos e redes da empresa. Essa falta de alinhamento é profundamente percebida e tanto a dolorosa destruição da cultura antiga como a criação da nova sofrerão forte resistência.

Surpreendentemente, nem todas as mudanças de cultura são tão difíceis quanto àquela que a Con Edison enfrentou. Quase infalivelmente, essas mudanças ocorrem através de alguma forma de recombinação criativa, em vez de destruição criativa, isto é, ocorrem porque algum líder astuto vasculhou o porão corporativo e encontrou elementos da cultura existente que podiam ser reutilizados, remanejados e recombinados para moldar algo novo — eficientemente e sem sofrimento.

Considere a crise enfrentada pela Mercedes-Benz em meados da década de 80. Seus carros Classe S eram grandes, maciços e sem graça, e seus motoristas abastados, de idade e conservadores — em outras palavras, uma espécie de compradores em acelerada extinção. A meta estratégica para a Mercedes era clara como a luz do dia: devia promover uma mudança substancial de estilo em seus carros. Mais importante ainda: se pretendia atrair a próxima geração de consumidores abastados, precisava promover uma mudança ainda maior em um recombinante-chave — sua cultura — tanto na forma como a marca Mercedes refletia essa cultura para os clientes como na forma como focava os esforços dos funcionários . Além disso, a mudança de cultura tinha que ser rápida, ou, no mínimo, mais rápida do que a média de dois a cinco anos que a maioria das empresas leva para destruir sua cultura antiga e criar uma nova. E assim ela fez: a mudança cultural da empresa foi concluída em dois meses.

Como? Para entender o que a Mercedes-Benz fez e como conseguiu tanto sucesso em uma mudança cultural, é necessário se aprofundar em sua história. A marca e a cultura da Mercedes, sinônimo de luxo, alta qualidade, estilo e velocidade, originaram de sua gloriosa história na indústria de carros de corrida. De fato, ela dominou as pistas dos Grandes Prêmios durante os 50 anos que se seguiram à fundação da companhia, no início do século passado, até a tragédia ocorrida em 11 de junho de 1955 no autódromo Le Mans, em Paris. Um Mercedes pilotado pelo francês Pierre Levegh saiu da pista, matando 83 espectadores e ferindo mais de duzentos. A Mercedes ficou fora das pistas nos 20 anos seguintes — e sua marca e cultura passaram lentamente do perfil esportivo-luxuoso para o geriátrico-conservador incorporado no Classe S.

Claramente, o fim estratégico para a Mercedes-Benz na década de 80 era realinhar sua cultura e a imagem de marca com aquela associada a uma nova, jovem e rica clientela. Mas, em vez de se submeter ao laborioso processo de destruir a cultura geriátrica da companhia e criar uma totalmente nova, o novo presidente da Mercedes-Benz à época, Werner Niefer, optou por revitalizar, remanejar e recombinar valores históricos com fins estratégicos atuais. Portanto, durante o final dos anos 80, a Mercedes retornou às corridas de automóveis, lançou o esportivo de luxo Classe C e começou a desafiar os carros da série 3 da BMW. Tudo isso culminou com os carros da Mercedes-Benz conquistando os dois primeiros lugares em Le Mans em 1989, 35 anos após o terrível acidente com Pierre Lavegh.

A mudança cultural foi suave. Os engenheiros, projetistas e vendedores estavam extasiados. Eles finalmente iriam projetar e vender carros consoantes com a gloriosa história da Mercedes-Benz. Em questão de meses, eles abraçaram a volta da empresa aos valores culturais profundamente enraizados que nunca desapareceram por completo na Mercedes. Esses valores permaneceram lá, esperando por um líder inspirado como Niefer, que percebeu que o caminho menos doloroso para a mudança era revitalizar esses valores latentes e recombiná-los para alcançar os fins estratégicos da empresa. Esse entusiasmo cultural levou à introdução do altamente aclamado e bem-sucedido Classe E em meados da década de 90, que trouxe a Mercedes de volta ao panteão dos carros esportivos de luxo.

Como se conseguiu essa mágica? Simplificando, a mudança cultural teve um forte impacto porque alavancou valores culturais que, embora estivessem latentes, já existiam. Vamos examinar agora que elementos específicos as culturas possuem que podem ser criativamente recombinados para estimular uma mudança generalizada sem sofrimento nas organizações.

O Que Recombinar

Tornou-se praticamente axiomático acreditar que as companhias têm uma cultura. Segundo os gurus, a cultura é causa da maioria das catástrofes corporativas, ao mesmo tempo em que uma liderança brilhante responde pelos sucessos. Por exemplo, como um executivo sênior, cuja empresa foi culpada por repetidos erros grosseiros e irregularidades, me explicou com toda sua franqueza, não foram os executivos desonestos e imorais que causaram a extinção de sua empresa — foi a "cultura". A cultura falhou em manter esses executivos transgressores na linha.

Perguntei o que o termo *cultura* significava para ele e qual era a de sua empresa. A resposta foi bastante vaga: cultura era "como fazemos as coisas aqui". Em outras palavras, a forma como eles faziam as coisas que causaram as coisas que eles fizeram. A redundância foi divertida, mas o enorme prejuízo causado aos investimentos das pessoas e à confiança do público não foi. Além disso, embora esse executivo não conseguisse definir o que constituía uma cultura, qual era a sua função e o que a distinguia da de outras empresas, ele estava certo de que a cultura precisava mudar.

Em minha experiência, essa confusão conceitual relacionada ao termo *cultura* é um dos principais obstáculos para a recombinação criativa dos elementos da cultura de uma empresa visando a uma mudança positiva. De fato, como podemos recombinar algo se não sabemos claramente o que é? E como podemos saber se estamos fazendo algum progresso em direção a esse fim, ou quando já o alcançamos?

Existe um ditado chinês que costuma ser traduzido como: "Se você que saber o que é a água, não pergunte ao peixe", ou "A última coisa que um peixe reconhece é a água em que está nadando". Isso quer dizer que só notamos algo quando percebemos o que isso não é. Da mesma forma, culturas corporativas tornam-se crescentemente indiscerníveis ao longo do tempo para aqueles que estão imersos nelas porque a onipresença da cultura os deixa cegos para a sua simples existência na empresa. A única maneira de escapar dessa armadilha de percepção é ou trazer alguém de fora que pode enxergar uma cultura pelo que ela é (ou deixa de ser), ou introduzir termos que permitam discutir explicitamente o que a cultura *não é* e, em contraste, *o que é*. Só assim os elementos da cultura se tornam visíveis e passíveis de recombinação.

Estrutura dos Recombinantes de Redes

Definir termos úteis para descrever a cultura de uma empresa é importante, mas não pode ser nem um exercício de auto-análise infrutífera e tampouco uma longa, profissional e soporífera oratória sobre o assunto. A terminologia para discutir a cultura de uma empresa deve ser simples, de fácil memorização e, acima de tudo, pragmaticamente útil. Por essa razão, a Figura 5-1 se concentra em apenas três palavras que denotam dimensões de cultura que podem ser mudadas para melhorar a performance de uma empresa: valores, normas e papéis informais. Esses são os recombinantes de uma cultura com que os líderes das organizações podem trabalhar para promover as mudanças que imaginam.

Valores Raramente são os "valores corporativos" enumerados nos documentos de relações públicas da empresa. Tampouco os valores que aquelas palavras animadoras, inspiradoras, gravadas na pequena pirâmide de cristal perdida embaixo da papelada sobre sua mesa. Os valores não necessariamente ajudam uma empresa e, no pior dos cenários, podem destruí-la. Por exemplo, a Salomon Brothers, a lendária firma de Wall Street, valorizava quebrar regras — as regras do mercado inicialmente, e mais tarde as regras legais do jogo nesse mercado. Isso levou, em última análise, ao escândalo do leilão das letras do tesouro que quase pôs a empresa abaixo.

FIGURA 5-1

Mapa da Cultura

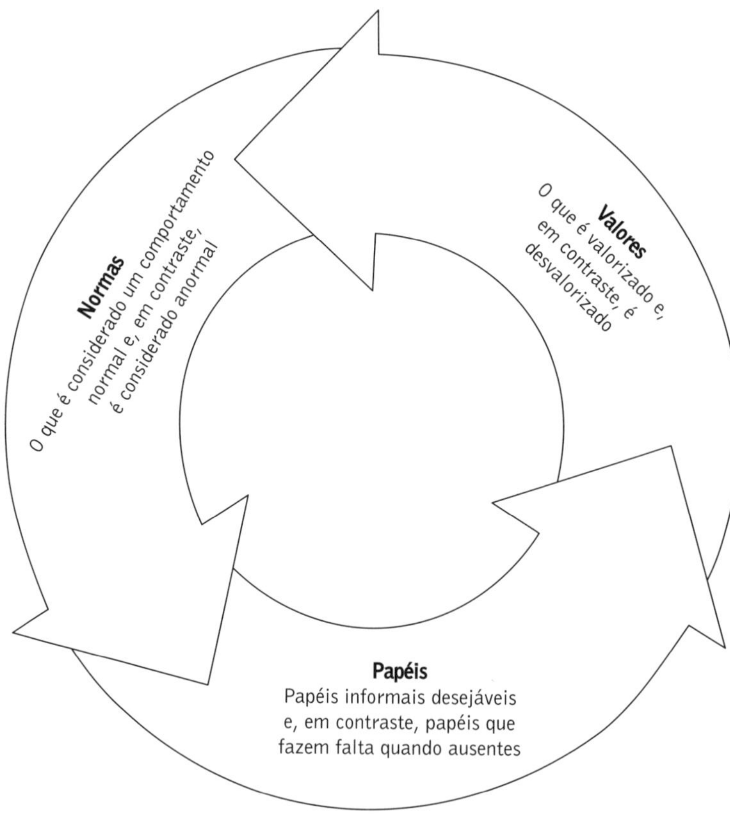

Valores são simplesmente convicções compartilhadas por pessoas de uma empresa ou de parte dela — o que se preza, com freqüência inconscientemente. Nós nos conscientizamos desses valores incutidos somente quando examinamos seu lado negativo, isto é, o que uma empresa desvaloriza com base nesses valores culturais. Quando trabalho com executivos para mapear a cultura de suas empresas, após discutir as diferenças conceituais entre valores culturais, normas e papéis informais, começo fazendo uma pergunta que parece ser extremamente simples: "Quais são os valores disseminados na cultura de sua empresa?" ou, se me dizem que sua cultura não está unificada: "Quais são os diferentes valores disseminados nas subculturas de sua empresa?"

Como ilustração, considere minha conversa com um grupo de executivos da Sinter Metals, uma divisão da GKN. Eu sabia que assumir riscos era um assunto que a empresa havia debatido, portanto, para dar partida na nossa discussão, perguntei se correr riscos ou evitá-los era um dos valores da empresa. Sem pensar muito, eles reconheceram que seu valor cultural era "jogar seguro".

Minha próxima pergunta demorou mais para ser respondida: "Como resultado de valorizar um jogo seguro, o que sua cultura tende a desvalorizar?" A resposta inicial foi mais hesitante: "Tendemos a desvalorizar assumir riscos". A esta altura, eu podia afirmar que nós havíamos descoberto o que chamo de *gráfico (eixo) de valor*, que abrangia de assumir riscos a jogar seguro. (Figura 5-2.) Explico como usar esta escala mais adiante neste capítulo.

Em uma extremidade do eixo estão os valores explícitos, na outra estão os *valores latentes* — aqueles que existem, mas perderam a ênfase. Transformando esse eixo em uma escala que varia de 1 a 5, poderíamos posicionar a cultura da Sinter Metals em algum ponto dela. Isso permitiu reconhecer que a Sinter Metals estava longe de um 5 na escala de jogar-seguro — mais próxima de um 3,5. No lado das desvantagens, o valor latente — assumir riscos — não estava tão latente. Com um pouco de esforço, o ponteiro poderia ser movido de um 3,5 para um 2,5. Assumir riscos se tornaria um valor mais explícito e jogar seguro, um valor mais latente.

FIGURA 5-2

Mapa de Valor

	Eixo e escala de valor
Valor 1	Jogar seguro — Assumir riscos 5.............4..●...3.............2.............1 Explícito — Latente

Como resultado, assumir riscos seria contrabalançado por uma dose saudável de jogar seguro.

Normas Enquanto valores dizem respeito a convicções em comum (mesmo as inconscientes) sobre o que é valioso, *normas* dizem respeito a formas de comportamento em comum (mesmo as inconscientes). Normas culturais, em resumo, são formas de comportamento normais, rotineiras, informais e dadas como certas em uma organização. Em um grande escritório de advocacia de Nova York onde já trabalhei, por exemplo, às 6 da tarde as pessoas geralmente já terminaram seu trabalho do dia, entretanto muitas ficam em suas mesas até as 9 ou até mesmo 10 da noite. Os funcionários chamam isso de "tempo de contato pessoal" — a norma que mantém a aparência de respeito ao valor da empresa de trabalhar duro por um expediente longo e a sua correspondente desvalorização do trabalho eficiente. Toda noite, portanto, é normal nessa empresa que milhares de funcionários despendam milhares de horas de trabalho improdutivo.

Normas culturais são invisíveis em sua onipresença. Elas se tornam visíveis somente quando alguém na cultura se comporta de forma anormal. Sair às 18h, por exemplo, leva a comentários sarcásticos e à acusação de folgado. É claro, o que parece normal para a maioria dos membros pode parecer muito anormal para alguém de fora, tal como um recém-contratado ou funcionários de uma aquisição que ainda não estão ambientados na nova cultura.

Valores cognitivos e normas comportamentais se reforçam mutuamente. Valores guiam comportamentos normais e lhes conferem legitimidade. Por exemplo, esse escritório de advocacia valoriza o trabalho duro. Comportamentos reforçam valores — algo que é bem entendido por líderes que comandam por exemplos, que praticam o que pregam e que, de modo geral, usam suas ações, atitudes, espaço pessoal, discursos e agenda como símbolos para reforçar valores culturais e minar outros.

No caso do escritório de advocacia, o sócio principal da firma decidiu que a norma cultural prevalecente precisava ser mudada, começou imediata e publicamente a sair às 6 da tarde todos os dias. Dessa forma ele minou a antiga norma "tempo de contato pessoal" e o valor associado de "trabalhar duro por um expediente longo" e começou a incutir valores tanto de trabalho eficiente quanto de equilíbrio trabalho e família.

Papéis informais Papéis informais constituem uma terceira faceta da cultura. A maioria das empresas tem mentores informais — indivíduos que dedicam incontáveis horas para aconselhar e desenvolver um jovem com potencial, sem praticamente nenhum retorno para si, exceto a sensação de ter feito uma boa ação corporativa. Outras empresas estão cheias de líderes informais — pessoas como John Clendenin, da Xerox, que citei no capítulo anterior, cuja capacidade de liderança (através de sua habilidade de *networking*) supera em muito a de seu status hierárquico formal. Outras organizações, ainda, possuem inovadores informais e campeões de produtos.

Nem todos os papéis informais ajudam uma empresa, é claro. Algumas companhias têm terroristas informais determinados a sabotar uma mudança. Entretanto, papéis informais e seus protagonistas em uma cultura freqüentemente são recombinantes úteis esperando ser alavancados pela empresa. E este é exatamente meu argumento: por que gastar energia criando um sistema formal de *mentoring*, por exemplo, quando existe um sistema informal perfeitamente funcional que pode ser expandido? (A próxima seção explora em mais detalhes técnicas sobre como iniciar uma mudança cultural.)

Recapitulando: uma cultura forte e homogênea significa valores, normas e papéis compartilhados que, em geral, emergem espontaneamente em uma empresa, em vez de serem ditados por sua liderança para suportar os objetivos da organização. Valor é o que é valorizado na cultura (por exemplo, risco controlado) e, por extensão, o que é desvalorizado (por exemplo, jogar seguro). Normas são formas normais de comportamento, tais como receber bem ou maltratar novos contratados. Embora essas normas possam parecer anormais para pessoas que não pertencem a essa cultura. Papéis informais são funções que funcionários ou líderes assumem que fogem completamente da descrição formal da função que desempenham.

Uma cultura homogênea é aquela em que valores, normas e papéis informais são compartilhados por toda a empresa — isto é, uma organização em que existem poucas subculturas. Uma cultura forte é aquela em que aqueles que a compartilham se atêm profundamente a seus valores, seguem estritamente suas normas e condenam duramente quem se comporta anormalmente — em outras palavras, de uma forma que viola as normas da cultura. Os valores dessas culturas fortes não são valores adotados, encontrados em manuais de RP e desconhecidos da maioria dos funcionários; são valores e normas que estão evidentes no que as pessoas de uma empresa fazem, não apenas no que dizem. Portanto, normas e valores são mais do que simples tópicos para serem reverenciados, porque afetam o que a empresa faz e seu desempenho, e constituem uma ferramenta útil tanto para criar mudança quanto para estabilizar seus resultados.

Líderes podem conseguir uma mudança cultural tanto por destruição criativa ou por recombinação criativa. Enquanto a primeira envolve substituir a antiga cultura por uma nova — freqüentemente através de um processo longo, árduo e oneroso —, a segunda significa simplesmente trazer à tona normas e valores culturais latentes e usá-los para promover uma mudança muito menos sofrida. Novamente, tudo diz respeito a reutilizar, remanejar e recombinar o que você já tem nas prateleiras de seu porão corporativo.

Encontrando Recombinantes Culturais

Ao examinar a solução de problemas culturais e a mudança, comecei por uma situação meios-para-fins em que um CEO, Werner Niefer, da Mercedes-Benz, detectou um problema cultural e saiu em busca de valores culturais latentes que poderiam ser revitalizados para solucionar o problema. Então, em uma situação meios-para-fins, Peter Browning, da Continental White Cap, descobriu durante um processo de reestruturação alguns valores culturais maravilhosos em sua empresa e se perguntou: "Que tipo de problema posso resolver se eu alavancar esses valores em vez de destruí-los?"

Meios Culturais

Antes de começar a pensar sobre recombinação criativa, trabalhei com um proeminente banco de investimentos de Nova York que, frente a escândalos freqüentes de improbidades legais por parte de outras empresas em sua indústria, queria assegurar que seus valores e normas culturais continuariam a mantê-la fora da primeira página do *Wall Street Journal*. Nada negativo tinha acontecido ainda, mas a ocorrência de alguns sintomas e incidentes foram suficientes para preocupar o CEO. Minha solução foi apresentar a ele um plano elaborado de mudança cultural que destruiria valores antigos e construiria novos.

Sua resposta me proporcionou um daqueles momentos na minha vida que me ajudou a repensar na destruição criativa como modelo de mudança. Ele disse simplesmente: "A cultura é o que ela é". Perguntei como ele propunha mudar a cultura de sua organização se ela era o que era. Ele respondeu que já existiam muitos valores e normas positivos na empresa, e que eles a mantinham honesta há décadas. Disse também que recuperar meios existentes na cultura e enfatizá-los, em vez de reinventar a cultura, era a forma mais garantida e rápida para atingir seu fim de mudança cultural.

Já vimos outro exemplo dessa técnica: o caso da mudança cultural rápida e eficiente promovida na Mercedes-Benz pelo então presidente Werner Niefer quando revitalizou a imagem dos carros esportivos da companhia. A Apple Computer proporciona ainda outro exemplo dessa técnica meios-para-fins de mudar uma cultura sem sofrimento. Quando, passados muitos anos (e quatro CEOs sucessivos), Steve Jobs voltou a comandar a companhia que havia fundado, buscou mudar a cultura dominante, totalmente destituída de inovação. Como ele atingiu seus fins? Recuperando um meio existente: a cultura antiga da companhia que estimulava os funcionários a criar algo "insanamente maravilhoso". O resultado foi o iMac, um computador acessível com um visual colorido único que remonta ao passado glorioso da Apple com os inovadores Apple II e Macintosh.

Em todas essas situações, o fim desejado era claro — mudar a cultura da empresa. Em todos os casos, os meios envolviam a recombinação criativa, em vez de destruição criativa. Todos eles também se baseavam em encontrar um valor arraigado latente na cultura da empresa — um meio existente, em outras palavras — para revitalizá-lo e recombiná-lo com a conjuntura atual para guiar a empresa em direção a um novo fim.

Fins para Cultura

Nem todas as situações de mudança cultural precisam partir dos meios para os fins. Outra maneira de encontrar recombinantes envolve primeiro descrever a cultura — seus valores, normas e papéis, tanto explícitos como latentes — e depois encontrar todos os fins a que esses elementos podem servir.

Volte por um momento ao caso de Peter Browning, da Continental White Cap, que analisamos no capítulo 3. Browning, principal agente da mudança, teve o bom senso de tentar entender a cultura da CWC antes de iniciar a mudança. Descobriu uma cultura que valorizava iniciativa, trabalho duro e lealdade à empresa acima de tudo. Descobriu também que esses valores eram mais do que uma retórica vazia — eles estavam disseminados em tudo que os funcionários da CWC faziam. Em resumo, descobriu um recombinante cultural poderoso.

Em vez de destruir esses patrimônios culturais e incutir novos — que poderiam levar anos para serem criados pela empresa —, Browning se perguntou para quais fins esse recombinante cultural valioso poderia servir. Quando estruturada dessa forma, a resposta tornou-se óbvia. Browning podia usar os valores corporativos da CWC existentes para promover uma mudança rápida, eficiente e sem sofrimento. Como esse tipo de mudança pode ser realizado é assunto da próxima seção, que explora técnicas específicas que fomentam a recombinação cultural.

Como Recombinar

As técnicas de ação para a mudança cultural envolvem clonar, customizar ou traduzir para recombinar uma ou mais características de uma cultura.

Clonando Culturas

Como vimos nos exemplos de meios-para-fins ou de fins-para-meios, promover uma mudança na cultura de uma organização em geral é simplesmente uma questão de clonar uma cultura ou elementos de uma cultura existente no passado da empresa ou que já existem em outra divisão da organização.

Essa mudança cultural por recombinação criativa é um processo relativamente fácil de dois passos. Primeiro, identifique os valores, normas e papéis informais explícitos e latentes da cultura e mapeie-os em eixos e escalas de valor, norma e papel. Segundo, enfatize e reforce aqueles que podem resolver problemas ou criar oportunidades e tire a ênfase dos outros.

Considere, por exemplo, o mapa de valor que usei na Sinter Metals. Naquele caso, criar a mudança cultural desejada significava simplesmente replicar e reforçar valores que estavam de certa forma latentes na empresa (passando de 3,5 para 2,5 na escala de valor). Não foi preciso eliminar uma cultura antiga. Não foi preciso inventar uma cultura revolucionária do zero. Não foi preciso nem mesmo customizar ou traduzir eixos de valor existentes. O truque foi simplesmente enfatizar determinados valores que ficaram relativamente latentes na cultura.

Também é possível clonar normas e papéis culturais — por exemplo, enfatizar normas latentes, como ir embora do escritório quando terminar o trabalho ou reforçar papéis tais como um aconselhamento informal tornando-o explícito. Após discutir sobre customização e tradução de valores, normas e papéis culturais, o capítulo apresenta exemplos reais de como a clonagem tem sido usada para esses fins.

Customizando Culturas

Embora a clonagem freqüentemente funcione bem quando se trata de promover uma mudança sem dor na cultura de uma organização, algumas vezes valores, normas e papéis informais precisam ser customizados para facilitar sua recombinação.

Uma cultura antiga talvez precise ser modificada, ou talvez exista apenas em uma das subculturas de uma companhia e precise ser disseminada por toda a empresa.

Voltemos à Sinter Metals. Nesse caso, não mencionei que os executivos reconheceram que o eixo de valor jogar seguro descrevia a cultura perfeitamente. As decisões eram realmente valorizadas com base nessa escala assumir risco *versus* jogar seguro. Entretanto, esse eixo precisou ser customizado para se adequar às novas realidades que a empresa confrontava. Em vez de um, eram necessários dois eixos, como mostra a Figura 5-3. De fato, o que deveria ser valorizado não eram riscos assumidos às cegas, mas sim um risco controlado — isto é, assumir riscos conhecendo seu grau potencial e tendo à mão um plano de contingência para controlar possíveis danos. Em contraste, o que deve ser desvalorizado é o risco desconhecido.

Essa visão fez os executivos da Sinter Metals perceberem que não deveriam desvalorizar o jogar seguro. Pelo contrário, deveriam valorizá-lo quando os riscos fossem verdadeiramente desconhecidos. Da mesma forma, deveriam desvalorizá-lo quando assumir riscos controlados levava, em média, a melhores resultados.

Generalizando, customizar recombinantes culturais difere de destruir criativamente uma cultura no sentido de que eixos antigos não são destruídos para criar novos.

FIGURA 5-3

Escala Risco Controlado

Classificação	Eixo e escala de valor
Valor 1	Risco controlado — Risco desconhecido **5........4........3...........2........1** Explícito — Latente
Valor 2	Jogar seguro quando o risco é desconhecido — Jogar seguro quando o risco é controlado **5........4........3...........2........1** Explícito — Latente

Customizar recombinantes culturais também difere de clonar no sentido em que customizar envolve mais do que mover o ponteiro ao longo de um ou mais eixos de valor, norma ou papel; em vez disso, envolve modificar esses eixos. Customizar normas de tempo de contato pessoal, por exemplo, envolve mais do que tornar normal as pessoas irem embora quando terminam seu trabalho; pode significar também tornar normal chegar muito cedo quando há trabalho por fazer. Da mesma forma, customizar o papel de mentor informal pode querer dizer mais do que tornar normal que os muitos superiores homens sejam mentores de subordinados homens; pode também tornar normal que superiores homens sejam mentores de subordinadas, e vice-versa.

Traduzindo Culturas

Em japonês, as palavras para *copiar* e *inventar* têm a mesma etimologia. Traduzir o conceito de copiar do japonês para o inglês pode ser ardiloso. Não existe uma palavra em inglês para o tipo de cópia que não produz um fac-símile, uma duplicata ou uma cópia exata. Um tipo de cópia em que o que é copiado serve de inspiração para a cópia resultante, não uma cópia carbono — algo entre uma reprodução e uma reinvenção. A cópia que atinge o fim para o qual foi designada melhor do que o original, ou faz isso melhor no contexto em que será recombinada.

Essa distinção entre o conceito japonês e o americano de cópia tem duas implicações. Primeiro, nos lembra o que queremos dizer com *traduzir*, isto é, criar uma nova forma para algo com o intuito de manter melhor seu significado em um novo contexto. No caso da tradução cultural, ela diz respeito a reinventar um meio cultural para um fim para que ele possa alcançar melhor o mesmo fim em uma cultura diferente. O garfo, por exemplo, serve como meio para alcançar o mesmo fim, comer, que as pessoas alcançam com *hashis* em outras culturas. Segundo, lembra-nos que uma empresa nos Estados Unidos cujos valores culturais privilegiam a cópia em vez da invenção pode se comportar de forma extremamente diferente de uma empresa japonesa que possui esses mesmos valores. Clonar um valor "copiável" de uma companhia japonesa para uma subsidiária nos Estados Unidos exigiria uma tradução cuidadosa para os valores culturais americanos com a finalidade de alcançar o mesmo fim que o valor japonês original.

Considere um exemplo real, este da Deloitte Touche Tohmatsu. Esta organização global com afiliadas em 140 países enfrentou um desafio interessante: desenvolver uma cultura global mais unificada, um conjunto de valores e formas de comportamento em comum que poderia ajudar a apresentar uma imagem e uma marca unificadas para seus clientes globais e seu pessoal ao redor do mundo. Uma cultura que homogeneizasse, o máximo possível, os valores, as normas e os papéis culturais nas unidades espalhadas na Europa, nas Américas, na África e na Ásia. Uma cultura que não fosse valorizada por seu propósito, mas que permitisse à DTT apresentar uma imagem e uma marca comum a seus clientes globais quando interagissem com as diferentes afiliadas no mundo.

Essa homogeneização cultural foi uma tarefa hercúlea, para dizer o mínimo. A cultura de cada afiliada já era uma mistura da cultura da nação em que estava sediada com a organizacional presente antes de sua fusão com a DTT. Além disso, a imagem que cada uma dessas empresas apresentava para o mundo era muito diferente.

Uma solução, é claro, seria o gerente de marketing e comunicação global, Adrian Smith, determinar quais deveriam ser os valores corporativos, eliminar as centenas de subculturas existentes nas afiliadas globais e entre elas e promover a homogeneidade cultural. A chance de sobrevivência dessa abordagem por destruição criativa, segundo as palavras de Smith, era a mesma de "uma bola de neve no inferno".

Ciente disso, Smith decidiu sabiamente usar um processo simples de três passos de tradução e retradução cultural da marca da companhia. Primeiro, ele iniciou entrevistas extensas com perto de 10 mil funcionários do quadro geral da empresa e entrevistas qualitativas detalhadas, conduzidas em oito idiomas, com 200 funcionários do alto escalão em nove mercados mundiais importantes: Austrália, Canadá, França, Alemanha, Itália, Japão, Holanda Reino Unido e Estados Unidos. Segundo, ele definiu os resultados dessa pesquisa (articulada em inglês), que revelou várias facetas concretas que as culturas da vasta maioria das afiliadas já possuía em comum. Por exemplo, um aspecto em comum importante da cultura foi o valor dado a um "ambiente único de trabalho", um valor descrito repetidamente em termos tais como *colaborativo, flexível, compartilhado, aberto, respeitoso, enaltecedor dos talentos singulares de equipes e verdadeira parceria*.

Isso não era uma retórica vazia; o valor estava na base de muitas normas culturais e papéis informais que levaram a empresa a ganhar muitos prêmios "melhor empresa para trabalhar" ao redor do mundo. Um segundo aspecto importante era a convicção de que, embora a DTT seja uma organização global, seu desempenho é melhor no mercado local quando ela mostra sua "cara local" e se orgulha dela.

Smith, então, estava pronto para conduzir o passo três: traduzir o que o valor da DTT "ambiente único de trabalho" significava em diferentes partes do mundo e quais benefícios isso traria para os clientes e o pessoal da empresa. Entretanto, este último passo não era tão simples. Mesmo que cada uma das afiliadas já sustentasse esse valor em menor ou maior extensão, Smith não podia simplesmente impô-lo, ou dar a impressão de imposição, para as afiliadas. Em vez disso, esse valor precisava ser retraduzido para uma forma que tivesse significado aos executivos e funcionários de cada uma das unidades globais.

Adrian Smith me contou como isso foi feito durante uma viagem recente à Dinamarca que fez com os parceiros dinamarqueses. Os resultados da pesquisa cultural foram comunicados à equipe local. Depois Smith pediu que eles trabalhassem com ele e a equipe de marketing européia na tradução desses valores culturais para termos significativos à afiliada, o mercado e a cultura da Dinamarca. Em uma reunião subseqüente com a gerência européia em Copenhague, a equipe dinamarquesa decidiu traduzir e exemplificar os valores "ambiente único de trabalho" e "organização global com cara local" para um valor tangível a seus visitantes no país. Em vez de fazer um jantar para 200 pessoas em mais um centro corporativo, cada parceiro dinamarquês convidava oito de seus ou suas colegas do mundo para um jantar em sua casa, para conhecer suas famílias, andar por seu jardim, observar seu ambiente doméstico e saborear uma refeição tipicamente dinamarquesa. Em algumas culturas, isso seria algo impensável. Na cultura dinamarquesa, entretanto, era um símbolo poderoso do valor de "ambiente único de trabalho" que Smith queria traduzir, difundir e reforçar em âmbito global.

Em resumo, a genialidade da abordagem de Smith para a homogeneização global da cultura da DTT era começar com valores, normas e papéis corporativos que já eram compartilhados em uma extensão menor ou maior pelas afiliadas da DTT ao redor do mundo. Em seguida, ele ajudou os executivos nessas unidades a traduzir esses valores de forma a torná-los significativos e úteis em suas culturas. Nada foi destruído e recriado. A cultura existente foi alavancada, assim como as habilidades de tradução dos executivos da DTT.

Das Idéias para a Prática

Após apresentar as ferramentas de mapeamento, busca e ação para cultura, é hora de nos voltarmos para questões pragmáticas. Primeiro, quando os líderes e gerentes devem tentar recombinar uma cultura? Segundo, quais truques e técnicas você pode alavancar para isso? A seguir, examino cada uma dessas questões.

Quando Você Pode Recombinar uma Cultura?

Existe uma perigosa e falsa afirmação relativa à mudança cultural. Eu a chamo de *falácia do espelho*: a convicção de que a cultura da organização é um espelho de outras características da empresa — seu sistema de recompensa, por exemplo, ou seus processos e pessoal. A falácia é perigosa porque sugere que para promover uma mudança cultural basta simplesmente alterar essas características organizacionais, seja por destruição criativa ou recombinação criativa e pronto: a cultura mudará para refletir as novas características. Você quer uma cultura que valorize corte de custos, então, onde é normal procurar maneiras de cortar custos e onde o papel informal de cortador de custos está ativo e bem? Fácil: basta implementar medidas de corte de custos e recompensar os cortadores de custos. Embora esta abordagem possa parecer simples e tenha um elemento de verdade, a realidade freqüentemente é muito mais complexa.

Considere o exemplo de um executivo sênior de uma renomada empresa farmacêutica em que trabalhou que fracassou na implementação de uma mudança cultural quando experimentou usar uma técnica de espelhamento semelhante. Seu intuito era customizar valores e normas de compartilhamento de conhecimento existentes nas divisões para implementá-los entre elas. Inserir conhecimento em uma intranet permitiria espelhá-lo em valores, normas e papéis informais de compartilhamento de conhecimento entre as divisões. Mas como empresa após empresa vem descobrindo nos últimos anos, simplesmente implementar uma intranet não significa que o compartilhamento de conhecimento se tornará automaticamente um valor, uma norma ou um papel informal. Pelo contrário, se o compartilhamento de conhecimento não for valorizado e existir antes da implementação do novo sistema de TI, esse caro sistema ficará ocioso.

Em resumo: técnicas de espelhamento de mudança cultural freqüentemente são demoradas e fracassam por, ao menos, duas razões. Primeiro, esperar que mudanças organizacionais não-culturais sejam refletidas em mudanças culturais similares pode causar, com a mesma facilidade, a rejeição da mudança não-cultural e uma subseqüente reafirmação da antiga cultura. Segundo, conforme mencionei na introdução deste capítulo, os valores, normas e papéis de uma cultura funcionam cotidianamente não só para controlar e orientar funcionários, mas também para manter a cultura estável. Essa é a notícia ruim para a mudança cultural, especialmente por destruição criativa. A boa notícia é que esses mesmos mecanismos culturais podem ser alavancados e recombinados para mudar a cultura criativamente sem destruí-la.

Recombinação Cultural em Uso

Para que uma cultura persista, devem existir dois mecanismos para combater a tendência permanente de diluição e enfraquecimento de uma cultura ser por influências internas e externas. O primeiro é o que chamo de *ritos de iniciação*; o segundo são pontos de dissensão em que a organização enfrenta e combate desvios da cultura. O agente de mudança perspicaz sabe que esses mecanismos estabilizarão uma cultura e a tornarão impassível à mudança, a menos que — e aqui está o truque — esses mecanismos em si sejam usados (recombinados) para promover a mudança cultural. Se os ritos de iniciação em uma cultura, por exemplo, servirem para impedir que ela seja diluída por novos membros, então esses ritos podem ser alavancados, customizados e recombinados para transformá-la.

Ritos de Iniciação Cultural Toda vez que novas pessoas ingressam na cultura de uma organização, trazem consigo seus próprios valores, sua própria forma normal de se comportar e os papéis informais que preferem desempenhar em uma empresa. A menos que esses ingressantes tenham sido selecionados porque possuem valores, normas e papéis que espelham exatamente aqueles da cultura (o que é muito improvável), eles a diluirão. Para que uma cultura permaneça forte e homogênea, portanto, deve haver certos ritos de iniciação que amoldem esses ingressantes à cultura, em vez de amoldar a cultura aos ingressantes. Esses mecanismos os levam do conformismo a uma cultura que talvez não entendam ao respeito de valores, normas e papéis culturais que aprenderam, mas não assimilaram, ao compromisso com uma cultura que prezam e que adotaram.

As pessoas geralmente pensam sobre ritos de iniciação como algo que só acontece em campos de treinamento militar, fins de semana enluarados ou em trote de calouros. Esquecem que empresas com culturas fortes possuem versões mais brandas desses ritos, geralmente na forma de indução intensa ou programas de treinamento para os ingressantes na nova cultura. Todos os ritos de iniciação possuem mecanismos comuns que servem para familiarizar os ingressantes na cultura de sua nova organização.

Primeiro, faz-se o ingressante em uma cultura sentir que sua antiga identidade é extremamente inadequada, com o objetivo de enfraquecer e substituí-la por uma nova identidade, mais consoante com a cultura da empresa. Considere um exemplo extremo que ilustra claramente esse mecanismo: o rito de iniciação na Salomon Brothers, uma instituição financeira que criou uma lenda na década de 80 e foi imortalizada no livro clássico de Michael Lewis *O Jogo da Mentira*. Usando o "salomonês" para descrever o processo, os ingressantes eram tratados como se fossem "mais baixos que excremento de baleia no fundo do oceano". O objetivo era transformar os ingressantes em uma folha em branco*. Este processo era tão brutal na Salomon quanto no campo de treinamento militar. Para dar uma idéia, Lewis descreve um ingressante que ficou tão traumatizado pelo programa de treinamento da Salomon que subiu e desceu no elevador da empresa durante uma manhã inteira com medo de sair. No dia seguinte, essa folha de papel arruinada havia desaparecido. Essas deserções deixam aqueles que sobrevivem com a sensação de que ao menos têm as coisas certas para sobreviver na empresa.

Em uma segunda etapa os valores eram gravados na folha em branco do ingressante. Durante esse período, era essencial que nada interferisse para reforçar o antigo senso do indivíduo de si mesmo. Tipicamente, os programas de treinamento começavam de manhã e se estendiam até a noite, envolvendo apenas os ingressantes e seus instrutores. O ingressante não tinha tempo de falar com seus amigos ou familiares, que reforçariam sua antiga identidade. As únicas influências vinham de dentro da empresa. Eles bombardeavam o ingressante com mensagens e experiên-

---

* Folha em branco ou tábula rasa — teoria de John Locke, e base do empirismo, de que a mente humana no nascimento é como uma "folha em branco", sem conteúdo. (N. da T.)

cias criadas para gravar os novos valores culturais na folha em branco do ingressante. Na Salomon, isso assumia formas como idas ao pregão e aulas de um *trader* experiente atrás do outro. Esses *traders* deveriam representar o papel modelo transmitindo a mensagem de valores, normas e papéis informais exclusivos da cultura da Salomon. Essa mensagem também dizia aos ingressantes que, embora fossem "mais baixos que excremento de baleia no fundo do oceano", ainda eram melhores do que qualquer um em qualquer outra firma de Wall Street. Aqueles com a sorte de sair do elevador e agüentar a pressão tinham as coisas certas e podiam se tornar os assim chamados mestres do universo. O rito de iniciação estava concluído: A identidade dos ingressantes havia sido enfraquecida, até mesmo destruída, e então reconstruída em uma identidade Salomon.

Agora considere o que aconteceu após o escândalo da Salomon Brothers no leilão dos papéis do tesouro que veio à tona em 1991. Um dos primeiros passos de Warren Buffet para devolver à cultura da Salomon seus valores e normas tradicionais de comportamento agressivo, porém idôneo, era alavancar esse programa de treinamento/rito de iniciação. Isto é, ele o customizou de uma forma que reforçou valores, normas e papéis informais que sustentavam a conformidade com a lei. As pessoas no papel modelo que lecionavam no programa deviam simbolizar, através de suas palavras e comportamento, a existência de valores de honestidade nas raízes da cultura da Salomon. Buffet havia efetivamente encontrado um mecanismo que estabilizou a antiga cultura da Salomon e em seguida customizou, realocou e recombinou esse mecanismo para promover a mudança cultural.

Pontos de Dissensão Cultural O segundo requisito para que uma cultura persista é que ela deve possuir mecanismos que combatam desvios dela. Os valores devem ser reiniciados quando são violados. Como a Salomon violou valores de honestidade e jogo limpo, esses valores precisaram ser revitalizados na cultura. Da mesma forma, comportamentos devem ser punidos quando se desviam das normas culturais aceitáveis. Na firma de advocacia onde trabalhei, por exemplo, no dia em que saí cedo do escritório, violei a norma do tempo de contato pessoal e tive que ser sutilmente, ou não tão sutilmente, repreendido para impedir a erosão de normas como essa. Papéis também devem ser recriados quando começam a atrofiar ou desaparecer. Quando uma geração de mentores começa a se aposentar, a outra deve entrar em ação.

Para o agente de mudança perspicaz, todo desvio da cultura é um ponto de dissensão pronto — uma oportunidade que deve ser alavancada em uma de duas formas: reforçando a cultura existente ou mudando seus valores, normas ou papéis.

Desviar-se da cultura pode significar não só fazer menos do que a cultura espera, como também fazer mais. Considere, por exemplo, a história clássica do funcionário da FedEx que excedeu todos os valores e normas culturais da empresa quando, impossibilitado de entregar uma encomenda a um cliente isolado pela neve, tomou a iniciativa de fazer a entrega em um helicóptero alugado. Um gerente perspicaz da FedEx percebeu que este evento poderia servir como um marco para a cultura em evolução da FedEx. Era uma oportunidade de ouro para passar o valor da FedEx de que as encomendas chegam a seu destino no prazo, independente de qualquer coisa de latente para dominante. Era também uma oportunidade de ouro para tornar normal ter um comportamento que, caso contrário, seria considerado anormal para entregar uma encomenda a seu destinatário no prazo. Na verdade, este episódio foi transformado em um comercial da FedEx, que reforçou esta norma e valor não só para funcionários da empresa, mas também para seus clientes.

Por fim, mas não menos importante, discuto um dos mecanismos mais poderosos que sustentam uma cultura e que pode ser recombinado para mudá-la — sua liderança.

Líderes e Mentores Culturais Praticamente todos os livros sobre gestão de mudança dirão que os líderes moldam e sustentam a cultura de suas companhias. Os líderes supostamente escalam até o topo da montanha, examinam o horizonte, vêem o futuro e voltam para compartilhar sua visão com as tropas que estão no contraforte e não conseguem ver. O que os livros de liderança e de mudança raramente dizem, entretanto, é que o trabalho dos líderes na verdade é muito menos grandioso. A maioria dos líderes molda a cultura mais eficazmente e com freqüência inconscientemente, através de suas atividades diárias.

Como isso acontece? Deixe-me ilustrar. Alguns anos atrás vi pela primeira vez o então novo presidente da Universidade Columbia, George Rupp, andando no campus. Era outono, era seu primeiro dia de trabalho e ele vestia uma capa de chuva. Um pequeno detalhe chamou minha atenção: um rasgo de cerca de três centímetros na capa havia sido costurado. Imediatamente, formei uma impressão desse presidente — ele deve ser um líder fiscalmente cuidadoso. Quem mais com um salário de presidente de universidade usaria uma capa remendada em seu primeiro dia de trabalho? Como se viu, eu estava certo. Enquanto presidentes anteriores levaram a dotação da Columbia da primeira para praticamente a última dentre as melhores universidades, a liderança de George Rupp conduziria a um período de muito maior sensibilidade custo-receita na cultura da Universidade Columbia. Entre 1994 e 2001, quando Rupp saiu, a dotação da Columbia dobrou, com um aumento de 2 bilhões de dólares.

Toda ação de líderes como Rupp, toda imagem que projetam, toda dica verbal ou não-verbal que dão reforça a cultura da organização que lideram. Este fenômeno não é exclusivo do setor sem fins lucrativos. Sam Walton, o lendário fundador da Wal-Mart, dirigia uma caminhonete detonada 1978 — enquanto o CEO da

Enron dirigia um Porsche. Para uma pessoa como Walton, que era o homem mais rico dos Estados Unidos quando faleceu em 1992, essa escolha dizia para os novos funcionários e reforçava para os existentes que a Wal-Mart era guiada (sem intenção do trocadilho) por valores fortes de conscientização de custos.

Além disso, a liderança cultural ocorre em todos os níveis de uma empresa, não apenas no topo. Já falei sobre os papéis de mentores e como eles familiarizam novos funcionários, levando-os do conformismo ao respeito e finalmente ao comprometimento com uma cultura. Em vista da forte lealdade a uma empresa, os mentores também podem ser alavancados como poderosos iniciadores de uma recombinação cultural.

Em suma, os comportamentos rotineiros de liderança não só criam e estabilizam uma cultura, mas também constituem alavancas potentes para mover valores, normas e papéis em um eixo, modificar outros eixos ou traduzir o significado de um eixo de uma cultura para outra.

Intuitivo Pode Ser Físico

Nos últimos capítulos examinamos os recombinantes intuitivos de uma organização: as pessoas, as redes que as interligam e a cultura que tanto controla quanto incentiva o que elas valorizam e fazem. Os próximos capítulos examinam os recombinantes físicos: os processos de uma organização (tais como compras, produção e distribuição) que fazem uma empresa funcionar e seus mecanismos estruturais (como sistemas de avaliação e recompensa) que asseguram que esses processos se repitam de forma eficaz e eficiente.

Sob vários aspectos, é mais difícil clonar, customizar e traduzir recombinantes intuitivos do que recombinantes físicos, como veremos. A tentação é de demitir pessoas, destruir redes informais e eliminar uma cultura antiga para contratar e criar novos. Por segurança, pode parecer mais fácil impor uma destruição criativa em uma organização do que uma recombinação criativa, assim como é mais fácil acabar uma guerra com uma bomba atômica do que com negociações. Mas a recombinação criativa tem a grande vantagem de deixar sobreviventes. Ela permite mudar sem sofrimento fatal.

Isto posto, vamos nos concentrar, nos próximos dois capítulos, na tarefa relativamente mais fácil de recombinar processos e estruturas organizacionais.

6 Recuperando Bons Processos em Vez de Reestruturar

DESDE 1970, John Reed, o futuro CEO do Citigroup, já experimentava mudanças rápidas e devastadoras em processos de negócio. Sua meta era destruir uma antiga operação de compensação bancária e criar uma fábrica eficiente de serviços financeiros. Sua equipe usava ferramentas de mapeamento de processos para desenhar do zero um processo de compensação ótimo. Então, em uma sexta-feira de 1971, eles encerraram as operações. No sábado todos os processos existentes já haviam sido totalmente eliminados. No domingo foram substituídos por novos processos. Na segunda, o sistema de compensação reestruturado foi ativado — a "fábrica", como foi chamado.

No final daquela semana ficou evidente que o novo centro de compensação bancária era autodestrutivo. A discrepância na contabilidade atingiu astronômicos (para aquela época) 1,5 bilhão de dólares em cada lado do livro razão. Pilhas de documentos não processados se acumulavam. No final da segunda semana, o duto de dinheiro do Citibank estourou e, em um caso sem precedentes nos anais da história bancária, o banco não cumpriu suas obrigações com os outros bancos de Nova York na compensação das 10 da manhã e de apresentar seu relatório semanal ao Banco Central.

O fracasso da mudança no Citibank foi tão monumental porque, embora tivessem destruído o processo existente, eles ainda não haviam testado e implementado totalmente os novos processos quando o sistema foi ativado. Destruir processos existentes e criar novos significava que os funcionários precisavam dar conta de duas tarefas demoradas e complexas simultaneamente. Remover processos antigos significava demitir antigos funcionários, destruir estruturas físicas existentes e eliminar rotinas, funções, relacionamentos de reporte e fluxos da rede de comunicação. Implementar os novos processos significava integrar novos subsistemas: lançamentos, compensação e comunicação de procedimentos operacionais padrão, treinamento e moldagem da nova cultura da fábrica.

Quando as atividades foram retomadas na segunda-feira, eles precisaram acrescentar mais tarefas ainda, explicitamente, à carga rotineira de trabalho do sistema e à carga adicional de apagar incêndios. De fato, sempre que ocorriam falhas no sistema, imensas pilhas de papel e cheques se acumulavam, paralisando as operações do centro de processamento. Tudo isso resultou em sobrecarga de iniciativa e em um processo de mudança tão sofrido que estava praticamente destinado ao fracasso.

Iniciei este capítulo com um exemplo clássico da década de 1970 porque o banco seguiu praticamente passo a passo o que Michael Hammer aconselhou milhares de empresas a fazer um quarto de século mais tarde sob a bandeira da reengenharia de processos de negócios (RPN). O grito de guerra da RPN era: "Não automatize, destrua". Primeiro, dizia aos executivos que não havia nada a aprender com processos existentes — que eram atavismos da revolução industrial — e portanto deviam ser destruídos ou eliminados. Segundo, dizia aos executivos para inventar e implementar processos totalmente novos, sem referência com o passado. Tragicamente, assim como o precursor da RPN fracassou no Citibank, a RPN também fracassou na vasta maioria das empresas que aderiram a esse movimento vinte anos depois.

Após a publicação do livro de Michael Hammer, *Reengineering the Corporation* (Reengenharia: Revolucionando a Empresa), em 1993, a RPN se espalhou rapidamente por companhias grandes e pequenas como fogo em rastilho de pólvora. Uma pesquisa da Bain & Company sobre ferramentas de gerenciamento indica que em 1995 cerca de 80% das maiores empresas nos Estados Unidos e no exterior haviam adotado a RPN.[1] Nessa época, entretanto, o modismo de gestão já havia atingido seu auge e entrado na fase de colapso brutal. A mesma pesquisa indica que de 1995 em diante, as empresas abandonaram a RPN aos bandos e o número de artigos sobre esta técnica caiu de perto de 300 por ano para menos de 100, muitos deles condenando e desmascarando a RPN. Hammer não conseguiu conter a onda, mesmo com seu livro de 1996, *Beyond Business Reengineering (Além da Reengenharia)*, e a firma de consultoria a que era afiliado, a CSC Index, não conseguiu promover uma reengenharia suficiente de si própria para evitar um colapso total.

Como ambos os modismos do Citibank e da RPN ilustram, tentar promover uma mudança destruindo criativamente processos de negócio é muito desestabilizador para as empresas, muito arriscado e extremamente sofrido. Mesmo assim, em determinadas circunstâncias, mudanças extensas, rápidas e destruidoras como essas são inevitáveis — e nem todas fracassam. De fato, cerca de um quarto das companhias que experimentaram a RPN estão satisfeitas até hoje. Entretanto, 75% delas não.[2] Além disso, mesmo onde a RPN foi bem-sucedida, a pesquisa empírica indica que tende a criar sofrimento generalizado decorrente da mudança.[3] E quando fracassa, impõe às empresas mais mudanças desestabilizadoras e sofridas.

Felizmente, existem maneiras menos destruidoras e sofridas de mudar os processos de negócio. Considere o caso de uma companhia da rede da Sony em quem trabalhei. Uma pequena análise indicou que os produtos devolvidos estavam inflando consideravelmente os custos de estoque. Solução: criar um processo e uma política de devolução. Trabalhávamos arduamente no desenvolvimento da política quando alguém mostrou que estávamos praticamente redesenvolvendo o mesmo processo e mesma política, amplamente testados e eficientes, já utilizados por uma coligada.

O passo seguinte foram alguns telefonemas e algumas horas de trabalho para customizar o processo e a política existentes. Estive muito próximo de tentar criar um processo completamente novo — a um custo considerável para a organização, posso acrescentar — quando já existia no porão da companhia uma política de devolução perfeitamente adequada que simplesmente precisava ser reutilizada, remanejada e recombinada para esta divisão.

Criar mudança sem sofrimento em processos de negócio pode ser uma proposta simples, como minha experiência na Sony ilustra. Vamos ver agora os tipos de recombinante que os processos de negócio possuem e que podem ser usados em uma empreitada como essa.

O Que Recombinar

Devemos começar com uma boa definição do que quero dizer quando me refiro a *processo*. Processo é qualquer atividade recorrente e com uma certa padronização usada como meio para atingir um fim. Processos freqüentemente são primeiro realizados por pessoas e depois recombinados para serem realizados por máquinas. Até mesmo tarefas altamente complexas, tais como educação corporativa, são conduzidas em parte por aplicações Web.

Em contrapartida, processo de negócio não é o mesmo que estrutura organizacional (que discutiremos no próximo capítulo). Elementos estruturais são implementados para assegurar que os processos de negócio ocorram de forma confiável e lucrativa; não são os processos propriamente ditos. Vender, por exemplo, é um processo de negócio, enquanto conceder bônus por vendas é um mecanismo estrutural para garantir que o processo de venda ocorre de forma recorrente e lucrativa.

Para definir os recombinantes de processos de negócio, então, voltemos ao mesmo tipo de estrutura ou mapa que usamos nos capítulos anteriores como guia para entender o que está disponível para ser recombinado. Precisamos de um mapa que ajude a identificar recombinantes de processos de negócio, deixando claro quais modalidades devem ser empregadas para recombiná-los, quais problemas são possíveis prever e portanto quais ferramentas e técnicas podem tornar a recombinação mais fácil e bem-sucedida.

Estrutura dos Recombinantes de Processos de Negócio

Mapas que descrevem os recombinantes de processos de negócio de uma empresa podem ser tão simples ou tão complexos quanto necessários. A Figura 6-1 apresenta um mapa muito simples que distingue apenas três tipos de processo.

FIGURA 6-1

Mapa dos Processos de Negócio

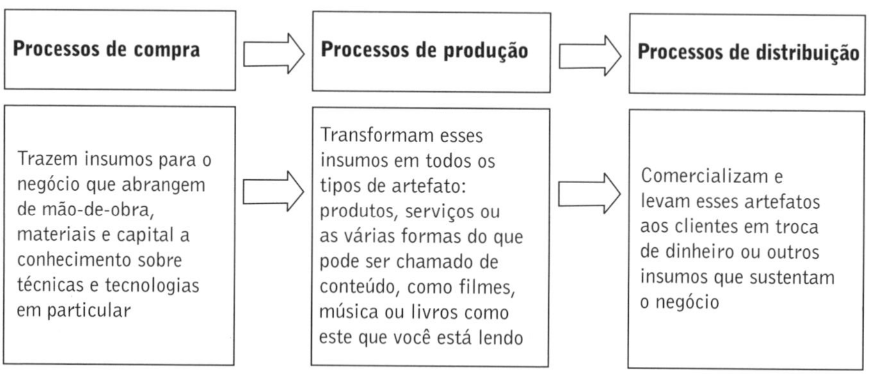

Processos de compra trazem insumos que alimentam o funcionamento do negócio. Esses insumos abrangem de mão-de-obra, materiais e capital a conhecimento sobre técnicas e tecnologias em particular. *Processos de produção* — projetos, manufatura, e assim por diante — transformam esses insumos em todos os tipos de artefato: produtos, serviços ou as várias formas do que pode ser chamado de *conteúdo*, como filmes, música ou livros como este que você está lendo. Finalmente, *processos de distribuição* comercializam e levam esses artefatos aos clientes em troca de dinheiro ou outros insumos que sustentam o negócio.

O importante aqui é que os três tipos de processo — compra, produção e distribuição — podem ser recombinados para criar novos produtos, serviços ou conteúdo, freqüentemente com muito menos sofrimento do que se fossem criados do zero. Vamos começar com um exemplo muito conhecido — o Post-it Notes da 3M. Em 1968, o Dr. Spencer Silver, um cientista pesquisador da 3M, descobriu um processo para produzir um adesivo composto de esferas microscópicas que não aderia com muita força quando aplicado em fitas da 3M. Silver sabia que havia descoberto um processo de produção com enorme propriedade recombinante.

O funcionário da 3M que externou este potencial foi Art Fry, um pesquisador de desenvolvimento de novos produtos. Quando criança em uma pequena cidade do estado de Iowa, ele aprendeu como recombinar transformando ripas de madeira em trenós. Art Fry viu que podia recombinar um bloco de recados e o processo de produção do adesivo reposicionável para criar o Post-it Notes. Desde então, outros recombinadores da 3M recombinaram os Post-it para criar produtos como o Post-it com dispensador e o Post-it Flags.

Em resumo, a 3M recombinou três processos para criar o Post-it Notes, um dos produtos mais bem-sucedidos já criados pela empresa: um processo de compra de papel amarelo comum, um processo de produção de adesivo reposicionável e o processo de distribuição padrão para novos produtos. Generalizando, muitos tipos de produto, serviço e conteúdo são recombinações simples e relativamente sem sofrimento de processos de compra, produção e distribuição.

Encontrando Recombinantes de Processos de Negócio

Como no caso dos recombinantes intuitivos, existem dois tipos de técnica de busca úteis para encontrar recombinantes viáveis de processos de negócio: meios-para-fins e fins-para-meios. As técnicas meios-para-fins envolvem encontrar recombinantes de processos específicos que atendam ao fim de solucionar um problema do negócio. As técnicas fins-para-meios identificam um ou mais processos existentes como sendo meios recombináveis e decidem para quais fins ou oportunidades eles podem ser explorados.

Meios para Processos de Negócio

Comece tendo um fim em mente e procure um processo existente. O *case* da Westland Helicopters descrito no início do capítulo 2 exemplifica como uma empresa procurando uma forma de expandir seu mercado — produzindo helicópteros civis em larga-escala — pode recombinar um processo existente para desenvolvimento de software para atender ao fim de expansão de mercado. Da mesma forma, o exemplo da Sony no início deste capítulo ilustra como uma empresa pode recombinar um processo existente — neste caso pertencente a outra divisão — para alcançar um determinado fim, ou seja, controlar a quantidade de seus produtos devolvidos pelos clientes.

Exemplos opostos de empresas reinventando a roda — isto é, inventando processos que já possuem — existem aos milhares. À medida que passo pelas divisões, departamentos e até mesmo escritórios das empresas com que trabalho, fico constantemente impressionado pela quantidade de processos laboriosos, desestabilizadores, destinados ao fracasso, sofridos e inúteis de reinvenção da roda que testemunho. Também testemunho realizações recombinatórias brilhantes como aquelas da Sony e da Westland Helicopters, em que os recombinadores vão à oficina no porão da empresa e alavancam que processos já existem. O resultado nesses últimos casos é a produção de recombinações brilhantes de processos que são duas vezes mais eficientes para a solução de um dado problema e custam a metade, tanto em termos de dinheiro quanto de sofrimento.

Fins para Processos de Negócio

O Post-it Notes proporcionou um exemplo de uma firma que encontrou um fim para um processo de negócio existente. A furadeira com empunhadura de pistola, que lançou a Black & Decker, proporciona outro exemplo. Ela surgiu quando os dois fundadores discutiam sobre furadeiras com uma arma sobre a mesa (não pergunte por quê). Em cada uma dessas circunstâncias, uma análise renovada de recombinantes existentes sugeriu um novo fim para os quais podiam servir.

Encontrar recombinantes de processos freqüentemente envolve examinar cuidadosamente processos existentes e descobrir para que fins esses meios podem servir — qual problema podem solucionar ou qual oportunidade podem ajudar a capitalizar. Em outras situações, a tarefa é ainda mais simples — envolve apenas descobrir recombinantes de processos que já solucionam problemas em particular ou já ajudam a explorar oportunidades em particular. Se você for como eu, por exemplo, adora comprar novos softwares. Hoje, quase que invariavelmente, o software de que você precisa para solucionar um determinado problema vem em um pacote com diversos outros tipos de recurso e software que você nem sabia que existiam. Este software resolve todos os tipos de problema e cria todos os tipos de oportunidade para você — às vezes oportunidades que você nunca imaginou e problemas que nem sabia que tinha.

Considere o caso de uma empresa da indústria de veículos *off-road*, que chamarei de Sarabar porque deseja manter seu nome em sigilo. A Sarabar havia acabado de implementar trabalhosamente um sistema SAP. Então descobriu que, para o sistema funcionar, os mecanismos estruturais e processos de negócio existentes precisariam ser customizados para se adequar e explorar o sistema. Seguiu-se a isso um extenso esforço dos executivos da empresa para desenvolver essas estruturas e processos e começar a alinhá-los. O difícil projeto terminou com uma revelação surpreendente: o sistema SAP já possuía processos de negócio e suporte estrutural totalmente desenvolvidos, muito semelhantes àqueles que reinventamos dolorosamente. Ao contrário dos reinventados, entretanto, os processos e estruturas SAP pelos quais a empresa pagou já estavam plenamente customizados para serem facilmente recombinados com o sistema SAP.

Qual é a lição? Se os responsáveis pela compra do sistema na empresa tivessem examinado o que compraram, provavelmente teriam descoberto os problemas que ele poderia solucionar antes que esses se materializassem. Fuçar um pouco mais o sistema SAP e conversar com as pessoas que o desenvolveram teriam permitido a esses executivos descobrir algumas estruturas e processos interessantes que acompanhavam o software. A partir daí, não teria sido um salto grande para a pergunta: Esses recombinantes podem ser de alguma utilidade? Se a resposta não surgisse naquele momento, certamente surgiria quando se tornasse claro que o sistema SAP precisava ser alinhado com outros elementos da empresa. Por que o SAP não tentou recombinar seu serviço de TI oferecendo uma consultoria organizacional e de processos é outra história.

A técnica de recombinação de processos fins-para-meios freqüentemente pode servir para capitalizar em erros. Considere, por exemplo, o desastroso processo de desenvolvimento que levou ao lançamento da Nova Coca — um produto que desde sua introdução foi amplamente execrado. Entretanto, como a Coca-Cola Company é um recombinador ágil, poucos meses depois lançou a Coca Classic, que é a antiga Coca revitalizada e remanejada para um novo fim. Generalizando, as empresas devem se perguntar: é possível transformar antigos processos de produção para um novo fim?

Já vimos nos capítulos anteriores como os recombinantes intuitivos podem ser clonados, customizados e traduzidos para produzir mudança sem dor. A próxima seção explora como essas três técnicas são usadas no recombinante físico processos de negócio.

Como Recombinar

Como primeiro passo, é necessário mapear processos de compra, produção e distribuição existentes. Interessantemente, a maioria das técnicas de mapeamento de processos e dos softwares desenvolvidos por reengenheiros de processos de negócios para promover destruição criativa podem ser reutilizados e recombinados para promover a recombinação criativa. (O site ChangeWithoutPain.com leva os leitores a essas ferramentas.) Você não usa essas técnicas de mapeamento de processos de destruição criativa para desenhar os processos totalmente novos que o agente de mudança irá criar depois que os processos antigos forem destruídos. Em vez disso, as ferramentas de mapeamento de processos servem para documentar processos existentes e identificar aqueles que você pode recombinar para promover uma mudança menos desestabilizadora e sofrida.

Como um segundo passo, os executivos e gerentes devem distinguir processos que podem ser clonados e recombinados daqueles que precisam ser customizados ou traduzidos para criar novos produtos, serviços ou conteúdos.

TABELA 6-1

Modalidades de Recombinação de Processos

Modalidade de Recombinação	Clonagem	Customização	Tradução
Ação	Plug and play	Idealizar e improvisar	Justapor e adequar
Conhecimento	*know-what* (saber o que)	*know-why* (saber por que) e *know-when* (saber quando)	know-who (saber quem) e know-who-knows who (saber quem conhece quem)

Esquematizar essa distinção, como na Tabela 6-1, deixa claro que tipos de conhecimento e técnicas serão necessários para conduzir a recombinação de processos de negócios.

Clonando Processos

No exemplo da Sony, a clonagem foi o método usado pelos executivos quando descobriram um processo existente para lidar com produtos devolvidos em uma subsidiária que simplesmente podiam aproveitar em sua divisão. De fato, as subsidiárias eram virtualmente idênticas sob todos os aspectos, exceto pelo processo de devolução. Portanto, era extremamente claro como seria a integração e recombinação desse processo de devolução com os processos existentes na divisão. Foi uma tarefa simples clonar o processo, integrá-lo no fluxo do processo existente e deixá-lo desempenhar seu papel. Não foi necessária virtualmente nenhuma customização, e nada do que chamei de *know-when* ou *know-why* no capítulo 2 precisou ser invocado.

A semelhança entre as companhias da Sony tornou possível simplesmente clonar e recombinar um processo. Processos construídos com base em um padrão comum também permitem uma clonagem e recombinação simples. Quando existem padrões comuns, é imperativo alavancá-los. Ilustrarei este argumento com outro exemplo de TI. Trabalhei com uma equipe de executivos seniores de uma grande instituição financeira européia, que chamarei de Marburg Grace, porque este exemplo não é particularmente enaltecedor para a companhia. Eles estavam perplexos com a dificuldade de recombinar os recursos de TI da empresa. Com um pouco de análise, a resposta ficou clara. A cultura da empresa valorizava serviços de TI imediatos, e portanto desvalorizava a reutilização de TI. Mais concretamente, era normal que o departamento de TI providenciasse um software de gerenciamento de clientes não padronizado em duas semanas, em vez de gastar uma terceira semana para dar ao software uma interface clara e padronizada que o tornasse facilmente recombinável com outros softwares da empresa. Em resumo, ao menos no caso da TI, aplicar e reaplicar padrões torna a recombinação mais fácil, sem percalços e mais eficiente.

Este tipo de clonagem não se restringe à recombinação de um processo. A Intel, por exemplo, assustou-se ao descobrir a imensa variação na produtividade e qualidade entre suas fábricas ao redor do mundo. Isso a impulsionou a adotar uma nova abordagem de produção que chama de Copy Exactly (Copiar Exatamente). Em 2002, a Intel implementou esta abordagem na fábrica de Rio Rancho, Novo México. Esta clonagem entre interfaces claras é fácil no front do conhecimento. Basta ter o conhecimento do que precisa ser clonado, implementado e utilizado.

Entretanto, uma advertência é importante aqui, especialmente quando se trata de recombinações com vários recombinantes muito diferentes, e portanto com diversas interfaces entre eles. Michael Polanyi, o grande filósofo da ciência, dá um exemplo de uma fábrica americana com alto desempenho que foi replicada processo por processo, máquina por máquina e parafuso por parafuso para substituir uma destruída na Segunda Guerra Mundial.[4] Para sua grande surpresa, a fábrica clonada não conseguia nem funcionar. Ele observa que recombinar entre muitas interfaces pode requerer não só *know-what*, mas também *know-how* e *know-why* (o que ele chamou de *conhecimento tácito*), para fazer recombinações complexas funcionar.

Customizando Processos

Vamos começar com um exemplo de customização no *show business*. Considere o processo de criação de um script para um filme de James Bond. Deve haver um megalomaníaco egocêntrico maquinando algo terrível para conquistar o mundo e seu guarda-costas deformado mais terrível ainda; no mínimo duas perseguições usando novos tipos sofisticados de dispositivos de transporte; um par de engenhocas de Q para arrombar, entrar e matar; centenas de lacaios mortos e trocadilhos de mau gosto; alguns martinis agitados jamais misturados; uma mulher sexy do bem e uma do mal, objetos de atenção especial de Bond; uma rejeição da Sra. Moneypenny e um momento ardente, explosivo, final onde as paixões de ambos Bond e malfeitor são consumidas e consumadas.

O processo de redação do script de James Bond, entretanto, não pode ser clonado. Deve ser customizado para a tendência atual. Não funciona mais, por exemplo, caricaturar Bond como um amante indiferente — nos últimos filmes, sua personagem foi customizada para torná-lo um amante extremamente romântico.

A customização de processos ocorre não só no entretenimento, mas em outras áreas também. A Dow Química, por exemplo, não se limitou a remanejar sua experiência para recombinar e comercializar produtos desenvolvidos para aplicações industriais (como o Saran Wrap — filme de PVC — ou o Styrofoam — espuma) para o mercado de produtos domésticos. Repetiu esse processo de expansão de mercado para mercados que incluem de loções para pele e xampus a produtos de limpeza para a casa. De fato, sua subsidiária responsável por essas recombinações de produtos, a DowBrands, continua a gerar recombinantes bem-sucedidos como Spray'n Wash, Stain Stick e a embalagem plástica para congelar Freezloc. A transferência de um processo de produção de um mercado para outro não pode ser simplesmente clonada. O processo de comercialização de um produto de uso geral como o Styrofoam é bem diferente do processo para um produto de uso especial como embalagens plásticas para sanduíches. O processo de expansão de mercado, portanto, precisou ser customizado para cada mercado.

Know-When e Know-Why Recombinar por clonagem requer um conhecimento, ou *know-what*. Recombinar por customização é menos padronizado, e portanto requer um conhecimento maior e mais variado — o que chamei de *know-why* e *know-when*.

Considere o exemplo da ATKearny, uma empresa com forte experiência em remanejar soluções técnicas para seus clientes. Assim como muitas firmas de consultoria, a ATKearny costumava trancar a sete chaves sua *expertise* no que era conhecido como pirâmides de conhecimento, cada qual cuidadosamente protegida por um sócio no topo e um grupo de associados abaixo. Quando era necessário um novo processo para atender melhor um cliente, as pessoas na pirâmide reinventavam laboriosamente processos que já existiam às dúzias em outras pirâmides. Porém, a ATKearny é uma companhia muito diferente hoje. Com muito sucesso, ela usa processos sofisticados de compartilhamento de informações para capturar, compartilhar, imitar e recombinar uma *expertise* existente, em vez de reinventá-la. Sua cultura premia generosamente, ou deveria dizer exige, imitação. Importantes dentre esses processos estruturais são os conjuntos de mecanismos que transmitem o *know-when e know-why* necessários para recombinar interfaces desconexas.

Traduzindo Processos

A transferência e a recombinação de tecnologia e processos tecnológicos são bastante comuns entre empresas e indústrias. Evidências concretas indicam, por exemplo, que 70% das tecnologias desenvolvidas em uma indústria são reutilizadas em outra.[5] O processo para produzir lasers, por exemplo, é recombinável no contexto de muitas indústrias. Foi recombinado entre setores como de equipamentos de telecomunicações, armamentos, instrumentos de navegação, maquinário têxtil, instrumentos cirúrgicos e de precisão. Da mesma forma, o laser foi recombinado com outros produtos que vão de impressoras a sistemas de som e de sistemas de varredura a caixas registradoras.

Recombinar processos de produção freqüentemente significa reunir peças totalmente desconexas e fazê-las funcionar juntas. Isso normalmente requer mais do que improvisar modificações menores nos processos para recombiná-los. Às vezes alguns processos precisam ser virtualmente reinventados porque os processos existentes simplesmente não são adaptáveis.

A reinvenção é extremamente diferente da invenção. Reinvenção tem o significado duplo de copiar e inventar que discuti no capítulo 5. Cópias não são meras cópias carbono — a copia é geralmente melhor do que o original e mais adequada a seu novo contexto. O Walkman, por exemplo, foi uma invenção muito superior aos gravadores que inspiraram a cópia da Sony.

Outro exemplo é a Northrop, a fabricante de aeronaves. Com a ajuda de um fabricante popular de bolos e outros produtos alimentícios, traduziu um processo de produção usado na indústria de artigos esportivos em um processo útil para a indústria aeroespacial. Para fabricar determinadas partes da fuselagem, asa, nariz e cauda, a Northrop começou a substituir processos de produção que usavam alumínio como insumo por processos de produção que usavam ligas de carbono, muito mais baratas, leves e duráveis. Isso significou emprestar e recombinar um processo de produção dos fabricantes de raquetes de tênis e esquis. Entretanto, como os compostos de carbono precisam ser mantidos em temperaturas baixas antes de serem manipulados, recombiná-los com as técnicas de produção de aeronaves requeria processos de resfriamento capazes de manter grandes segmentos da aeronave a baixas temperaturas. O processo de aquisição desses materiais, portanto, precisam ser traduzido para uso na indústria aeroespacial. Para reinventar esses processos de resfriamento, os engenheiros da Northrop recorreram aos engenheiros da Sara Lee, a fabricante de produtos alimentícios, especialistas no processo de refrigerar grandes instalações. O resultado foi uma reinvenção que economizou tempo, dinheiro e sofrimento para a companhia.

Know-Who *e Tradutores* Um elemento-chave na tradução de processos de negócios é o *know-who*: o conhecimento de quem é a pessoa ou as pessoas com a *expertise* para reinventar um recombinante com o objetivo de traduzir seu uso de um contexto para outro. Quem, por exemplo, podia reinventar e traduzir um processo de resfriamento usado em raquetes de tênis de liga de carbono para servir como processo de produção para fuselagens de aeronaves? Esses tradutores, sejam eles tradutores de idiomas ou engenheiros da Sara Lee, precisam entender as propriedades dos recombinantes tão bem a ponto de poder reinventar, traduzir e recombiná-los.

Das Idéias para a Prática

A Lands' End vai ajudá-lo a criar calças de sarja sob medida na Web. Você fornece informações sobre preferências de modelagem e medidas. A informação flui eletronicamente para um programa de computador que gera um arquivo com um modelo exclusivo. Conexões Web de alta velocidade transmitem seu arquivo para um fabricante terceirizado no México, onde equipamentos de corte com controle numérico e máquinas de costura modulares produzem seu par especial de calças. Um serviço de encomenda expressa entrega suas calças duas semanas após você ter pressionado a tecla Enter em seu computador. Com a prática, este ciclo de duas semanas está diminuindo rapidamente na Lands' End.

*Job shops** costumavam fazer produtos sob medida únicos ou em pequenas quantidades. Companhias como a Lands' End fabricam produtos sob medida em escala através de *processos de customização em massa*. Estes processos diferem radicalmente dos processos de produção em massa — processos relativamente inflexíveis, que datam da revolução industrial, criados para produzir quantidades crescentes do mesmo produto ou serviço a um custo marginal decrescente.

A seção anterior focou no caso simples de clonagem, customização e tradução de processos padronizados de produção em massa.

---

* Agências ou fábricas que fornecem pessoal técnico ou que desempenham uma função específica em um processo de manufatura, geralmente com contratos de curto prazo. (N. da T.)

Entretanto, clonar, customizar e traduzir se prestam particularmente bem para a customização em massa e inclusive ao que chamo de *improviso em massa.*

Customização em Massa

À medida que as preferências dos clientes são cada vez mais idiossincráticas, variadas e dinâmicas, os processos de aquisição, produção e distribuição se tornam mais diversificados e flexíveis para satisfazer essa demanda diferenciada. Certas companhias foram rápidas em atravessar a fronteira para a customização em massa, como vimos no caso da Lands' End. Entretanto, a Lands' End não está sozinha. Entre no site da Dell e você poderá criar seu próprio computador. Acesse outros sites e você poderá criar seu próprio sapato, relógio, brinquedo, vitaminas, pacote de leitura, carro ou motocicleta.

Onde entra a recombinação de processos de negócio? Considere o site da Dell. Você encomenda seu computador Dell customizado, que é uma configuração especial de recombinantes Dell: um módulo de memória de um determinado tamanho, um processador com uma velocidade específica, um disco com uma capacidade específica, um monitor com uma resolução específica e um software com uma funcionalidade em particular. O cliente seguinte encomenda uma configuração muito diferente de recombinantes Dell. A customização em massa requer processos de produção capazes de clonar, customizar e traduzir recombinantes variados e depois recombiná-los rapidamente em inúmeras configurações. Usualmente, isso envolve um design de produto genérico — um design genérico de computador, carro ou calça de sarja com o qual as empresas podem recombinar uma ampla gama de acessórios. A prototipação rápida e a manufatura digital então proporcionam os processos necessários para fabricar cada produto customizado.

Improviso em Massa

Considere o avançado setor varejista de vestuário. Muda tão rapidamente que até mesmo os processos de customização em massa não conseguem acompanhar. Todos os tipos de concorrente da nova e da velha economia inundam o mercado, abrangendo toda a gama de compradores on-line e consolidadores de ingressantes estrangeiros. No lado consumidor, tendências de moda varrem a indústria em uma sucessão ainda mais rápida e variada, incluindo a moda para trajes informais. Além disso, no lado da demanda, todas as formas de engenhocas eletrônicas tornaram-se artigos de moda substituíveis prontos para absorver os gastos discricionários do consumidor.

Indústrias como as do setor de vestuário caracterizadas por uma demanda complexa e extremamente mutável requerem alta flexibilidade na clonagem, customização e tradução de processos existentes para atender tal demanda. Esses processos devem identificar e esclarecer uma demanda idiossincrática e improvisar os processos de aquisição, compra e distribuição corretos para conquistar o consumidor. Nessas indústrias, qualquer padronização de processo pode ser um obstáculo, e não um facilitador, para atender às necessidades do consumidor. Portanto, processos de compra, produção e venda devem possuir propriedades recombinantes extremamente flexíveis. Como as companhias fazem isso?

Vamos considerar a Nordstrom como exemplo de varejista de vanguarda de vestuário. Uma das lojas Nordstrom não tem a camisa que Bill realmente gosta e quer "imediatamente, ou antes" — em sua cor, estilo, tecido e tamanho, é claro, preferidos. "Não se preocupe", diz John, o vendedor, a Bill. "Passo em outra loja da Nordstrom no caminho para casa, pego a camisa e mando para o senhor à noite pela FedEx — pode ir ao caixa." Para ter uma idéia do planejamento invisível que permite essas recombinações improvisadas de processos, considere o manual on-line dos funcionários da Nordstrom: "Regra nº 1: use seu bom senso em todas as situações. Não há regras adicionais."

Em companhias como a Nordstrom, a técnica-chave que facilita a recombinação é o que, por falta de uma palavra melhor, geralmente chamamos de improviso. Para deixar claro o que é um processo de improviso, vamos primeiro esclarecer o que não é. Não é fazer correndo — sem qualquer plano. Tampouco é um planejamento extenso, seguido de um longo atraso e finalmente da execução. Em vez disso, improviso é planejar enquanto se executa. A Nordstrom, por exemplo, tem um plano claro — faça qualquer coisa, usando seu bom senso, para atender ao cliente. Este improviso planejado é extremamente flexível. Planos iniciais guiam ações subseqüentes, cujos resultados imediatos, assim como oportunidades emergentes, servem como base para modificar os planos. Um ciclo de improviso planejado e de execução leva ambos gradualmente ao alinhamento.

O que o improviso planejado exorta você a encontrar, remanejar e recombinar? Primeiro, significa compartilhar, entre funcionários, processos improvisados como o "pego a camisa no caminho para casa e mando pela FedEx". Segundo, requer que os líderes revitalizem bons e velhos valores culturais como o jeitinho, que tornam jogo limpo reutilizar, recombinar e remanejar qualquer truque ou técnica disponível para que a tarefa seja realizada. Terceiro, improviso planejado significa contar com funcionários capazes de recombinar esses truques *com bom senso*. Finalmente, significa líderes que não ficam presos a um plano inicial e que mantenham a capacidade de mudar de idéia no meio do caminho. Bill Gates, da Microsoft, por exemplo, esconjurou a World Wide Web; um ano mais tarde voltou atrás. Hoje, todo produto da Microsoft pode ser recombinado com a Web.

Recombinando Processos Externos

Pôr idéias sobre recombinação de processos em prática em contextos de customização e improviso em massa envolve recombinar processos internos da empresa, assim como processos externos a ela. Este capítulo já apresentou diversos exemplos de clonagem, customização e tradução de processos internos. Dei menos atenção a como customizadores e improvisadores de massa começaram a descobrir, alavancar e recombinar processos externos a suas empresas. Existe uma abundância de exemplos e só posso apresentar uma pequena amostra aqui que diz respeito a empresas que começaram a recombinar os processos de ambos seus fornecedores e clientes para mudar de forma rápida, repetida e sem sofrimento.

Ponha seu fornecedor para trabalhar No que diz respeito a processos de compra, as companhias podem alavancar os processos de seus fornecedores já desde o estágio de planejamento de um novo produto. As montadoras deixaram de utilizar design automatizado para disponibilizar aos fornecedores os projetos e as ferramentas de design para que estes possam projetar peças de automóveis que recombinam facilmente com o design básico. A idéia geral envolve alavancar e recombinar seus próprios processos e capacidades e os dos fornecedores.

Quando se trata de aquisição, o processo começa com um *pull signal* (ordem de reposição) — uma ordem informatizada que ativa *processos enxutos de compra*. São processos como os do Wal-Mart, onde os fornecedores mantêm o estoque e têm a responsabilidade de entregar os itens no Wal-Mart quando ele precisa, não antes. A idéia básica aqui é alavancar e recombinar os processos de estoque de seu fornecedor em vez dos seus.

Da mesma forma, as companhias podem recorrer a leilões on-line entre seus fornecedores. Elas especificam os parâmetros do produto e os fornecedores fazem lances na Web para obter o contrato. Essas companhias alavancam e recombinam as habilidades de barganha de seus fornecedores, em vez de usar suas próprias.

Ponha seus clientes para trabalhar A customização e o improviso em massa também impulsionaram as companhias a alavancar e customizar os processos de seus clientes para que eles se sirvam sozinhos. A idéia não é nova. Os clientes possuem as habilidades do processo de fazer a salada e a limpeza, portanto a operação do bufê de saladas pode passar para eles. Eles podem fazer exatamente a salada que desejam e é possível disponibilizar acesso às bandejas e latas de lixo para que depois eles guardem e limpem como preferirem. Da mesma forma, a Ikea, um varejista de móveis para a casa, faz com que seus clientes montem os próprios móveis.

As companhias agora traduziram esses processos "cliente-sirva-se" e os recombinaram em uma gama muito maior de configurações. Um exemplo é a indústria de videogames — uma indústria cujas vendas agora superam aquelas da indústria cinematográfica. As companhias não só vendem jogos de computador a seus usuários, como também puseram seus jovens clientes especialistas em computação para trabalhar desenhando os pacotes de expansão dos programas.

Considere, por exemplo, a EA Games, um líder da indústria com títulos campeões de bilheteria, tais como *The Sims Online* e *Medal of Honor*. O último recombina uma história da Segunda Guerra Mundial e tecnologia de videogame. Nesta simulação de combate, soldados Aliados lutam contra oponentes do Eixo com todos os tipos de arma e granadas. No caso de *Medal of Honor*, a EA Games recombinou jogos de um único jogador com tecnologia baseada em servidor para permitir que um grande número de jogadores do Eixo e Aliados do mundo inteiro se conectem via Web para lutarem em campos de batalha tridimensionais complexos — chamados de *mapas* no jargão dos jogos.

A EA Games não só vende os jogos para os clientes, como também oferece acesso ao software para construir os mapas e cria concursos para os melhores mapas. Os mapas vencedores tornam-se parte da próxima geração do software vendido aos clientes. Em resumo, não apenas a EA Games, mas outras companhias como a Palm ou a Microsoft, alavancam e recombinam suas habilidades de programação e processos, assim como os de seus clientes, para desenvolver sua gama de produtos.

As companhias também estão cada vez mais pondo os processos de distribuição de seus clientes para trabalhar. Aqui também a abordagem não é nova. Por exemplo: pôr as etiquetas das roupas no lado de fora, em vez de no de dentro, e transformar os clientes em propagandas ambulantes de seus produtos. Entretanto, *e-commerce*, automação da força de vendas e vendas on-line proporcionam oportunidades para traduzir esses processos "nossos clientes nos ajudam a distribuir nossos produtos" e a recombiná-los de outras maneiras.

Suponhamos que você trabalha na Oracle Corporation ou na Universidade Columbia e quer saber quais livros, CDs e vídeos são populares em sua empresa. Fácil — entre na Amazon.com e veja. Como isso funciona? Quando compram um livro on-line, os clientes da Amazon.com fornecem seu CEP e nome de domínio, e portanto a Amazon pode deduzir onde o comprador mora, trabalha ou estuda. A Amazon.com — tomando o cuidado de preservar a privacidade do cliente — agora proporciona aos clientes acesso a listas especializadas de campeões de vendas em regiões geográficas, corporações e faculdades e universidades. A Amazon.com as chama de "círculos de compra". Portanto você examina os círculos de compra da Oracle ou da Columbia e descobre que o livro mais comprado em ambas é *Harry Potter e o Cálice de Fogo*. A Amazon.com é apenas uma das companhias que estão encontrando formas criativas de alavancar e recombinar processos de distribuição conduzidos pelo cliente para atender às variadas e mutáveis necessidades desses clientes mais eficientemente.

Estruturas e Processos

Como mencionei na introdução deste capítulo, elementos estruturais são implementados para garantir que processos de negócios ocorram de forma confiável e lucrativa; eles não são os processos propriamente ditos. Vender, por exemplo, é um processo de negócio, enquanto oferecer bônus de vendas é um mecanismo estrutural para garantir que o processo de vendas seja recorrente e lucrativo.

O próximo capítulo examina a recombinação desses elementos estruturais. Examina também como os mecanismos estruturais podem dar suporte à recombinação de processos em particular. Isso inclui mecanismos estruturais para encontrar e recombinar as pessoas certas com processos; mecanismos estruturais para reforçar valores, normas e papéis em uma cultura; e mecanismos estruturais com flexibilidade suficiente para suportar processos de customização em massa ou inclusive de improviso em massa.

7 Reutilizando Estruturas em Vez de Reorganizar

A EXIDE CORPORATION, *o maior produtor do mundo de baterias automotivas e industriais, estava presente em 89 países — isto é, após uma orgia de aquisições na década de 90 que resultou em um crescimento de 2 bilhões de dólares nas vendas entre 1992 e 1996 e em uma participação de 36% na indústria global de baterias. Entretanto, esse "período de crescimento" gerou decepcionantes 20 milhões de dólares de lucro em 1997.*

Em dezembro de 1998, um novo CEO entrou em cena: Robert A. Lutz, antigo vice-presidente e vice-chairman da Chrysler, um dos executivos com grande crédito por salvar a fabricante de automóveis da falência na década de 90. Lutz era um ex-piloto da Marinha norte-americana apaixonado por velocidade. Na verdade, seu livro publicado em 1998, Guts: The Seven Laws of Business That Made Chrysler the World's Hottest Car Company, *exalta as virtudes da mudança à velocidade da luz por destruição criativa. Lutz iniciou sua gestão na Exide perguntando sobre os problemas da companhia. Ele ouviu dos concorrentes e clientes que "seus gerentes gerais estavam exportando entre seus países", criando sua própria concorrência desleal de preços baixos.*[1] *Os gerentes gerais individualmente, por outro lado, culpavam a queda nos preços pelo declínio dos lucros da companhia.*

A reposta de Lutz ao problema foi tipicamente grande, audaciosa e devastadora: uma reorganização substancial que destruiria a estrutura geográfica de longa data da companhia. Os processos de negócio que atendiam a uma área geográfica em particular não estariam mais nas afiliadas comandadas por um gerente geral. Em vez disso, todos os processos de negócio relativos a um produto ficariam em uma divisão abrangente de produto comandada por um executivo responsável por aquela classe de produtos. O argumento de Lutz era que uma estrutura de produto como esta melhoraria a coordenação da precificação, cortaria os custos padronizando a manufatura e eliminando planos redundantes e aumentaria a velocidade da introdução do produto.

Muitos dos gerentes gerais desfranqueados renunciaram em protesto, mas nada deteve Lutz: em janeiro de 2000, a reorganização começou. Ele promoveu o Dr. Albrecht Leuschner, chefe da operação alemã da Exide com seis fábricas, para cuidar de uma grande divisão de produto — a rede global de unidades de negócio. Oito milhões de dólares em custos mais tarde, cinco grandes unidades globais controlavam as várias linhas de negócio da empresa. Como Leuschner relembra: "Durante seis semanas fui o imperador do mundo". Por que tão pouco tempo? Porque na sétima semana da criação, Lutz adquiriu a GNB Technologies, grande fabricante de baterias dos Estados Unidos, onde a Exide não estava presente. Para manter Mitchell Bregman, o bem-visto presidente da divisão de baterias industriais da GNB, Lutz decidiu transformá-la em uma quinta divisão geográfica. O que se seguiu foi uma batalha entre Leuschner e Bregman para ver quem iria comandar as operações em outra área geográfica, a China. Sem dúvida, a Exide iniciou o movimento pendular de volta do apogeu da estrutura de produto para o apogeu da estrutura geográfica — de onde partiu.

A partir daí, as coisas na Exide começaram a se deteriorar rapidamente. No balanço de 2000, a corporação apurou meros 3,2 bilhões de dólares em vendas e publicou um prejuízo de 136 milhões de dólares, um declínio dos 20 milhões de dólares de lucro registrados quando Lutz assumiu. Em abril de 2002, as operações nos Estados Unidos pediram concordata. Em maio, Robert Lutz deixou o posto.

Enquanto o capítulo 6 examinou os processos de negócios e sua recombinação, este capítulo aborda as estruturas organizacionais que garantem a execução recorrente, eficaz e eficiente desses processos. A Exide proporciona um bom exemplo, visto que as organizações freqüentemente são submetidas aos tipos de oscilação pendulares estruturais pelos quais essa empresa passou.

De fato, vimos uma dinâmica semelhante no capítulo 1. A unidade de Christiane Lopez na Cisco terceirizou determinadas funções de TI para ganhar flexibilidade, depois as internalizou para recuperar o controle e, em seguida, terceirizou novamente para recuperar a flexibilidade, esquecendo a potencial perda de controle. Outras cortaram níveis na gerência média, só para perceber depois sua função e voltar a acrescentá-los e alguns anos mais tarde cortá-los de novo. Outras empresas descentralizam e centralizam novamente como um preâmbulo para uma nova descentralização. Outras ainda alienam ativos e usam o dinheiro em festivais de aquisições que dão lugar, com o tempo, a extensas dissoluções. Algumas tratam seus funcionários como engrenagens de uma gigantesca máquina organizacional que produzem trabalho motivados pela cenoura de altos salários e ameaçados pelo chicote das demissões. Essas companhias então conferem "autonomia" a seus funcionários, mas rapidamente ficam temerosas de que aqueles aos quais conferiram poder de fato o assumam, então retornam ao modelo máquina-engrenagem de estrutura organizacional.

Cada oscilação cria um ciclo desestabilizador e sofrido que exacerba todas as características da síndrome da mudança repetitiva, deixando os funcionários mais cínicos e provocando dois episódios de caos decorrente de mudança: um quando as estruturas que guiam o processo são destruídas e outro quando são recriadas e substituídas. Finalmente, cada oscilação aumenta o desgaste dos funcionários que precisam conduzir processos ininterruptamente ao mesmo tempo em que destroem e recriam repetidamente as estruturas que os governam.

Os líderes e gerentes podem achar difícil evitar algumas dessas oscilações. Entretanto, os funcionários me dizem que acham essas oscilações particularmente dolorosas quando ocorrem em meio a um cenário já de mudança massiva. O vai-e-vem reorganizacional geografia/produto da Exide, por exemplo, ocorreu no fim de um rápido crescimento por aquisição entre 1990 e 1996, após uma sucessão de CEOs em 1998 e durante outra extensa aquisição em 2000. Deveria surpreender o fato de estas empresas sofrerem de síndrome da mudança repetitiva e fracassarem com freqüência devido a um excesso, em vez de uma escassez, de mudanças sofridas?

Em contraste, considere o exemplo da Microelectronics Product Division (MEPD), um fabricante de microprocessadores e circuitos integrados de baixa potência e baixa voltagem. A MEPD, juntamente com outras sete divisões, pertence à SMA, um fabricante líder de sistemas microeletrônicos, instrumentos de precisão mecânicos e peças para relógios.[2]

Um mercado de consumo crescentemente competitivo, cíclico e tecnologicamente complexo fez a MEPD mudar seu foco do setor de telecomunicações para o mercado de eletrônicos. A estratégia da empresa de inovação de produto ágil voltada para o mercado, focada em custo baixo e alta qualidade, deveria tê-la tornado rapidamente uma vencedora nesse novo mercado. Entretanto, a MEPD levou as poucas inovações à linha de produção em passo de tartaruga — e quando finalmente chegaram ao mercado, essas inovações não atendiam às necessidades do cliente. O principal culpado era a estrutura organizacional da MEPD — cinco departamentos funcionais, conforme mostra a Figura 7-1.

A estrutura funcional da MEPD retardava a coordenação entre processos interdependentes de desenvolvimento de produtos e a tornavam aleatória e repleta de disputas políticas internas interfuncionais.

FIGURA 7-1

Organograma da SMA

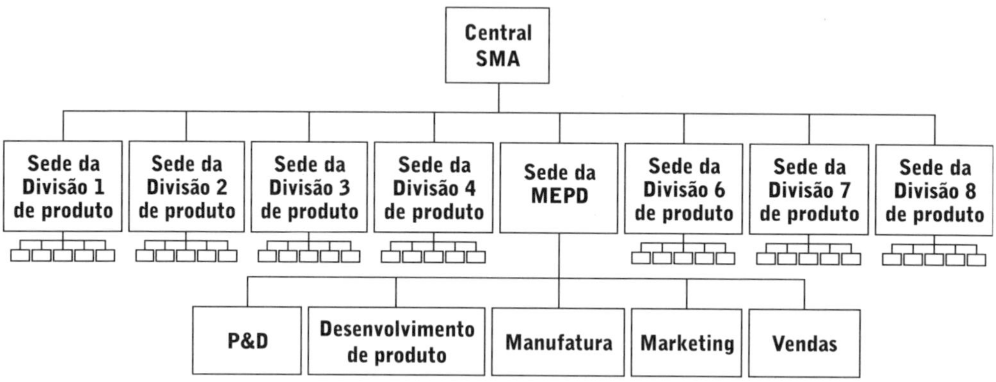

A MEPD clamava por algum tipo de mudança estrutural, criando uma pressão quase palpável para uma reorganização maciça por destruição criativa. Isso significaria uma "reorg", que levaria a MEPD de uma empresa estruturada em departamentos funcionais que continham processos com funções semelhantes para uma empresa estruturada em divisões de produto que continham todos os processos interdependentes necessários para criar e vender um produto. O tipo de estrutura de produto, em outras palavras, que foca uma empresa em inovação de produto ágil, voltada para o mercado.

Ao contrário da Exide, entretanto, os executivos da MEPD resistiram à insistência de reorganizar por destruição criativa. Eles perceberam que estruturas de produto tinham benefícios (foco no produto) e custos — dois em particular. Primeiro, a implementação de estruturas de produto exige uma extensa e custosa reorganização, requerendo um prolongado período de subdesempenho antes, durante e depois da reorganização. O subdesempenho persiste até que a empresa recupere sua curva de aprendizado. Segundo, como explicarei com mais detalhes neste capítulo, organizações estruturadas em unidades de produto tendem a ser mais caras de operar do que as estruturadas em unidades funcionais. Uma mudança para estrutura de produto minaria a estratégia de contenção de custos da MEPD. Custos maiores levariam a MEPD de volta, no estilo pêndulo, a uma segunda reorganização onerosa para recriar sua estrutura funcional original.

Percebendo tudo isso, os executivos da MEPD optaram em permanecer com a organização funcional. Eles vasculharam seu porão corporativo para encontrar diamantes no estado bruto — funcionários que já haviam começado a atuar como gerentes interfuncionais de produto informais. Formalizar os papéis desses funcionários, dar autonomia e recombiná-los com a estrutura funcional permitiu manter as economias de custos daquela estrutura e implementar uma recombinação estrutural focada no produto de baixo custo e sem sofrimento.

Como uma organização como a MEPD sabe que tipo de recombinantes estruturais deve procurar e onde? As estruturas de mapeamento na próxima seção ajudarão a responder a ambas as perguntas.

O Que Recombinar

Quais elementos estruturais os líderes encontram guardados no porão corporativo que podem reutilizar e recombinar para conduzir o processo? Para responder, veja novamente o organograma organizacional da Figura 7-1. Com poucas exceções, esses organogramas de caixas e linhas funcionam bem para retratar a estrutura organizacional e destacar três tipos de recombinante.

Os retângulos representam o primeiro tipo de recombinante: divisões, departamentos, unidades interdepartamentais, níveis hierárquicos, e assim por diante. Os líderes podem reutilizar, remanejar e recombinar tanto essas caixas quanto sua estrutura piramidal. A SMA, por exemplo, possui caixas de sede central e de divisões sobre oito caixas funcionais. A MEPD, uma dessas divisões, era composta de oito caixas funcionais. A SMA manteve essa estrutura hierárquica de caixas e a MEPD, em vez de destruir criativamente sua formação em caixas funcionais, a recombinou com seus gerentes de produto interfuncionais para torná-la mais focada no consumidor e no produto.

O segundo tipo de recombinante estrutural está nas linhas do diagrama organizacional de caixas e linhas. As linhas horizontais representam canais de comunicação que os líderes podem recombinar — assim como aqueles proporcionados pelos gerentes de produto interfuncionais da MEPD. Existem também linhas verticais de *report* que os líderes podem recombinar para proporcionar a comunicação e coordenação bidirecional entre os superiores nas caixas do topo da hierarquia e os subordinados nas caixas abaixo.

Os recombinantes de caixas e linhas atuam em conjunto com um terceiro tipo de recombinante, isto é, mecanismos de *staffing* (fornecimento de recursos humanos) e de controle. Mecanismos de *staffing* servem para contratar, treinar, promover, rotacionar e demitir pessoas na empresa. Mecanismos de controle garantem que o planejamento, a medição, a avaliação e a premiação sejam realizados.

Estrutura dos Recombinantes Estruturais

Os recombinantes caixa, linha, *staffing* e controle são o insumo da recombinação criativa estrutural. São os elementos que companhias como a MEPD podem remanejar, reutilizar e recombinar para minimizar o sofrimento da mudança estrutural e as barreiras criadas por ele. Vamos examinar cada um deles em mais detalhes.

Caixas Os gerentes desenham a estrutura organizacional e suas partes para garantir que os processos de negócios sejam conduzidos de forma recorrente, eficaz e eficiente.

Cada caixa representada na Figura 7-2 contém processos específicos que são da responsabilidade dos gerentes e dos funcionários que as integram.

A linha inferior da figura distingue dois esquemas que podem ser usados para organizar processos em diferentes tipos de caixa. Uma estrutura de organização inclui processos relativos à mesma função (por exemplo, compras, produção ou vendas) na mesma caixa. No organograma de MEPD, por exemplo, todos os processos de vendas foram colocados no departamento de vendas, representado pela caixa de vendas. A MEPD tinha que o se chama de *estrutura funcional.*

Um segundo tipo de estrutura coloca em caixas separadas todos os diferentes processos necessários para atender a um segmento de consumidores em particular (*estrutura de produto*), por exemplo, quem mora em uma determinada região (*estrutura geográfica*).

Agora considere a segunda e a terceira camadas de caixas. Cada uma delas compreende processos gerenciais em particular. A estrutura da Figura 7-2 possui três níveis de hierarquia (três camadas de caixas). Uma estrutura "alta" pode ter cinco ou mais camadas de caixas; por outro lado, esta estrutura de três camadas é uma estrutura baixa.

O ponto-chave aqui é que cada estrutura de classificação e inclusão de processos em caixas — funcional ou de consumidor, de produto ou geográfica, alta ou baixa — é um recombinante. É algo que não precisa ser destruído criativamente, no estilo Exide. Ao contrário, é algo que pode ser recombinado, como fez a MEPD, com outros tipos de recombinante, como os recombinantes de linha que abordo a seguir.

FIGURA 7-2

Mapa de Estrutura: Caixas

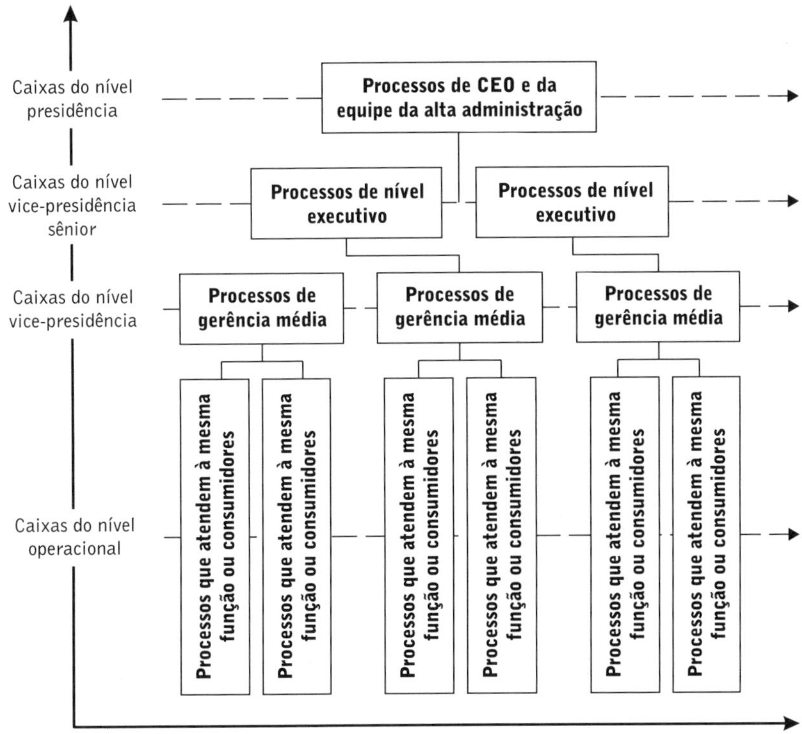

Recombinantes de Linha de Comunicação e Linha de Atribuição As empresas não apenas classificam seus processos e os colocam em caixas. Elas também possuem linhas de comunicação entre as pessoas que realizam processos semelhantes ou independentes em caixas diferentes, para que esses processos ocorram de forma coordenada. Em um nível hierárquico, por exemplo, a mão esquerda precisa saber o que a mão direita está fazendo. Isso é conseguido através de linhas laterais de comunicação que permitem a coordenação lateral entre os processos e as pessoas nas caixas. Entre níveis hierárquicos, o topo deve poder comunicar aos níveis abaixo o que precisa ser feito e os níveis abaixo devem poder comunicar ao topo o que farão e suas experiências à medida que interagirem com clientes, consumidores e com o mercado. Essa comunicação e coordenação bidirecionais fluem através de linhas de atribuição.

Conforme a Figura 7-3 mostra, existem diversos formatos estruturais que podem abrir linhas de comunicação entre as pessoas que realizam processos similares ou independentes em caixas diferentes em um mesmo nível hierárquico ou entre caixas de níveis diferentes. Toda comunicação pode ocorrer nos níveis mais elevados, na alta administração, por exemplo — e ser comunicada através de linhas de atribuição para caixas do nível seguinte. Outra possibilidade é conferir a uma pessoa um papel de contato que canaliza as informações e coordena as atividades entre caixas, tanto lateral como verticalmente. Uma terceira possibilidade envolve reuniões entre superiores e subordinados. Outro formato estrutural é a designação de gerentes de produto, projeto ou cliente para assegurar a comunicação e a coordenação entre múltiplas caixas. Finalmente, é possível usar as assim chamadas estruturas matriciais, nas quais os processos são classificados como se pertencessem simultaneamente a duas caixas — uma caixa funcional e uma de produto, por exemplo. São estabelecidas então linhas formais de comunicação e coordenação que conectem essas caixas funcional e de produto superpostas.

FIGURA 7-3

Mapa de Estrutura: Linhas

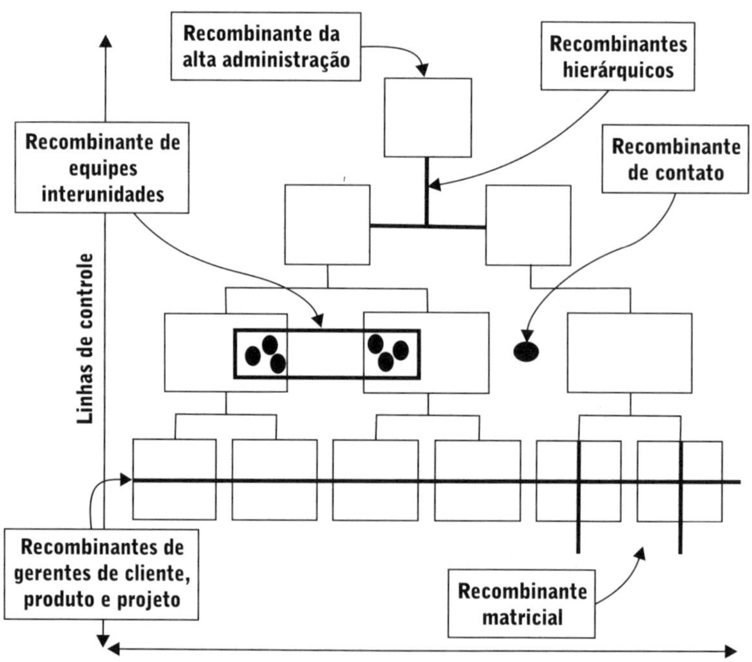

Cada estrutura de coordenação de linha de comunicação pode ser considerada como um recombinante. É uma canalização de rede controlada pela gerência que pode ser usada para transmitir diferentes conteúdos de comunicação para coordenar diferentes tipos de processos interdependentes. Cada estrutura também pode ser considerada como um mecanismo que permite ser copiado e reutilizado para assegurar a coordenação entre caixas em outras partes da empresa.

Recombinantes de* Staffing *e Controle Quando são pessoas, em vez de máquinas, que realizam processos, mecanismos estruturais garantem que o trabalho seja feito de forma confiável. Isso requer duas classes de mecanismo. O primeiro são mecanismos estruturais de *staffing*, que garantem que os processos sejam realizados pelas pessoas certas. *Certas* neste contexto significa pessoas com o conhecimento, habilidades, atitude, redes, valores, aptidões e personalidade certos conforme explicado detalhadamente no capítulo 3. O segundo mecanismo são estruturas de controle, que garantem que os processos sejam realizados tanto de forma eficiente — maximizando a razão entre insumos inseridos e resultados obtidos do processo — quanto eficaz — garantindo que o processo gere os tipos certos de resultado. *Certo* pode significar que os resultados do processo tenham a qualidade desejada. Cada vez mais, significa também que os resultados são obtidos de uma forma tanto legal como ética. Os mecanismos de controle de governança e conformidade, em particular, são desenhados tendo esse fim em mente.

A Figura 7-4 apresenta esses diversos recombinantes. Eles incluem contratação, treinamento, promoção, estabilização, rebaixamento, demissão e recontratação de funcionários. Esse processo merece um livro próprio. O ponto mais importante aqui é que *staffing* e controles são recombinantes que podem ser reutilizados, remanejados e recombinados em uma empresa durante mudanças.

Cada variedade tem suas compensações. Pensar em reutilizar, remanejar e recombinar esses mecanismos antes de destruí-los criativamente pode representar muito menos estresse decorrente de mudança.

Mecanismos estruturais para controle, em oposição aos processos de *staffing* descritos, garantem que os processos de negócios sejam planejados e conduzidos de acordo com o plano. Como diz o ditado norte-americano "O que é medido é feito, o que é recompensado é feito repetidamente". Os processos de controle, então, envolvem planejamento, mensuração e verificação de performance.

FIGURA 7-4

Mapa de Estrutura: *Staffing*

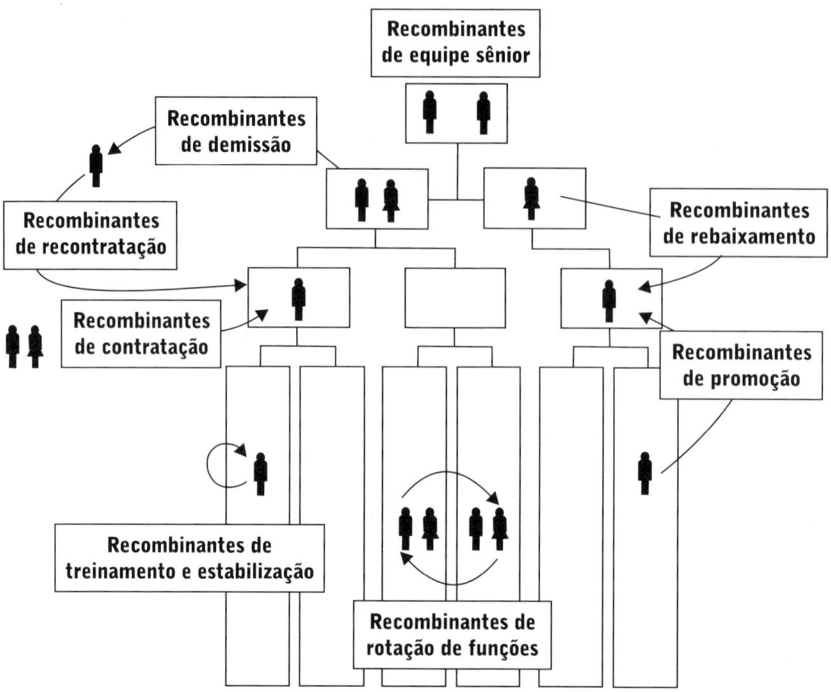

Conforme a Tabela 7-1 mostra, existem cinco tipos de mecanismo de controle: controles diretos, controles de regras, controles de resultado, controles culturais e controles espaciais. Os controles diretos ocorrem quando os gerentes planejam processos, treinam ou orientam trabalhadores e depois observam os trabalhadores conduzirem esses processos — corrigindo seu comportamento e recompensado o que consideram uma execução apropriada do processo. O controle direto, por exemplo, é sempre evidenciado pela forte fiscalização que o supervisor pode exercer sobre operários de uma linha de montagem resultando na perda de autonomia do funcionário.

Controles de regras requerem um conjunto de normas ou procedimentos operacionais padrão que governam os processos. Os gerentes definem as regras e o treinamento para que as regras sejam seguidas e tanto monitoram como recompensam a obediência a essas regras. Os funcionários têm autonomia, mas apenas para decidir como seguir as regras.

TABELA 7-1

Mapa de Estrutura: Controles

Recombinante de Controle	Descrição
Controle direto	Os gerentes observam os funcionários, recompensando o que consideram ser um processo de execução apropriado
Controle de regras	Os gerentes definem as regras que governam os processos, monitorando e recompensando a obediência a essas regras
Controle de resultado	Os gerentes apenas definem metas para os resultados de processo, recompensando os funcionários por atingi-las por qualquer meio que decidam usar, respeitando os limites do processo
Controle cultural	Os gerentes modelam a cultura e os funcionários se autocontrolam e auto-recompensam no âmbito da estrutura definida pela cultura
Controle arquitetônico	Os gerentes modelam o layout de um escritório ou de um prédio, para guiar e limitar a forma como os funcionários podem se comportar

Controles de resultado requerem que os gerentes selecionem ou treinem os funcionários certos e definam apenas as metas e recompensas relacionadas à concretização de uma determinada meta, dadas as restrições de insumos. Os funcionários são recompensados por atingir metas. Eles possuem autonomia para decidir o meio que querem empregar para alcançar essas metas, inclusive para definir regras próprias ou para não seguir nenhuma.

Os controles culturais atuam no âmbito dos valores, normas e papéis de uma cultura para guiar os funcionários a fazer o planejamento certo, executar os processos certos e a se auto-recompensarem freqüentemente por respeitarem os valores de uma cultura que internalizaram. O poder gerencial é exercido apenas na modelagem da cultura; os funcionários se autocontrolam em todos os outros aspectos da estrutura definida pela cultura. Da mesma forma, controles arquitetônicos atuam quando o layout espacial de um escritório ou um prédio tanto guia como limita o comportamento dos funcionários . Um ambiente de trabalho com arquitetura aberta, por exemplo, permite aos funcionários interagirem livremente ao conduzirem processos interdependentes. Para dar um outro exemplo, estive recentemente em uma empresa onde as salas de reunião não tinham cadeiras. Esse layout estimulava e forçava os funcionários a fazerem reuniões curtas e os punia por reuniões extensas através da dor nas pernas associadas a ficar em pé por um período prolongado.

Em resumo, existe uma rica variedade de recombinantes estruturais que os líderes podem procurar no porão corporativo para reutilizar, remanejar e recombinar a fim de dirigir processos.

Encontrando Recombinantes Estruturais

Vamos começar com os fins que a MEPD precisava alcançar em sua reconfiguração estrutural, que eram muito claros: a empresa precisava focar mais nos produtos e clientes ao mesmo tempo em que controlava custos.

Meios Estruturais

Em vez de destruir criativamente a estrutura funcional existente para substituí-la por uma estrutura baseada em produto, a MEPD procurou elementos estruturais que já existiam na empresa que pudessem ser recombinados com a estrutura funcional para torná-la mais focada no produto e no cliente.

Formatando a questão dessa maneira, foi possível ver que o departamento de marketing já havia começado, informalmente, a coordenar as atividades das outras funções no desenvolvimento de produtos e de suas extensões. Esta estrutura informal podia ser formalizada transformando sem sofrimento, com um pouco de treinamento recombinação e customização, os coordenadores informais interfuncionais de desenvolvimento de produto do marketing em "coordenadores de equipe de projeto" com autoridade formal para governar os processos de desenvolvimento de produtos e de suas extensões. Essa mudança simples, pequena e sem sofrimento fez o trabalho. Usando esse método de recombinação, a MEPD evitou um período desestabilizador, retrógrado de reorganização. Além disso, enquanto nos cinco anos anteriores a MEPD não desenvolveu nenhum produto comercializável, nos dois anos seguintes a este episódio de recombinação criativa a empresa conseguiu desenvolver nada menos que dois produtos novos, prontos para o mercado.

Fins para Estruturas

Que unidade em uma brigada do Exército dos Estados Unidos é responsável por defender o comandante e seu posto de comando (PC)? A resposta surpreende a maioria dos civis: a orquestra da brigada. Para um soldado, entretanto, não é difícil imaginar um comandante se perguntando: "Que diabos vamos fazer com a orquestra quando estivermos em combate?" A orquestra sempre fica próxima do PC, seus membros são treinados tanto em música como em artes marciais e formam uma unidade muito coesa capaz de improvisar rapidamente, então por que não tê-los protegendo o PC?

Esta maneira de formatar a pergunta (temos esta estrutura: que diabos podemos fazer com ela?) é a origem de todas as formas de recombinações estruturais criativas. Muito freqüentemente, as empresas recombinam dessa forma porque "transformações acontecem" — transformações ambientais produzem algumas ou todas as características de uma estrutura corporativa obsoleta. A recombinação estrutural resultante pode variar de afetar uma fábrica a afetar uma divisão ou toda uma organização.

Considere uma fábrica. Com o fim da Guerra Fria, grandes fornecedores de artigos militares enfrentaram uma queda na demanda por determinados produtos e um aumento da ociosidade da capacidade instalada.. O que era possível fazer com essas fábricas? A Raytheon ofereceu uma resposta: baixar armas. Pegue os óculos de visão noturna desenvolvidos para os soldados localizarem e matarem inimigos na escuridão praticamente total e transforme-os em um sistema de visão noturna que permita aos motoristas enxergar a uma distância de aproximadamente 500 metros no escuro evitando matar um pedestre desavisado. Os executivos da Raytheon estimam que em 2005 a companhia poderá vender cerca de 300 mil sistemas por ano, acrescentando assim perto de 500 milhões de dólares a sua receita anual de 17 bilhões de dólares.

Agora considere a FedEx, uma empresa que transformou toda sua estrutura organizacional, desenhada para servir a uma finalidade, para atender a um fim totalmente novo. É fácil esquecer que a FedEx originalmente era uma companhia principalmente transportadora de documentos. Então, surgiram diversas tecnologias novas, que incluíram do fax ao correio eletrônico e à Web, capazes de levar os documentos dos clientes da FedEx a seu destino de uma forma mais rápida e barata que a FedEx jamais conseguiria. A solução da companhia? Não reorganize — em vez disso recombine a estrutura existente para transportar não apenas documentos, mas também todos os tipos de objeto, do bolo de frutas da vovó a um coração para um paciente precisando de um transplante cardíaco.

Agora que vimos técnicas de busca para recombinantes estruturais, a próxima tarefa é apresentar técnicas de ação para de fato reutilizar, remanejar e recombinar alguns desses elementos de estrutura a fim de promover uma mudança muito menos desestabilizadora e sofrida.

Como Recombinar

Recombinantes estruturais, assim como recombinantes de processo, fazem parte de uma categoria que chamei de recombinantes físicos — recombinantes que estão sob o controle da administração. Muito da discussão do capítulo 6 sobre como usar recombinantes de processos de negócio pode ser aplicado a recombinantes estruturais. Isto posto, recombinantes estruturais apresentam desafios particulares. Da mesma forma, algumas técnicas para vencer esses desafios estruturais podem ser recombinadas para solucionar problemas de processo.

Clonando Estruturas

A clonagem de estruturas envolve ressuscitar, remanejar e recombinar elementos estruturais que vão de caixas a linhas, a *staffing* e mecanismos de controle. Isso pode assumir muitas formas. No caso mais simples — uma franquia, por exemplo —, todas as partes da empresa são criadas a partir de elementos estruturais clonados. Portanto, qualquer acréscimo estrutural a uma parte da empresa pode ser reproduzido e anexado a outra parte da empresa, onde desempenhará seu papel de controle de processo. Disseminar esses clones para todas as partes reforça ainda mais a padronização estrutural, facilitando futuras clonagens.

A clonagem de elementos estruturais, entretanto, não se limita a franquias. Um recombinante estrutural desenvolvido em uma parte de uma empresa para atuar em um determinado processo pode ser clonado e remanejado em outra parte da empresa para realizar o mesmo processo. No Capítulo 6, por exemplo, descrevi minha experiência com uma divisão da Sony que estava ocupada inventando um processo para lidar com produtos devolvidos e acabou descobrindo que estava reinventando virtualmente o mesmo processo de devolução conduzido em uma outra divisão. O que não mencionei, entretanto, é que foi possível não só clonar e recombinar o processo de devolução, mas também clonar e recombinar mecanismos estruturais que permitiam ao processo ser conduzido de forma recorrente, eficiente e eficaz — desde os sistemas de medição e recompensa até documentos informatizados que podiam ser copiados e postos em uso após a substituição do nome de uma divisão pelo da outra. O truque aqui foi reutilizar todos os elementos possíveis da política de devolução para não reinventar nenhuma parte da roda.

Customizando Estruturas

Grande parte da customização de um recombinante estrutural em uma empresa ocorre através de sua recombinação com outros recombinantes estruturais de empresa. A MEPD, por exemplo, reconheceu que sua estrutura funcional focava a atenção da empresa em atingir economia de custos em processos funcionais. Este foco em custos, entretanto, era obtido a expensas de pouco foco em desenvolvimento de produto e atendimento ao cliente. Um caminho seria destruir a estrutura funcional (perdendo o foco) para substituí-la por uma estrutura focada em produto e cliente. A MEPD seguiu o segundo caminho, menos exigente; manteve sua estrutura funcional e a economia de custos que ela proporcionava, mas a customizou recombinando com um esquema de linha de comunicação interfuncional que coordenava os processos de desenvolvimento de produto e de atendimento ao cliente.

Os líderes não precisam customizar recombinantes de caixa com recombinantes de linha, como nesse caso da MEPD. Por exemplo, o CEO da Nokia, Jorma Ollila, usou uma técnica de *staffing* existente — a rotação de funções — para alcançar o mesmo fim. Quando a Nokia estava no auge de sua performance em 1998, Ollila tomou a atitude incomum de passar cada executivo de sua equipe de alta administração para outra função executiva. Nenhuma função foi mudada e ninguém foi demitido. Perguntado sobre o porquê de rodar executivos em uma empresa com bom desempenho, Ollila respondeu que essa rotação de funções "ajuda as pessoas a aprenderem umas com as outras. A infra-estrutura pode aprender com a divisão de fones de ouvido sobre a velocidade e o ciclo de vida de produtos eletrônicos. E o pessoal dos fones pode aprender sobre relações com cliente da infra-estrutura".[3] Ele efetivamente customizou a estrutura da empresa, recombinando-a com a rotação de funções na alta administração.

Traduzindo Estruturas

O fato de que determinados elementos estruturais podem ser clonados ou customizados não necessariamente significa que todos possam. Esse é particularmente o caso quando um recombinante estrutural vem de fora da empresa. É mais ainda o caso quando esses recombinantes externos viraram moda. Além do mais, quando esses modismos cruzam as fronteiras nacionais, quase que invariavelmente precisam ser traduzidos para funcionar eficientemente.

Considere o exemplo dos círculos de qualidade. Essa técnica de gestão japonesa da década de 80 consistia em colocar funcionários em equipes sem supervisão com o intuito de descobrir maneiras de melhorar a qualidade do serviço ou do produto. Mas um estudo longitudinal de múltiplos círculos de qualidade em que os pesquisadores visitaram cada círculo regularmente ao longo de anos chegou a uma conclusão estarrecedora: cada instância em que os círculos de qualidade foram clonados seu fracasso foi tremendo. Mas cada instância em que os círculos de qualidade foram reinventados para se adequar ao novo contexto onde foram implantados eles tanto sobreviveram como prosperaram.[4]

Por quê? Recombinantes existem para facilitar processos; se o ajuste da estrutura ao processo é deficiente, então é necessário customização. Entretanto, essa resposta é apenas parcial. As interfaces dos recombinantes estruturais físicos devem não só estar ajustadas e anexadas aos processos que governam, mas também aos recombinantes abstratos com os quais são recombinadas. Caso contrário, elas irritam o sistema imunológico do tecido intuitivo da empresa e tornam-se facilmente vítimas da rejeição organizacional. A rejeição não é um problema sério quando o recombinante vem de dentro da empresa — as chances são de que ou ele já se incorporou à cultura do meio ou já foi expelido. Também é maior a probabilidade de que as pessoas já conheçam o recombinante ou alguém em sua rede que possa confirmar sua origem interna e utilidade. A rejeição, entretanto, é um problema em determinadas empresas viciadas em mudanças, que foram tão infestadas por consultores de mudança gerencial que a mera associação de seu nome com um recombinante estrutural ou de processo de moda já pode desencadear uma reação alérgica organizacional violenta relacionada ao sofrimento.

Das Idéias para a Prática

Existem duas abordagens fundamentais para recombinar estruturas. Uma envolve recombinar dois mecanismos estruturais para obter as vantagens de ambos e evitar suas desvantagens. Uma segunda envolve atingir o mesmo fim recombinando um mecanismo estrutural com um recombinante de pessoa, rede ou cultural.

Contrabalançando Estruturas com Estruturas

Ao longo deste capítulo, critiquei bastante (talvez exageradamente) a tendência mostrada por certas empresas de reorganizar redistribuindo caixas — alternando entre estrutura de produto e geográfica, por exemplo, como no caso da Exide. Até agora, portanto, o capítulo focou como manter a estrutura de caixas intacta e recombiná-la com outro tipo de mecanismo estrutural para colher as vantagens daquela estrutura de caixas em particular e evitar suas desvantagens. A Nokia, por exemplo, recombinou a rotação da alta administração com sua organização de produto para obter tanto uma especialização em produto como uma sinergia interprodutos entre divisões de produto.

Recombinando Linhas No caso das linhas, assim como com caixas, a tentação pode ser de destruir interminavelmente antigas linhas de comunicação para substituir por novas. Entretanto, assim como nenhuma estrutura de caixas é uma panacéia, novas linhas também apresentam prós e contras. À medida que as empresas passam de hierarquias para contatos, para equipes interunidades, para gerentes de produto e para linhas de comunicação matriciais, descobrem que os mecanismos permitem maior comunicação e coordenação, mas que esses mecanismos são cada vez mais complexos e caros de gerenciar. Na década de 90, por exemplo, muitas empresas seguiram a ABB, uma companhia grande, diversificada, sediada em Zurique, que na época era comandada por seu fundador, Percy Barnevik. Essas empresas destruíram criativamente o que eram na verdade linhas de comunicação menos complexas e onerosas para criar organizações e linhas de comunicação matriciais que proporcionariam um fluxo de comunicação e coordenação muito maior. Muitas dessas empresas descobriram que a maior coordenação de comunicação nem sempre era necessária. Além disso, isso foi conseguido a expensas de uma complexidade muito maior no gerenciamento dessas organizações matriciais e a um custo mais alto. Muitas dessas organizações agora destruíram criativamente suas linhas de comunicação matriciais para substituí-las por outras menos complexas e mais baratas.

Talvez seja mais seguro pensar em cada linha de comunicação ou atribuição como um recombinante da empresa. Se a linha não for ampla o suficiente para proporcionar o fluxo de comunicação necessário, então, em vez de destruir e substituir, talvez seja possível customizá-la usando outro recombinante estrutural existente — outra linha de comunicação dos recombinantes de linha hierárquico, de contato, interunidades ou de gerente de produto.

Recombinando Recombinantes de* Staffing *e de Controle Assim como os recombinantes de caixa e linha, cada recombinante de controle apresenta seu próprio conjunto de prós e contras. Controles diretos proporcionam o maior grau de controle, mas o menor de autonomia. Da mesma forma, conforme as empresas passaram de controle direto para controle de regras, para controle de resultado e depois para controle cultural e especial, trocaram menos controle por mais autonomia. Não é incomum, portanto, que empresas destruam controles diretos e de regras para implementar controles de resultado e culturais que conferem autonomia aos funcionários. Elas então experimentam uma perda de controle e reagem restabelecendo controles diretos e de regras, portanto, tirando autonomia dos funcionários.

Em vez de destruir criativamente mecanismos de controle e substituí-los por outros, pode ser muito mais útil customizá-los recombinando com outros mecanismos de controle existentes para atingir o equilíbrio correto entre controle e autonomia. Moderar a supervisão e a obediência a regras e enfatizar valores culturais existentes, por exemplo, pode criar um sistema de controle customizado muito superior à opção alternar entre estilos de comando e controle rígido e de autonomia total. Da mesma forma, customizar mecanismos de *staffing* recombinando-os com outros mecanismos estruturais em vez de destruir criativamente pode evitar muito estresse e sofrimento decorrente de mudança.

TABELA 7-2

Transformando Recombinantes Cognitivos em Recombinantes Físicos

Estrutura	Redes	Cultura
Caixas	*Clusters* de pessoas que discutem um processo são clonados em uma caixa estrutural. Exemplo: o clique *geek* da Universidade Columbia torna-se o Comitê de Informática do Corpo Docente (capítulo 4).	Subculturas de pessoas cujos valores e normas governam um processo são clonadas em uma caixa estrutural. *Exemplo*: os funcionários afro-americanos da Xerox tornam-se um *caucus* de um grupo de origem negra (capítulo 4).
Linhas	A canalização de rede é clonada em linhas de comunicação. *Exemplo*: as pontes da rede da DTT que interligam regiões globais se tornam conexões estruturais globais (capítulo 3).	O comunicador ou coordenador informal é clonado em um papel de contato. *Exemplo*: o *link* de comunicação informal do gerente de produto da MEPD é transformado em um *link* formal (capítulo 7).
Staffing e treinamento	Recrutamento. *Exemplo*: a rede de comunicação informal para encontrar empregos é clonada em um mecanismo formal de *staffing* (capítulo 3).	Socialização cultural informal. *Exemplo*: normas de *mentoring* informal são clonadas em um mecanismo formal de *mentoring* (capítulo 5).
Mecanismos de controle	A pressão social em cliques se torna um mecanismo de controle direto. *Exemplo*: a tripulação da Southwest Airlines (capítulo 5).	Papéis informais de líder são formalizados em posições gerenciais formais. *Exemplo*: Clendenin, o líder informal, é remanejado na Xerox (capítulo 5).

Transformando Recombinantes Cognitivos em Físicos

A segunda abordagem para promover uma mudança estrutural por recombinação, em vez de por destruição criativa, envolve formalizar recombinantes culturais e de rede que surgem naturalmente para torná-los mecanismos estruturais. Cada um dos capítulos anteriores estava repleto de exemplos sobre transformar os assim chamados recombinantes cognitivos culturais e de rede em recombinantes físicos estruturais. A Tabela 7-2 descreve algumas dessas técnicas e informa ao leitor o capítulo onde os exemplos se encontram.

Reunindo os Cinco Recombinantes

A técnica para transformar recombinantes cognitivos em físicos possui uma diferença fundamental do que foi apresentado antes neste livro. Os capítulos de 3 a 7 focavam na recombinação de um único tipo de recombinante por vez — pessoas, redes, cultura, processos e por fim estrutura. Transformar recombinantes cognitivos em físicos, por outro lado, envolve usar mais de um tipo por vez. O capítulo 8 aborda este aspecto. Examina não apenas como as companhias podem aproveitar os cinco tipos de recombinante de seu porão corporativo, mas também como e quando devem se aventurar *fora* das fronteiras da companhia para encontrar esses recombinantes no porão de seus concorrentes, dos fornecedores e inclusive dos clientes.

8 Recombinação em Larga Escala

RENASCIDA COMO UMA FÊNIX da devastação da Segunda Guerra Mundial, a Sony é uma companhia que se recombinou em um gigante comercial global, uma companhia bem-sucedida porque é a quintessência do recombinador criativo. Por quê? Porque ela entende como promover mudanças pequenas incrementais "copiando" e recombinando o que já existe de uma maneira que só os japoneses conseguem — em que a cópia acaba sendo muito melhor que o original. Se você discorda, então compare um toca-fitas original com o walkman da Sony, um dos mais bem-sucedidos produtos eletrônicos já criados.

As habilidades da Sony extrapolam a arte de recombinar produtos e tecnologias existentes para criar novos produtos e tecnologias. Ela também domina a arte de recombinar partes de sua organização para promover mudanças.

Considere a mudança da Sony para um sistema de rede de companhias. Quando Nobuyuki Idei, o candidato azarão, assumiu o posto de chairman *e CEO da Sony em 1994, manteve a equipe da alta administração praticamente intacta — inclusive o aparente herdeiro ao cargo que Idei venceu. Tampouco destruiu e recriou totalmente o quartel-general, o que freqüentemente acontece quando há uma troca de comando. Em vez disso, Idei acentuou o papel da matriz como* hub *central que conecta o que a Sony chama de sua rede de companhias, com a responsabilidade de identificar oportunidades de recombinação tanto dentro como entre essas emprsas. Da mesma forma, processos organizacionais, estruturas e redes informais permaneceram largamente inalteradas, mesmo após duas grandes mudanças estruturais (a mudança não ocorreu na rede de companhias, mas na rede de relacionamento entre elas). Por fim, mas não menos importante, Idei revitalizou os valores históricos da Sony de cópia reinventiva que começaram depois da Segunda Guerra Mundial com o walkman e prosseguiram quando recombinou áudio e vídeo para criar o Sony* watchman *e depois recombinou tecnologia audiovisual e TI para criar os laptops Vaio.*

As habilidades recombinatórias de Idei vão além da arte de recombinar pessoas, redes, culturas, processos e estruturas existentes em uma única companhia. Ele também é mestre na arte da recombinação em larga escala — recombinar múltiplas companhias entre si. Ele foi o primeiro a perceber e investir na convergência tectônica entre o que chamo de os três Cs: comunicações, cultura e eletrônicos de consumo, todos eles setores gigantescos da economia global. Especificamente, ele enxergou a convergência que poderia resultar quando as formas de comunicação no setor de telecomunicações se tornassem os canais através dos quais todo o conteúdo cultural no setor de entretenimento poderia fluir para todos os tipos de dispositivo eletrônico.

A convergência está nos levando para um mundo de vínculos informatizados, através de conexões de banda larga, para baixar todos os tipos de música e jogos da Internet. Conteúdo cultural abrangendo de filmes a música, jogos, arte e livros eletrônicos flui através de meios de comunicação que vão de linhas telefônicas, cabos, ondas de rádio, satélites e banda larga. Esses meios de comunicação, por sua vez, servem como canais para transmitir esse conteúdo a produtos eletrônicos que variam de dispositivos de áudio a audiovisuais, TI e robôs.

Que companhias Idei tinha guardadas em sua oficina para recombinar criativamente com o objetivo de alavancar a convergência 3C? Considere uma metáfora simplificada para o conglomerado Sony: três pernas que Idei conseguiu recombinar para fazer uma banqueta sobre a qual a estratégia da Sony pudesse explorar a convergência 3C. A perna do conteúdo cultural é formada por companhias como os estúdios da Sony, que produzem música e cinema, assim como todas as formas de colagem de filme e música. A perna dos eletrônicos de consumo inclui companhias da Sony com expertise *não só no processo de produção de dispositivos audiovisuais, monitores e laptops, mas também em recombinar dispositivos audiovisuais e TI em produtos como o laptop Vaio. Ela recombinou inclusive tecnologia audiovisual, TI e robótica para produzir produtos como o*

AIBO, o cãozinho de estimação robô da Sony — muito popular no Japão — que consegue reconhecer o rosto de seu dono em uma multidão e responder a suas ordens. A perna da comunicação alavanca as companhias de telecomunicações da Sony e suas habilidades de parceria com outras companhias, como a Ericsson em telefones ou de controle por aquisições dos canais de comunicação que tornam o conteúdo da Sony utilizável em eletrônicos da Sony.

A banqueta de três pernas suporta uma organização Sony que produz dispositivos eletrônicos de consumo que os usuários podem recombinar com conteúdo Sony através de interfaces de comunicação Sony. Os dispositivos de comunicação Sony oferecem acesso ao conteúdo Sony utilizável em produtos eletrônicos Sony. E o conteúdo cultural Sony está disponível através dos meios de comunicação Sony e é exibido nos dispositivos eletrônicos Sony. Em alguns casos, a conexão é exclusiva: o controle remoto incorporado no PDA de minha mulher funciona apenas nas TVs, videocassetes, tocadores de DVD da Sony e plataformas de jogo como o console PS2 do meu filho, que só aceita jogos da Sony e só pode usar um dispositivo Sony para se comunicar por banda larga com outros usuários de PS2 da Sony apenas.

No capítulo 1, usei a analogia da oficina de meu pai no porão para introduzir a noção de um porão corporativo onde se podiam encontrar recombinantes organizacionais para serem combinados. No caso da GKN, a companhia só foi a seu porão corporativo para encontrar os cinco recombinantes usados para lançar a Engage. Mas, estendendo a analogia, e se uma organização se aventurasse para *fora* de seu porão e começasse a espiar o porão de outras empresas, de seus clientes e fornecedores e até mesmo de seus concorrentes? E se ela resolvesse usar todo o leque de recombinantes internos e externos simultaneamente para promover uma recombinação em larga escala? A Sony, por exemplo, alcançou sua recombinação 3C em larga escala recombinando não apenas seus eletrônicos de consumo, conteúdo cultural e dispositivos de tecnologia de comunicações, mas também se aventurando fora de suas fronteiras e recombinando esses dispositivos com aqueles da Ericsson.

Este capítulo trata da arte dessa recombinação em larga escala, que usa todos os tipos de recombinante possíveis, tanto dentro da empresa como fora, para promover mudanças em larga escala, mas minimizando o estresse e o sofrimento organizacional.

Mapeando Recombinações em Larga Escala

Recombinações em larga escala requerem encontrar bons recombinantes tanto dentro como fora dos limites da empresa — organizações inteiras que os líderes possam recombinar com sua empresa, por exemplo. Esse é particularmente o caso das fusões, aquisições, *joint ventures* e terceirizações, como veremos. Os executivos podem examinar uma ampla gama de organizações usando mapas como o da Figura 8-1. Isso possibilita a eles decidir quais dos recombinantes externos e internos são recombináveis. Quem seria um bom fornecedor ou concorrente para adquirir, um bom candidato a terceirização ou internalização, ou um bom parceiro para *joint venture*?

Um mapa como o da Figura 8-1 revelará invariavelmente muitas combinações possíveis de elementos que você pode recombinar. Como você pode começar a procurar dentre essas muitas possibilidades as que são viáveis?

FIGURA 8-1

Mapa de Recombinantes Externos

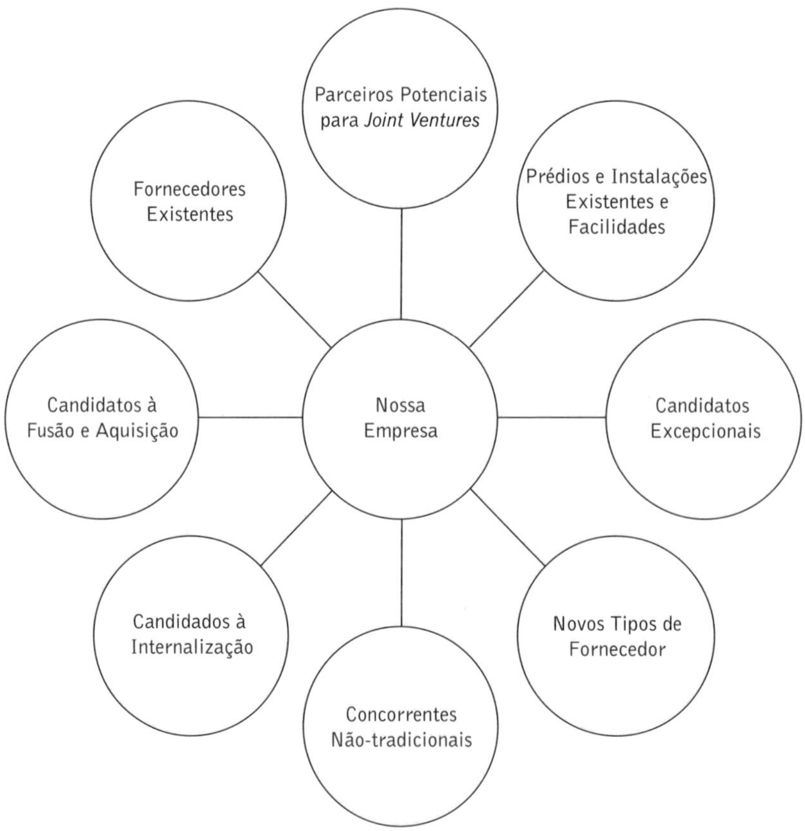

Encontrando Recombinantes para Mudanças em Larga Escala

Em 1986, o arquiteto Louis Sullivan cunhou a expressão "a forma segue a função". A forma arquitetônica de uma edificação deve ser determinada por sua função — utilitária era o que a expressão queria dizer: não função estética.

Não havia necessidade de desenhar e adicionar anjinhos, ou qualquer outra coisa do tipo, na fachada ou no teto se esses detalhes não servissem diretamente à função do prédio. Os arquitetos agora estavam livres para projetar prédios comerciais no formato de grandes caixas atravessadas por um duto de elevador para transportar funcionários a corredores e mais corredores de cubículos em cada andar.

No contexto das recombinações em larga escala, "a forma segue a função" proporciona uma analogia melhor ao que chamei nos capítulos anteriores de "meios-para-fins". Da mesma forma, "fins-para-meios" também corresponde bem ao que chamarei aqui de "a função segue a forma". Vamos examinar cada uma delas por vez e como podem ajudar a identificar oportunidades para recombinações em larga escala.

Encontrando Formas para Funções

A expressão "a forma segue a função" geralmente sugere duas relações. Primeiro, a forma que a estratégia de uma empresa assume deve seguir sua função, que é adaptar a empresa a seu meio. Segundo, as formas que uma organização assume — a recombinação particular de seu pessoal, redes, cultura, processos e estrutura — também devem seguir sua função, que é atingir metas estratégicas com mais eficiência.

O que acontece se o ambiente muda? Primeiro, a máxima funcionalista nos diz que a estratégia deve assumir uma nova forma para desempenhar sua função de adaptadora ambiental. No caso da Sony, quando a convergência 3C ocorreu, ela precisou responder estratégica e organizacionalmente. Segundo, a forma da organização também deve mudar para tornar a estratégia uma realidade. Como essa mudança deve acontecer? A Sony optou por responder recombinando seus eletrônicos de consumo, conteúdo cultural e dispositivos de comunicação. Outra possibilidade teria sido demolir a organização Sony existente e limpar o entulho organizacional para criar um espaço onde uma combinação organizacional totalmente nova pudesse ganhar forma ditada por uma nova função estratégica. Esta é a abordagem desestabilizadora e sofrida para a qual este livro apresenta uma alternativa.

Somente nações muito ricas têm a opção de demolir uma edificação quando ela não atende mais a uma função ou quando o espaço que ela ocupa precisa atender a outra função. Além disso, mesmo nesses países, a conversão arquitetônica não é incomum. Uma modalidade de conversão — que pode ser chamada de recombinação arquitetônica — envolve explorar todos os recombinantes incorporados na arquitetura existente para que ela atenda a sua nova função. No reino organizacional, isso seria traduzido como criar um inventário de todos os recombinantes de pessoas, cultura, rede, processos e estrutura e examinar como eles podem ser recombinados para atender a sua nova função. No capítulo 1, por exemplo, vimos o caso da GKN, que precisava de uma nova linha de negócio, além da automotiva e da aeroespacial. Ela vasculhou a empresa para encontrar todos os recombinantes organizacionais que pudessem ser utilizados para esse fim. O que encontrou foi uma agência informal de recrutamento de engenheiros que poderia formar a base de uma nova divisão capaz de desempenhar a função de crescimento estratégico que seus executivos buscavam.

Encontrando Funções para Formas

Quando uma edificação perde sua função, a pergunta não deve ser: "Como podemos usar essa edificação para atender a esta função em particular?" A pergunta pode ser feita de uma maneira diferente: "O que é possível fazer com essa edificação? Que função podemos encontrar para essa forma arquitetônica?"

Considere a cidade de Nova York. Assim como muitas cidades grandes, ela presenciou uma diminuição dramática na freqüência à igreja, deixando muitas delas vazias. Demoli-las seria não apenas destruir estruturas de grande beleza e profundo significado espiritual, como também violar normas de preservação histórica. Entretanto, que outra função pode ter uma igreja além de uma casa de culto? Peter Gatien estava entre um dos primeiros empreendedores a encontrar uma nova função para a forma de igreja. Após adquirir por uma ninharia a Igreja Episcopal da Santa Comunhão, construída em estilo gótico e localizada na Sexta Avenida, ele a recombinou com um sistema de som, um bar e um DJ para torná-la a Limelight, uma danceteria extremamente bem-sucedida e controversa, popular na década de 90.

Essa recombinação função-segue-forma diz respeito não só à arquitetura estrutural religiosa, mas também à arquitetura organizacional religiosa e à recombinação de modo geral. De fato, o declínio em certos ramos do cristianismo mostrou ser uma mudança ambiental significativa para muitas organizações religiosas. A Associação Cristã de Moços (ACM), por exemplo, perdeu sua função estratégica tradicional quando um número cada vez menor de moços cristãos estava disposto a se associar para fins espirituais. Entre 1929 e 1933, as inscrições no curso de Bíblia da ACM caíram 60%. Para que função estratégica poderia servir uma organização com essa forma organizacional? A resposta: a ACM se recombinou em uma organização comunitária laica sem fins lucrativos aberta a homens e mulheres.

Em resumo, é muito possível que uma arquitetura organizacional tenha recombinantes tão valiosos que, em conjunto com o ambiente, determinem qual deve ser a estratégia. Posto de outra forma, a recombinação não prioriza automaticamente o ambiente ou a organização na definição da estratégia. Existem muitas circunstâncias em que a função estratégica precisa seguir a forma organizacional. É bastante razoável começar com uma forma organizacional e perguntar: que função estratégica posso desempenhar com esse conjunto de recombinantes de pessoas, cultura, rede, processo e estrutura?

Das Idéias para a Prática

Nos capítulos anteriores, abordei três modalidades — clonagem, customização e tradução — que podiam ajudar as organizações a realmente pôr a recombinação em prática. Este capítulo não pode se ater a essa estrutura. De fato, múltiplos recombinantes reúnem elementos de tal complexidade que quase sempre envolvem uma modalidade de recombinação situada entre uma customização extensa e uma tradução completa. Com a possível exceção das franquias, a mera clonagem de uma organização inteira é rara. Portanto, em vez discutir sobre como recombinar, é melhor discutir diretamente como colocar idéias sobre múltiplos recombinantes em prática.

Distinguir diferentes tipos de recombinação em larga escala também envolve diferenciar cada tipo de mudança por recombinação criativa de seu oponente, isto é, o mesmo tipo de mudança alcançada por destruição criativa — a demolição total da arquitetura de uma empresa para criar uma nova.

No mínimo cinco classes distintas de atividades estratégicas em estágios diferentes do ciclo de vida de uma indústria requerem o tipo de mudança que a recombinação pode promover comparativamente com menos sofrimento e maior custo-benefício. A primeira, iniciativa empreendedora, envolve um empreendedor — atuando fora dos limites da empresa — que recombina ativos organizacionais existentes para fundar uma nova companhia. A segunda, crescimento orgânico, se dá pela importação de recursos brutos e sua utilização para expandir o negócio. A terceira, conexão de organizações, é uma maneira de obter crescimento através de fusões, aquisições, *joint ventures* ou terceirizações. A quarta, desconexão de organizações, envolve cisões, alienação, ou a destruição de organizações vinculadas à empresa por seus ativos. A quinta, iniciativa empreendedora interna, envolve um empreendedor que recombina ativos organizacionais para fundar uma nova empresa dentro dos limites de uma empresa existente, como a Engage.

Assim como em todos os tipos de mudança, cada uma dessas pode ser alcançada tanto por destruição criativa (absorvendo o sofrimento da destruição para criar uma nova organização do zero) ou por recombinação criativa (evitando o sofrimento da destruição, alavancando e recombinando recombinantes organizacionais existentes). (Veja a Tabela 8-1.)

TABELA 8-1

Cinco Oportunidades para Recombinação em Larga Escala

Tipo	Recombinação criativa em larga escala	Destruição criativa em larga escala
Iniciativa empreendedora	*União*: Reunir elementos ambientais preexistentes para montar um negócio (ex: X-Cardia, capítulo 1)	*Criação*: Inventar e criar elementos totalmente novos e combiná-los de uma nova maneira
Crescimento orgânico	*Replicação*: Copiar repetidamente elementos organizacionais existentes e adicionar uns aos outros (ex: Meineke, capítulo 4)	*Mutação*: Reorganizar com o objetivo de criar uma nova arquitetura organizacional para acomodar o crescimento
Fusões, aquisições, *joint ventures* e terceirização	*Conexão*: Criar conexões com outras organizações existentes (ex: GKN, capítulo 8)	*Absorção*: Dissolver organizações externas na organização existente (ex: JPMorgan Chase, capítulo 1)
Desconexão de empresas, cisões e alienação	*Cisão*: Separar uma parte existente de uma organização e conduzi-la como uma nova empresa (ex: Deutsche Bahn, capítulo 3)	*Remoção*: Destruir a organização existente e vender seus ativos.
Iniciativa empreendedora interna	*Incubação*: Transformar uma parte existente de uma organização em um novo negócio (ex: Engage, capítulo 8)	*Recriação*: Criar negócios totalmente novos na empresa através da criação e combinação de elementos novos de uma nova maneira

União

A Amazon.com e seu fundador e CEO, Jeff Bezos, oferece um exemplo excelente para promover uma mudança através da união. Para iniciar a Amazon.com, Bezos simplesmente adaptou partes de um ambiente conhecido de livraria a uma interface Web. Ele sediou a Amazon em Seattle, a um passo de Roseburg, Oregon, local do depósito da Ingram, o maior distribuidor de livros para o varejo dos Estados Unidos. Bezos aproveitou a rica concentração de talentos em informática da área de Seattle, atraindo apenas um jogador importante de fora da região, Scott Lipsky, ex-diretor de informática da Barnes & Noble. Então, utilizou um sistema de compras *just-in-time* comum e recombinou tudo no interior de um galpão de 370 m^2. Até mesmo a mesa de Bezos era um produto de recombinação — uma porta sem acabamento apoiada sobre quatro estacas finas de madeira servindo como pés. A única inovação incluída nessa brilhante recombinação foi o software do proprietário da Amazon, desenvolvido para criar uma interface rápida com os clientes.

Considere uma recombinação mais familiar: Steve Jobs, que fez uma parceria com seu amigo e gênio técnico, Steve Wozniak, se apossou da garagem de seus pais, contratou conhecidos de sua rede de *nerds* da computação, explorou tecnologias de informática existentes e recombinou tudo para montar uma companhia — com mamãe e papai bancando as primeiras contas.

Ambos exemplos ilustram como empreendedores recombinam elementos ambientais preexistentes para criar e montar um negócio. O exemplo da X-Cardia, no capítulo 4, dá uma ênfase especial a como empreendedores como Jerry Sanders alavancam suas redes como meios para esses fins de empreendedorismo. Compare esses exemplos com a destruição criativa, que envolveria rejeitar tudo o que havia antes para criar elementos totalmente novos e reuni-los de uma maneira totalmente nova.

Replicação

Recombinadores criativos atuam de forma diferente nos diversos estágios do ciclo de vida de uma indústria. No nascimento de uma indústria, atuam de maneira muito semelhante a Jobs e Bezos. Posto de outra forma, nos estágios de formação de uma indústria, os recombinadores unem uma surpreendente gama de recombinantes como pessoas, finanças, produtos e serviços e clientes. Na fase de crescimento de uma indústria, entretanto, os recombinadores precisam atuar de forma muito diferente. Nesse estágio, as empresas iniciantes já foram montadas de improviso ou inventadas do zero. Se a indústria já está deslanchando, então existem diversos ingressantes na indústria embrionária. O desafio é crescer.

O crescimento por replicação e recombinação não significa reestruturar a empresa para que ela possa crescer. É mais como criar uma franquia — isto é, clonar uma parte bem-sucedida da organização repetidamente e combinar cada clone com os anteriores.

Entretanto, a recombinação por replicação não se restringe a organizações do tipo franquia. Como, por exemplo, a Southwest Airlines — uma recombinação de cartões de embarque de plástico, aviões 737, saquinhos de amendoim, uma estratégia de baixo custo, aeromoças no estilo animadora de torcida texana e uma cultura corporativa do tipo People Express — cresceu de um punhado de aeronaves e 437 dólares no banco para a oitava maior frota de aviões do mundo? Como ela consegue crescer sem uma orgia de aquisições ou sem uma mutação para tornar-se mais uma grande companhia aérea (o modelo da destruição criativa)? Clonando o modelo de negócio original repetidamente e implementando-o em regiões fora do Centro-Oeste. Mais uma vez, nada é destruído e criado do zero. O que existe é clonado e depois recombinado com o que já existia, quase como uma franquia. Mais recentemente, minicompanhias aéreas dos Estados Unidos e da Europa agradeceram o favor e começaram a lançar clones da Southwest com nomes como JetBlue, Ryanair, easyJet e Go.

Deve ficar claro que essa montagem por replicação difere de seu correspondente na destruição criativa, que chamo de *mutação*. Mutação consiste em uma reorganização total que destrói a antiga arquitetura organizacional da pequena empresa para criar uma nova arquitetura de corporação que acomoda o crescimento.

Conexão

Outro caminho para o crescimento durante períodos de expansão da indústria envolve conectar organizações distintas. Isso pode ser feito por destruição criativa, como no caso de fusões e aquisições em que a companhia incorporada é destruída e seus funcionários absorvidos e redistribuídos por entidades existentes. Como no caso da fusão do Chase e do JPMorgan, que vimos no capítulo 1, as empresas fundidas se dissolvem quase completamente uma na outra em um processo de destruição criativa que chamo de *absorção*.

Opostamente, o que chamo de *conexão* é uma recombinação em larga escala que — ao contrário da absorção — deixa as organizações combinadas praticamente intactas. Isso assume muitas formas. Fusões e aquisições são incluídas em uma estrutura de *holding* em que as companhias adquiridas são mantidas sob o guarda-chuva de uma corporação. Ou se tornam uma organização com múltiplos negócios em que as sinergias entre as empresas são exploradas em maior ou menor extensão pela recombinação de pessoas, cultura, redes, processos e estruturas — como no caso da GKN, que vimos no capítulo 1.

Alternativamente, uma fusão ou uma aquisição pode conectar empresas com partes muito semelhantes — como quando uma companhia expande uma indústria. Lembre-se do exemplo da Sinter Metals no capítulo 5, que comprime metais em pó em moldes que em seguida são aquecidos, ou sinterizados, para produzir peças de metal. A Sinter Metals usou sua *expertise* em aquisição para recombinar perto de um terço da indústria em um dos maiores fornecedores de metal em pó. Organizações existentes também podem ser unidas por vínculos mais distantes e flexíveis, como no caso de *joint ventures* e das chamadas organizações em rede.

Cisão

Poucas indústrias podem crescer para sempre. Quando uma indústria atinge um platô de crescimento, o papel do recombinador muda de novo. A recombinação nesse estágio freqüentemente envolve a descombinação de partes existentes em vez de sua recombinação. A abordagem de destruição criativa envolve simplesmente eliminar as partes descartadas vendendo-as como refugo (o que chamo de *remoção*). A abordagem alternativa — a recombinação em larga escala — envolve cindir partes organizacionais da empresa para que possam funcionar como recombinantes eficazes em seu próprio ambiente ou com um vínculo fraco com a separadora. Isso freqüentemente é chamado de cisão.

Já examinamos o exemplo da Deutsche Bahn no capítulo 3. Ela se deparou com um ambiente em que as ferrovias atingiram um ponto de saturação; a companhia, portanto, perdeu a necessidade de um departamento grande de planejamento e projetos para construir novas ferrovias. Em vez de eliminar o departamento, a Deutsche Bahn promoveu sua cisão, transformando-o em uma companhia independente. Para acrescentar outro exemplo, considere o caso da RiskMetrics, uma recombinação gerada pelo JPMorgan, o banco de investimentos.[1] No auge da onda de escândalos financeiros da década de 90 que envolveram o Orange County, Barings, Daiwa, Showa Shell e outras instituições financeiras, o Morgan viu alguns de seus clientes pedindo medidas precisas da volatilidade do mercado. Em resposta ao pedido de um desses clientes de uma estimativa do quanto poderia perder "com 95% de confiança", um funcionário recombinou conceitos básicos de estatística de variação e probabilidade e desenvolveu um método simples para responder a essa pergunta. Esse método, conforme colocou um analista da indústria, era "tão simples que parecia quase absurdo. A inovação não estava na idéia ou na tecnologia, mas em trazer um número simples para a mesa".[2] Com o tempo, o método se tornou a base do chamado relatório 4:15, pronto na mesa do *chairman* às 4:15 da tarde. Os clientes gostaram do relatório, que se transformou no sistema Value at Risk (VaR) de medida de risco — uma ferramenta para conversar sobre risco com clientes com pouco ou nenhum conhecimento na área financeira. O pessoal do grupo do Serviço de Gestão de Risco do Morgan não estava cego frente à crescente popularidade do VaR; então, dedicou alguns recursos para torná-lo um software financeiro independente.

Nesse momento entrou Ethan Berman, um funcionário do Morgan que identificou uma oportunidade empreendedora. Recombinando 28 ex-funcionários insatisfeitos com sua cultura burocrática ao financiamento externo, ao VaR e a novos clientes interessados no VaR, além daqueles da base tradicional de clientes do Morgan, Berman criou uma empresa independente altamente bem-sucedida. No final, o Morgan reteve 22,5% de participação na nova empresa resultante da cisão, chamada de RiskMetrics, que tinha liberdade para estender seu negócio para clientes de pequeno e médio porte e adotar uma cultura de pequena empresa de software na moda à época e que na verdade dobrou de tamanho em um ano, empregando mais de 400 pessoas em 2001.

Incubação

Recombinar no ponto de saturação de uma indústria envolve fundar uma nova empresa. Portanto o recombinador para uma situação de mercado saturado pode ser muito parecido com o recombinador para uma situação de fundação de indústria — um empreendedor interno, mais que um empreendedor, atuando dentro dos limites de uma empresa existente e fundando uma empresa nova. A abordagem de destruição criativa aqui é inventar partes totalmente novas da organização e reuni-las sob uma nova arquitetura. A abordagem de recombinação, por outro lado, envolve recombinar elementos organizacionais existentes para criar uma empresa totalmente nova.

Um exemplo é a Barnesandnoble.com, uma recombinação extremamente bem-sucedida.[3] Os líderes da "Pontocom", como é conhecida internamente, acreditavam que com um pouco de empréstimo seriam capazes de adaptar as marcas Barnes & Noble e seus recursos físicos ao comércio eletrônico. Não menos importante era a ampla experiência da Barnes & Noble na aquisição rápida de grandes volumes de livros. Essa competência provou ser de valor inestimável quando a Pontocom buscou preencher os pedidos de seus clientes on-line de forma ágil e eficiente. A Barnesandnoble.com também podia aproveitar a experiência administrativa da Barnes & Noble no pagamento de editores, gerenciamento de estoque e outros procedimentos. Como o CEO da Pontocom colocou: "É uma competência essencial termos a infra-estrutura para saber como fazer negócio com essa gente [editores] e todo o aparato administrativo. Como resultado, nossa companhia on-line conseguiu deslanchar rápido".[4]

Somado a essas competências internas a Barnesandnoble.com tomou emprestado alguns recursos de fora de suas fronteiras: um pacote de aplicativos adquiridos da Firefly, uma extensa listagem de clientes Internet da AOL e uma estratégia de fixação de preços copiada de seu novo concorrente, a Amazon.com. O que é surpreendente sobre a Barnesandnoble.com ou a Amazon.com é que pouco é novo, além da recombinação original em uma mistura altamente bem-sucedida de uma marca, relações com fornecedores, processos administrativos, uma listagem de clientes e uma estratégia de preços.

A Barnesandnoble.com evoluiu reunindo de forma oportuna um conjunto de pessoas, competências, financiamento e clientes pertencentes à Barnes & Noble.

FIGURA 8-2

Recombinação em Larga Escala em Diferentes Estágios do Ciclo de Vida de uma Indústria

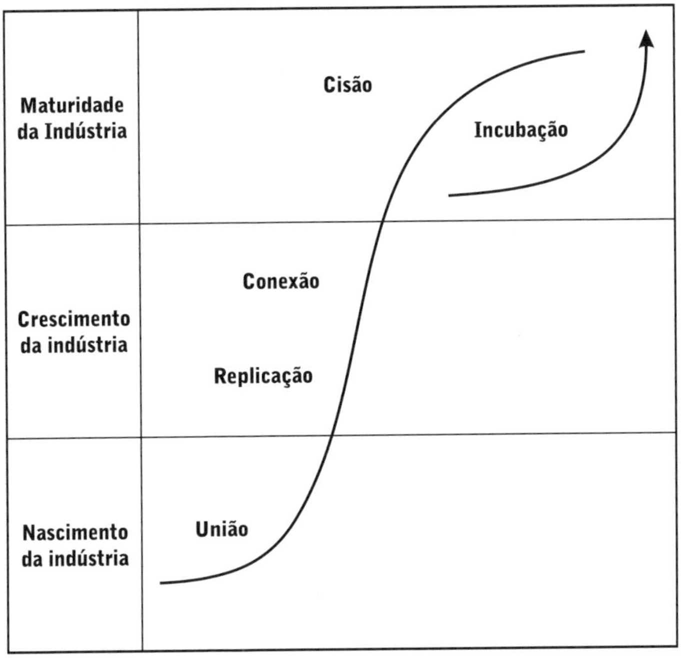

Algumas vezes, entretanto, grandes recombinações envolvem casualidade com um pouco de planejamento e esforço conscientes. O truque não é criar essas recombinações, mas descobrir sua preexistência, formalizá-las e torná-las lucrativas.

Quando Usar Recombinações em Larga Escala

Como a Figura 8-2 ilustra, cada tipo de oportunidade para mudança estratégica (unir, replicar, conectar, cindir e incubar) fica mais bem adequado a um determinado estágio do ciclo de vida de uma indústria, e o papel do recombinador muda respectivamente. Entretanto, independentemente do que recombinador faça, seja unir, replicar, conectar, cindir ou incubar, muito pouco é criado do nada. Em vez disso, entidades existentes dentro e fora das organizações são combinadas, descombinadas e recombinadas.

Mudança Contínua?

Até este ponto do livro, foquei em como a recombinação criativa proporciona maior estabilidade em meio a uma mudança, facilitando atingir o ideal de mudança sem dor. No próximo capítulo, examino outra técnica para equilibrar mudança com estabilidade: a abordagem do *pacing*. Em vez de promover a mudança sem dor por meio da recombinação para diminuir a desagregação e o sofrimento, o *pacing* visa conseguir isso alternando, ao longo do tempo, períodos de maior estabilidade com períodos de maior mudança, aproveitando os benefícios de cada um para contrabalançar o sofrimento causado pelo outro.

9 A Arte do *Pacing*

NAS DÉCADAS DE 70 e 80, após uma gloriosa história iniciada um século antes, a Sears enfrentou uma concorrência acirrada de poderosos ingressantes no mercado como Wal-Mart, Circuit City e The Limited. Durante aquelas décadas a Sears desperdiçou seus recursos de mudança com uma seqüência de iniciativas fracassadas: "a loja do futuro", "preços baixos todos os dias", "central de marcas", "a loja dentro de uma loja", e assim por diante.

Nas palavras de um gerente: "Recebíamos as idéias da alta administração, mas não tínhamos o que precisávamos para dar suporte a elas e nunca havia coordenação dessas idéias com o merchandising e a distribuição. A idéia chegava, cambaleava e desaparecia, e seis meses depois havia outra idéia. Depois de um tempo, paramos de acreditar".[1] A exaustão e o cinismo decorrente da mudança cresciam. A varejista atingiu a sua derrocada em 1992, quando o Wal-Mart e o Kmart a superaram em receita.

Foi quando entrou um novo CEO e adepto do turnaround, *Arthur Martinez. Os primeiros anos de Martinez, entre 1992 e 1994, foram um turbilhão de atividades, incluindo o anúncio de cinco iniciativas estratégicas, o fim do famoso catálogo da Sears, a eliminação de 113 lojas e a conseqüente redução da força de trabalho, a contratação de novos funcionários externos à família Sears e a de-*

cisão de gastar 5 bilhões de dólares em remodelação para ganhar mais espaço no varejo. Em 1994, Martinez declarou o turnaround *como concluído. Mas para desespero de muitos funcionários que já haviam chegado ao limite de suas forças durante a fase de recuperação, Martinez anunciou que a "verdadeira" transformação ainda estava para começar. Não houve sequer um curto período de estabilidade. Os dois anos seguintes presenciaram outra extensa lista de iniciativas de mudança que a Sears implementou à velocidade da luz.*

Em 1998, entretanto, esse ritmo excessivamente acelerado de mudanças começou a mostrar seu lado obscuro e os lucros começaram a despencar. Os primeiros indícios claros de uma catástrofe atingiram a Sears no segundo trimestre de 1998, quando foi processada pelos métodos abusivos de cobrança que utilizava para convencer clientes falidos a acertar suas contas. Esse seria apenas o primeiro de uma série de problemas durante os anos de reestruturação da Sears. Por fim, a reestruturação fracassou e Martinez deixou o cargo em 1999.

Como vimos até agora neste livro, a mudança sem dor vem de saber como recombinar criativamente partes existentes da empresa — elementos como pessoas, redes, cultura, processos e estruturas que você já tem guardados em seu porão corporativo. Essa era claramente uma lição que a Sears não havia aprendido quando a administração lançava iniciativas de mudança do alto sem o suporte ou a coordenação interna necessária para de fato concretizá-las. Tampouco aprendeu a lição mais tarde, quando Martinez entrou em cena com sua marca de destruição criativa de *turnaround*.

Entretanto, considerando o ritmo interminável de programas de mudança da Sears, há algo mais que a varejista não entendeu: quando iniciar uma mudança e com que freqüência. O conceito, que chamo de *pacing*, pode significar a diferença entre sucesso e fracasso, inclusive para companhias que praticam a recombinação criativa em seu melhor estilo.

Por quê? Porque, em vez de bombardear a organização com uma mudança atrás da outra, promover um equilíbrio entre estabilidade e mudança ajuda a atingir um melhor desempenho no curto e no longo prazo, permitindo que mudanças subseqüentes ocorram de forma mais fácil, mais barata e com maior sucesso. De fato, o *pacing* permite que uma companhia contrabalance períodos de mudança organizacional com períodos de estabilidade bem-administrada.

Para ilustrar a importância do *pacing*, considere a metáfora de um navio. Se a embarcação for muito estável e não acompanhar o movimento do mar, será destruída pelo impacto das ondas. Entretanto, um navio que balança demais aumentando sua inclinação a cada onda, tomba na primeira tempestade, cheio de passageiros nauseados. Se ele for projetado para ser flexível o suficiente e balançar em mares agitados, mas estável o suficiente para resistir a um naufrágio, tanto o navio como os passageiros têm mais chances de concluir sua viagem ilesos.

Da mesma forma, uma companhia que permanece excessivamente estável encontrará dificuldade para se adaptar a transformações na indústria, enquanto uma companhia que muda impulsivamente ou a cada modismo fica adaptada até que a mudança constante lhe cause um ferimento grave, resultando em uma hemorragia de funcionários estressados, exaustos e cínicos. Uma empresa moderada, assim como um navio bem projetado, é capaz de equilibrar estabilidade e mudança para aproveitar as vantagens de ambos. Isso não significa, entretanto, que as organizações devem se manter fixas no meio-termo entre estabilidade e mudança — o pico de desempenho no longo prazo na curva estabilidade/mudança. No curto prazo, elas podem avançar na zona de mudança e voltar para a zona de estabilidade, mantendo assim, em média, um equilíbrio entre estabilidade e mudança dentro de uma faixa estreita.

Por que dentro de uma faixa estreita? Para ilustrar com outra metáfora, se você correr a toda velocidade num dia ensolarado e com vento, sentirá muito calor. Pare e o vento fará você sentir frio. Mas vista uma roupa feita de um tecido especial para esportes e você manterá a temperatura de seu corpo em uma faixa estreita — nem muito quente nem muito fria —, esteja você correndo ou parado no vento. Esse tecido às vezes é usado em jaquetas, por exemplo, e é coberto por uma camada de esferas microscópicas de plástico resistentes ao calor. Ao correr, o calor de sua pele derreterá as esferas, liberando o frio em sua pele. Ao parar, o frio do vento levará a uma fase de transição em que o plástico derretido retorna a sua forma original de esferas.

Similarmente, verdadeiros líderes de mudança mantêm o equilíbrio entre estabilidade e mudança em suas organizações dentro de uma faixa estreita próxima ao pico de desempenho da curva estabilidade/mudança.

Considere, por exemplo, a Steinberg, Inc., que ao contrário da Sears entendeu a importância de gerenciar o ritmo em que as mudanças ocorriam. A Steinberg cresceu de uma pequena mercearia aberta em Montreal, Quebec, em 1917, para se tornar uma companhia com mais de 1 bilhão de dólares em vendas e com operações tais como 191 supermercados, 119 pequenos restaurantes, 33 pontos de venda por catálogo e 32 lojas de desconto. Em vez do crescimento descontrolado da Sears sob o comando de Martinez, a Steinberg cresceu ao longo de um período de 60 anos através de esforços de mudança rápida intercalados por períodos de descanso para a companhia.

Saul Steinberg, o fundador que conduziu esse extraordinário período de crescimento de longo prazo da empresa, estava bastante ciente da importância de equilibrar estabilidade e mudança. Como ele colocou: "Depois de expandir... eu sempre tinha um período de pausa, um ano ou dois para ter certeza de que tudo o que fizemos funcionava bem. Que conseguiríamos dar conta das mudanças salariais [e de tudo o mais] que assumimos. Portanto, se você analisar o crescimento de nossa companhia, notará que temos períodos de expansão e pausa, expansão e pausa". O resultado de uma análise sustentou totalmente as palavras de Steinberg: períodos rápidos de abertura e fechamento de lojas eram seguidos de períodos de relativa estabilidade com poucas aberturas e fechamentos, seguidos por sua vez por novos surtos de atividade.[2]

Steinberg conseguiu ter sucesso onde Martinez, da Sears, não, porque entendeu a importância de equilibrar períodos de mudança rápida em larga escala com períodos de estabilidade. Para dar suporte a esse argumento é necessário não só ilustrá-lo com exemplos e contra-exemplos, mas também esclarecer por que é verdadeiro e como os líderes exploram o benefício do *pacing*.

Por Que o *Pacing* Funciona

O que distingue o *pacing* de outras técnicas de gestão de mudança é a ênfase que ele dá à criação de períodos de estabilidade para contrabalançar períodos de mudança. A pergunta "Por que o *pacing* funciona?" é, na realidade, a pergunta "Por que os períodos de estabilidade organizacional são tão vitais para contrabalançar períodos de mudança intensa?" A resposta não é óbvia porque as teorias de mudança ao longo dos anos chamaram as várias formas de estabilidade de nomes muito feios ("mentalidade de *bunker*", por exemplo). Qualquer um que sugerisse que uma mudança era desnecessária, que manter o *status quo* talvez fosse melhor, ou que a mudança poderia causar uma regressão em vez de um progresso, seria taxado de galho morto, resistente à mudança, ou um desperdício de oxigênio.

Uma certa quantidade de estabilidade, proporcionada pelo *pacing*, funciona por várias razões. A primeira e mais importante, dirigir operações estáveis oferece amplas oportunidades de aprendizado por tentativa e erro — mexer em elementos operacionais existentes, ver as conseqüências e promover mais mudanças pequenas para melhorar o desempenho. Essa recombinação criativa através de mudanças rotineiras em pequena escala aumenta consistentemente o desempenho das curvas em S. Pesquisas extensas indicam que o rendimento aumenta lentamente a princípio, depois cresce rapidamente até atingir o limite de desempenho da operação e se estabiliza.[3] Ao longo desse ciclo em forma de S, pequenas mudanças como essas mostraram proporcionar aumentos substanciais de desempenho em áreas tais como a indústria da aviação, navios graneleiros, novos procedimentos cirúrgicos, derivados de petróleo, usinas elétricas e segurança operacional nuclear.

A queda média nos custos atribuída a aprender-fazendo é de substanciais 20% para cada 100% de aumento na produtividade. Os efeitos médios, entretanto, mascaram a variabilidade entre organizações e subunidades. Um estudo conduzido na Mack Truck, por exemplo, revelou aumento de produtividade de 190% ao longo do primeiro ano de operação, enquanto um estudo da produção do Lockheed L-1011 Tri-Star mostrou na realidade um declínio na produtividade. A estabilidade, portanto, não aumenta a curva de aprendizado das empresas — a estabilidade bem administrada, sim.

Períodos de estabilidade para contrabalançar mudanças têm uma segunda vantagem. Você não pode colher e explorar o que plantou se a cada temporada de plantio parte em busca de explorar terras mais férteis. Da mesma forma, companhias, divisões, departamentos e até mesmo pequenos escritórios enfrentam essa barganha. Por um lado, operações estabilizadoras permitem explorar os retornos da curva em S. Por outro lado, mudar permite explorar para obter melhor curva de desempenho. Claramente, a exploração é vital para as empresas. A estabilidade alcançada através do *pacing*, entretanto, permite às empresas colher os resultados dessa exploração, como ilustra o sucesso de Steinberg. A mudança constante, intensa, não.

Uma terceira vantagem de ter períodos de estabilidade contrabalançando mudanças é que eles se tornam fontes de vantagem competitiva sustentável. Companhias que acumularam efeitos de longo prazo da curva S proporcionados por um certo grau de estabilidade são praticamente impossíveis de imitar em seus mercados. Considere líderes de desempenho como a Toyota, a Southwest Airlines, a GE ou a Lincoln Electric, que atingiram um grau de estabilidade no longo prazo. Chegar ao nível de desempenho alcançado por suas curvas de aprendizado não é uma simples questão de imitar suas melhores práticas. Em vez disso, uma empresa que espera ser um líder de desempenho terá que passar pelo mesmo processo de aprendizado que levou essas companhias à posição que ocupam — reviver sua história. Como isso levaria décadas, é praticamente impossível superar essas empresas — isto é, até que haja uma mudança no ambiente. A IBM, por exemplo, tornou-se virtualmente invencível em mainframes até a revolução dos computadores pessoais (PCs), que levaram todas as empresas de volta ao mesmo ponto de partida na corrida para o topo curva de aprendizado.

Finalmente, períodos de estabilidade ajudam a reduzir o sofrimento experimentado pelos funcionários e clientes de uma empresa. O capítulo 1 descreveu a sobrecarga de iniciativa, o caos e o cinismo sintomáticos em empresas afetadas pela síndrome da mudança repetitiva por impor mudanças seguidas a seu pessoal já excessivamente sofrido. O que o capítulo 1 não enfatizou é que o foco dessas empresas torna-se crescentemente interno, voltado para mudanças e desagregações, e menos externo, dirigido aos clientes e suas necessidades. Durante períodos de estabilidade, em contraste, empresas como a Steinberg dedicam o tempo e os recursos necessários para institucionalizar um atendimento ao cliente de alta qualidade. Os clientes ganham acesso a um suprimento estável de recursos proporcionado pelos mesmos funcionários com quem podem desenvolver relacionamentos confiáveis e flexíveis. Esses períodos de estabilidade permitem aos clientes de uma empresa manterem estáveis certos aspectos de suas próprias operações para que possam focar nas mudanças que de fato precisam concretizar.

Nem todo líder tem a sensibilidade natural, intuitiva, para promover a mudança organizacional intercalada que Saul Steinberg desenvolveu à medida que evoluiu em sua carreira. Felizmente, existem ferramentas para contrabalançar mudanças que podem ajudar líderes de todos os tipos a conduzir a mudança sem dor que exploramos ao longo deste livro. Em outras palavras, *ferramentas de contrabalanço* são as ferramentas de ação para o *pacing*. Vamos começar examinando indústrias que forçam mudanças rápidas nas organizações e considerando quais ferramentas podem ajudar reduzir os danos ao mínimo quando uma organização passa por um período de mudança rápida e crescimento.

O *Pacing* Durante Períodos de Turbulência em Sua Indústria

Conforme a Figura 9-1 mostra, indústrias em períodos de mudanças rápidas ou turbulência expõem as empresas a pressões ambíguas. Por um lado, mudanças ambientais pressionam as organizações a promover mudanças rápidas recorrentes. Por outro, mudanças rápidas recorrentes erodem a capacidade das organizações de mudar a essa velocidade.

Por exemplo, a Cisco (veja capítulo 1) precisava proporcionar a infra-estrutura para a World Wide Web em crescimento. Mas tinha que fazer isso sem ser prejudicada pelo ritmo acelerado da mudança organizacional — algo que levava tempo para dominar.

Esses tipos de pressão ambígua tornam períodos prolongados de crescimento rápido e mudança da indústria mais difíceis de administrar quando se quer contrabalançar mudança com estabilidade. Líderes de mudança experientes aproveitam cada uma das ferramentas de equilíbrio enumeradas na Figura 9-1, que as seções a seguir explorarão em detalhes.

FIGURA 9-1

Contrabalançando Mudanças Rápidas na Indústria

Velocidade da mudança ambiental →	**Velocidade da mudança organizacional** →	**Síndrome da mudança repetitiva** →	**Dano organizacional**
Fortes pressões ambientais por mudança organizacional	Velocidade excessiva na mudança organizacional	Níveis elevados de síndrome da mudança repetitiva • Cinismo dos funcionários • Sobrecarga de iniciativa • Caos decorrente da mudança	Danos crescentes na organizaçãoa • Diminuição da capacidade de mudança • Ineficiências na rotina • Insatisfação do cliente
Ferramentas de equilíbrio	**Ferramentas de equilíbrio**	**Ferramentas de equilíbrio**	**Ferramentas de equilíbrio**
Ferramentas para estabilizar o ambiente • Cooperação interorganizacional • Estratégias políticas	Ferramentas para desacelerar a mudança organizacional • Regras de mudança 80/20 • Estabilizar alguns elementos organizacionais para mudar outros • Ser o mais rápido, não andar mais rápido	Ferramentas para aliviar a síndrome da mudança repetitiva • Acelere e pare para celebrar e neutralizar os cínicos • Diminua o ritmo para compensar a sobrecarga • Use as estruturas de transição para diminuir o caos decorrente da mudança	Ferramentas para neutralizar danos organizacionais • Especifique, monitore e recompense comportamentos e atendimento ao cliente de rotina

Ferramentas para Estabilizar Ambientes

Existe um argumento que afirma algo como: os executivos não estão interessados em maximizar o patrimônio dos acionistas, mas em manter um ambiente estável e minimizar o sofrimento, o risco de fracasso e as demissões que freqüentemente acompanham uma mudança. A abordagem mais antiga para se alcançar a estabilidade ambiental, prossegue o argumento, é dominar uma indústria de tal forma que não seja necessário mudar para se adaptar a ela. Essa busca por estabilidade explica por que as companhias ferroviárias formaram trustes e cartéis no início do século XX — para diminuir o nível de mudança imposto a elas pela rivalidade entre essas próprias companhias. Explica também por que a Microsoft luta atualmente contra um processo antitruste — porque controlando seus competidores ela poderia estar frente a uma indústria de software mais estável, que exigiria dela mesma menos mudanças adaptativas. Em resumo, nenhuma mudança ambiental, nenhum sofrimento organizacional.

Por que um ambiente corporativo estável é mais importante do que a rentabilidade? Porque o primeiro garante o segundo. A estabilidade não só elimina o risco de fracasso na mudança, como também permite planejar o negócio para maximizar a rentabilidade, em vez da flexibilidade. As organizações que seguem essa abordagem são construídas para acomodar insumos invariáveis oriundos de um ambiente estável e retornar os mesmos produtos, serviços ou resultados para os mesmos clientes a um custo marginal decrescente. Essas companhias podem ser construídas na forma de máquinas organizacionais por líderes com perfil de engenheiro.

O que esse tipo de estratégia de estabilização ambiental envolve? Primeiro, manter a competitividade e as mudanças na indústria no nível mínimo, em vez de mudar a organização para adaptar-se continuamente a ameaças competitivas em seu ambiente externo. Os exemplos incluem uma variedade de estratégias anticompetitivas, tais como fixação de preços. Claramente, essas formas de estabilização ambiental são ilegais e inaceitáveis. Entretanto, umas estratégias estabilizantes não o são, porque não prejudicam a competitividade. Elas incluem estratégias como *joint ventures* e alianças, assim como forma de cooperação com concorrentes. No capítulo 3, por exemplo, vimos como mais de 30 empresas criaram um pool de suas ofertas de vagas para formar a DirectEmployers com o objetivo de estabilizar seu ambiente de recrutamento. Tampouco é verdade que estratégias de estabilização ambiental só estão disponíveis para organizações de grande porte com poder de controlar seus ambientes. Empresas menores, menos poderosas, freqüentemente também podem se agrupar para estabilizar seus ambientes coletivamente, como no caso do desafio imposto pela Airbus à Boeing na década passada.

Um segundo tipo de estratégia de estabilização é uma empresa entrar em um nicho estável de sua indústria. A Lincoln Electric, por exemplo, é uma companhia que permaneceu estável e bem-sucedida por quase um século. Encontrou um nicho persistente em equipamentos de soldagem e adotou uma combinação difícil de imitar de incentivos e segurança para os empregados fortemente associados a valores de imparcialidade na distribuição de riqueza e na autoridade de tomada de decisão. Não é toda empresa que consegue permanecer estável como a Lincoln Electric, e a placidez contínua da companhia de fato se tornou um obstáculo quando ela decidiu experimentar atuar no setor de tecnologia da informação e se globalizar. O período de estabilidade organizacional durante o longo regime de placidez da Lincoln não foi bem administrado, dificultando a implementação dessas mudanças quando o ambiente da empresa as impôs.

Entretanto, a Lincoln demonstra como uma estratégia de estabilização protetora envolve encontrar mais nichos estáveis em mercados que de outra forma lhe seriam turbulentos. Ela inclui desenvolver competências essenciais difíceis de imitar para criar vantagens competitivas sustentáveis. Por fim, a estratégia protege a organização não só de mudanças no mercado, mas também de mudanças nos métodos de gestão e de pressão para experimentar cada modismo passageiro.

Ferramentas para Desacelerar a Mudança Organizacional

Três técnicas podem ajudar líderes a diminuir o ritmo da mudança organizacional e suportar as pressões para promover essas mudanças. Vamos examinar cada uma por vez.

Tratando a Mudança Como uma Commodity Preciosa O *pacing* trata a mudança como uma commodity extremamente preciosa, não só porque é essencial que as empresas promovam mudanças organizacionais para adaptar-se a mudanças ambientais, mas também porque a mudança pode ser dolorosa, facilmente desperdiçada e escassa em ambientes turbulentos.

Para empresas que mudam em ritmo acelerado, freqüentemente bem maior do que o exigido por seus ambientes, o teste ácido deve ser: "O sofrimento para promover essa mudança excede seus benefícios?" Quando estou em empresas acometidas por excesso de mudança, tenho a forte impressão de que apenas 20% das iniciativas de mudança em andamento proporcionam 80% das mudanças necessárias para adaptá-las a seus ambientes. Os outros 80% compõem os 100% de sobrecarga de iniciativa.

Uma causa comum para desperdício de mudança vem do uso de ferramentas de mudança inadequadas. Essas ferramentas fazem esquecer que, especialmente em ambientes turbulentos, decidir quais iniciativas de mudança implementar é, quando muito, apenas a metade da definição de estratégia, do planejamento ou do cumprimento de uma meta. A outra metade não tem nada a ver com o que será feito, mas tudo a ver com o que *não* será feito. Isso significa no mínimo especificar claramente o que pode ser erroneamente considerado útil para alcançar os objetivos. Muito mais importante, envolve especificar claramente quais iniciativas de mudança ajudarão a atingir objetivos que não valem a pena. Isto é, quais são as iniciativas de mudança que pertencem àqueles 80% que proporcionarão apenas 20% dos resultados úteis de mudança. Por fim, envolve especificar claramente o que não mudará. Muito freqüentemente as companhias jogam o bebê junto com a água do banho. Voltando ao exemplo da Continental White Cap que vimos no capítulo 3, quando Peter Browning promoveu a mudança na CWC, estava muito claro o que não iria mudar — os fortes valores de lealdade à companhia, a força de trabalho não-sindicalizada e a reputação da CWC entre seus clientes.

Mudando Diferentes Partes Organizacionais em Ritmos Diferentes É um paradoxo da mudança organizacional que determinadas partes de uma companhia devam permanecer inalteradas, ou ao menos mudar num ritmo lento, para que outras possam mudar eficientemente num ritmo rápido. No mínimo, as pessoas que estão conduzindo uma mudança devem permanecer as mesmas.

Organizações que precisam mudar muito são, portanto, um pouco como os alpinistas. Despencariam para a morte se tentassem mudar a posição de todos seus membros ao mesmo tempo. Em vez disso, devem manter uma base estável com as duas pernas e uma mão para que possam mudar a posição da outra mão com segurança. Da mesma forma, organizações com excelência em mudança sabem que devem diminuir o ritmo em certas áreas da empresa para mudar rapidamente em outra. Se uma companhia quer permanecer no topo da montanha, não pode mudar tudo rápida e simultaneamente.

Considere, por exemplo, a Nintendo, que detém 99% do mercado de videogames portáteis, uma indústria extremamente dinâmica em que não há escassez de concorrentes. Seu carro-chefe, o Game Boy, é um dos dispositivos eletrônicos mais lucrativos já produzidos, cujas vendas, só em 1999, chegaram a 1,2 bilhão de dólares. Agora considere que as únicas mudanças notáveis feitas no hardware do Game Boy em seus 10 anos de existência foram uma pequena redução de tamanho para torná-lo mais portátil e a adição de cores ao revestimento para substituir seu antigo cinza desbotado. Isso significa que a Nintendo é resistente à mudança? Absolutamente não. Manter um ritmo lento de mudança no hardware de seu produto permitiu alocar todos os recursos para mudar o software num ritmo suficiente para ultrapassar a concorrência. Ela mudou rapidamente para produzir jogos que atrairiam milhares de jogadores a seu hardware, sendo o exemplo mais recente o jogo campeão de vendas Pokemon, lançado em 1999.

Algumas empresas chegam ao ponto de terceirizar aspectos estáveis de suas operações para que possam concentrar toda a sua energia nos que precisam mudar. A Nike, por exemplo, internaliza os aspectos altamente dinâmicos de design e marketing de sua organização e terceiriza outros mais estáveis, como a produção. Outros mestres em mudança bem-sucedidos mantêm a mudança dos aspectos humanos de sua organização em ritmo lento para que possam mudar outros aspectos mais rapidamente. A estratégia mudará com freqüência, por exemplo, mas a organização, estruturada para ser antes de tudo flexível, muda em ritmo bastante lento.

Ser o Mais Rápido, Não Andar Mais Rápido Companhias cujo ambiente muda em ritmo acelerado podem facilmente esquecer a importância de reduzir a marcha e mudar menos. Lembre-se da velha história dos dois desafortunados acampados na África que notam um jaguar a sua espreita na selva: um deles senta e calça seu tênis de corrida. O outro olha para ele incrédulo. “Você ficou louco”, ele diz. “Nunca vai conseguir correr mais que o jaguar." "Eu não preciso", responde o primeiro. "Basta correr mais que você."

Existe um argumento de que as empresas, desconhecendo a rapidez com que seu concorrente muda, devem manter a maior velocidade de mudança possível. A questão é: o que é "possível" em um ambiente turbulento no qual não dá para continuar correndo a toda velocidade? Uma abordagem mais cautelosa será ir mais rápido que a concorrência, mesmo que a velocidade da mudança seja menor do que aquela que a empresa poderia alcançar naquele momento.

A mudança contínua em ritmo acelerado, portanto, não necessariamente é a melhor maneira de ganhar a corrida. Considere o exemplo da Nestlé. Veja a opinião de seu CEO, Peter Brabeck: "Uma mudança grande, drástica, é adequada para uma crise. Se você assume como CEO e é necessária uma reestruturação, tudo bem, faça uma revolução... Mas nem todas as companhias do mundo estão em crise o tempo todo... Você não pode subestimar o impacto traumático de uma mudança abrupta, o medo que provoca nas pessoas, as exigências de tempo que faz à administração".[4] Para Brabeck, mais que tudo, a destruição criativa é não só algo que deve ser evitado, mas uma clara indicação de que a mudança está sendo mal administrada. Como ele coloca: "Francamente, você poderia argumentar que qualquer tipo de mudança radical é na verdade um alerta muito preocupante. Pense na medicina novamente. Se você toma cuidados preventivos com sua saúde e faz exames regularmente, não vai acordar um dia e descobrir que precisa amputar a perna".[5]

Ferramentas para Combater a Síndrome da Mudança Repetitiva

As empresas podem se descobrir incapazes de controlar a velocidade da mudança ambiental ou organizacional. Nessas circunstâncias, a meta deve ser minimizar a extensão com que mudanças repetidas provocam as três manifestações da síndrome da mudança repetitiva: caos decorrente da mudança, cinismo dos funcionários e sobrecarga de iniciativa.

Combatendo o Cinismo e a Sobrecarga de Iniciativa Você deve trabalhar num ritmo lento contínuo todos os dias da semana, semana após semana, ou deve trabalhar mais nos dias úteis para que possa relaxar no final da semana e ocasionalmente tirar umas férias? Claramente a resposta é a segunda. Até mesmo o criador descansou no sétimo dia. Para o bem de nossa saúde mental e física, todos precisamos ter ao menos um dia de folga nos fins de semana e sair de férias de vez em quando.

Da mesma forma, as organizações devem aprender a agilizar a mudança para que tenham a oportunidade de, em seguida, diminuir o ritmo, e até fazer uma pausa, em vez de mudar continuamente. Essa é a mentalidade do "trabalhar duro, jogar duro", que vejo repetidamente nas organizações que são adeptas da manutenção de altos níveis de mudança no longo prazo.

Além disso, períodos de descanso organizacional devem ser cuidadosamente administrados — programados e respeitados. Como o exemplo de Steinberg mostra, esse tipo de "intervalo de treinamento" organizacional pode ser muito apropriado para regimes turbulentos e é um mecanismo importante usado no *pacing*.

Diminuindo o Passo para Chegar Mais Rápido Um provérbio coreano, com tradução livre, diz que "é quando você está com pressa que deve diminuir o passo". Isso significa não só que apressar a mudança, sob pressão, leva a erros. Significa também que a mesma mudança, implementada mais lentamente, pode na realidade ser concluída mais rapidamente — com menos desagregação e com maior capacidade de iniciar a mudança seguinte. De fato, um ritmo mais lento permite preservar e até mesmo aumentar a capacidade de mudança caso outro episódio seja necessário.

Para alguns isso pode parecer heresia. As mudanças não devem ser implementadas o mais rápido possível para se estar à frente da concorrência que, sem dúvida, também está tentando mudar o mais rápido possível? Sim, claro, mas existem dois cuidados.

A capacidade de mudança de uma empresa equivale ao traço vermelho no tacômetro de um carro. É a rotação máxima em que o motor de mudança de uma empresa pode operar sem causar o tipo de síndrome da mudança repetitiva que o danifica. Portanto, primeiro, uma companhia deve ter a capacidade de mudança para chegar à próxima mudança. Até mesmo o atleta que bateu o recorde da maratona de média distância não ousou repetir este feito duas vezes em seguida. Isso teria causado um dano muscular que prejudicaria permanentemente sua capacidade de correr novamente.

Segundo, essa mudança não deve esgotar os recursos humanos de mudança a tal ponto que a próxima, e mais importante, mudança não possa ser implementada. Lembre-se de que não é disputando uma única corrida que os atletas olímpicos ganham o ouro — precisam participar de uma série de corridas eliminatórias para chegar à prova da medalha de ouro. Precisam correr rápido o suficiente para vencer cada etapa eliminatória, mas não tão rápido que não sobre energia para a final de ouro, prata ou bronze.

Ferramentas para Neutralizar o Dano Organizacional

Algumas empresas não conseguem diminuir a velocidade de sua mudança ambiental ou organizacional. Tampouco conseguem minimizar a extensão em que mudanças recorrentes geram as três manifestações da síndrome da mudança repetitiva. Entretanto, podem abrandar o mal que essa síndrome causa à organização, isto é, a diminuição da capacidade de mudança, ineficiências na rotina e insatisfação do cliente.

A chave aqui é especificar níveis aceitáveis das três manifestações da síndrome da mudança repetitiva (caos decorrente da mudança, sobrecarga de iniciativa e cinismo ou estresse) abaixo dos quais a empresa não consegue chegar. É então crítico monitorar esses parâmetros durante períodos de turbulência ambiental e agir muito antes que esses limites mínimos sejam ultrapassados.

Por exemplo, trabalhei com uma grande instituição financeira européia, a Marburg Grace, que passou por três fusões ao longo do mesmo número de anos. Uma pesquisa com funcionários de um dos principais negócios da empresa conduzida durante a terceira fusão indicou que, após o intenso sofrimento causado pelas duas fusões anteriores, apenas 18% dos funcionários estavam satisfeitos com seu trabalho e mais da metade dos funcionários esperava mudar voluntariamente para outra empresa nos próximos dois anos. Os clientes também estavam em pé de guerra, não só pelo péssimo atendimento que começavam a receber de funcionários cansados, frustrados e cínicos, mas também porque a necessidade interna da empresa de administrar mudanças contínuas havia claramente ganho prioridade em relação às necessidades do cliente. Fica muito evidente que essas pesquisas com funcionários e clientes não deveriam ter esperado até a terceira fusão. Elas deveriam ter sido constantes, assim como as medidas preventivas para manter as medições resultantes da pesquisa acima dos níveis inaceitáveis.

Que tipos de medida preventiva? No decorrer de uma mudança, é muito fácil observar e recompensar os funcionários que estão fazendo a mudança acontecer. Nas empresas em mudança acelerada, como a Cisco, pobres almas como Christiane Lopez, que, em meio ao caos da mudança, mantêm incansavelmente as operações de rotina funcionando e dão tudo de si para atender os clientes existentes, tendem a ser esquecidas. A atenção de todas as outras pessoas está voltada para o desafio interno de concretizar a mudança, assim como para a glória e as recompensas oriundas de liderar a mudança. Esses incentivos são claramente necessários para conduzir a mudança. Entretanto, precisam ser contrabalançados com incentivos e recompensas para aqueles que estão mantendo as operações estáveis que, em última análise, financiam a mudança atual e outras futuras. Isso é pedir muito de gerentes já envolvidos na turbulência da mudança, mas é preciso considerar a alternativa.

O *Pacing* Durante Aceleração e Desaceleração de Indústrias

Indústrias em desaceleração são aquelas em que o ritmo de mudança imposto pelo ambiente está em declínio e onde há crescentes oportunidades de estabilização. Indústrias em aceleração são o contrário. É útil discutir ambas juntas porque apresentam desafios virtualmente opostos e porque os recursos liberados pela desaceleração devem ser remanejados e recombinados assim que a indústria voltar a acelerar.

Continuando com o exemplo da Marburg Grace, atualmente, as mudanças rápidas causadas pela pressão das fusões começaram a diminuir. O que a companhia deve fazer agora? Conformar-se com as conseqüências da tripla fusão e seguir em frente? Alternativamente, é possível tirar proveito dessa lição e capitalizar o que aprendeu durante esse período de brutal turbulência e mudança organizacional?

O Que Fazer Quando a Indústria Está em Desaceleração

Executivos capazes de sentir o início de uma desaceleração podem prever os desafios que ela apresenta e começar a investir nas oportunidades que ela oferece?

Existem ao menos dois desafios importantes durante um período de desaceleração. O primeiro é que, ao diminuir seu ritmo de mudança, a organização não o paralise. O que pode ser mais natural, após um período de mudança extrema como a experimentada pela Marburg Grace, do que parar de mudar completamente? Entretanto, seria um erro a empresa passar de viciada para avessa a mudança. A desaceleração, portanto, torna necessário, passado um tempo, começar a monitorar não só o declínio da sobrecarga de iniciativa, o qual ela deve permitir, mas também os primeiros sinais de um aumento da inércia organizacional. Nesses períodos de desaceleração, as companhias devem começar a implementar as ferramentas que serão usadas mais ativamente nos períodos de estabilidade da indústria: combater a inércia, aumentar a capacidade de mudança e estabilizar ambientes. O segundo desafio durante uma desaceleração é deixar que os recursos de mudança liberados sejam absorvidos como gordura organizacional e desperdiçados em atividades irrelevantes (por exemplo, todos os tipos de trivialidade e excesso corporativo), em vez de usar e manter esses recursos eficientemente.

A oportunidade-chave durante a desaceleração é usar esses recursos. Essa é uma forma de combater a crescente inércia e o armazenamento na forma de gordura dos recursos organizacionais liberados em vez de músculo. É necessário começar arrumando a bagunça deixada pelo período de turbulência. A Cisco tem uma necessidade urgente de acalmar seus funcionários e clientes insatisfeitos, especialmente aqueles como Christiane Lopez que já estão com um pé na porta.

E quando a bagunça da mudança já foi arrumada? O que vem depois? A resposta é objetiva: preparar a empresa para o próximo período de aceleração.

A Marburg Grace não achou os consultores que a ajudaram a administrar as três fusões e os processos de integração pós-fusão muito úteis — na verdade, a empresa os demitiu. Ela decidiu recombinar a *expertise* interna desenvolvida através de tentativa e erro durante as duas primeiras fusões e que recombinou com grande sucesso durante a terceira fusão. Para fazer isso, reuniu uma equipe de pessoas que desempenharam um papel importante nas três fusões e fez com que formalizassem e institucionalizassem a estrutura de transição que implementaram para facilitar o gerenciamento dessa terceira fusão. Essa estrutura de transição tinha um líder e uma equipe qualificada de gestão de fusão com experiência no gerenciamento das três fusões anteriores, em monitorar seu progresso e em tomar medidas corretivas antes que o caos decorrente da fusão atingisse proporções desastrosas. As conexões de rede informal que a equipe estabeleceu em várias funções (por exemplo, jurídica e financeira) também foram formalizadas. Finalmente, sistemas de medição foram implantados para tornar a estrutura de transição cada vez mais eficiente em relação a custos. De fato, a equipe de gestão analisou as três primeiras fusões não só com respeito aos procedimentos de gerenciamento da mudança, mas também com respeito ao custo financeiro e humano dessas mudanças para a empresa. Durante a fusão seguinte, seria possível não só acompanhar esses valores em tempo real, como também definir metas claras de quanto menor seria o custo do gerenciamento comparado àquele de cada uma das três anteriores.

O Que Fazer Quando a Indústria Está em Aceleração

Os desafios enfrentados por uma organização em um período de aceleração se equiparam aos de um período de desaceleração. Enquanto a questão durante uma desaceleração era diminuir o ritmo do maquinário de mudança organizacional sem paralisá-lo, o desafio que a Marburg Grace enfrentará quando ingressar no próximo período de aceleração será aquecê-lo sem desgastar os componentes. Isso requer um novo tipo de vigilância: não só monitorar e combater ativamente a inércia organizacional, mas também tornar-se crescentemente atento aos indicadores de sobrecarga de iniciativa. As organizações também podem considerar necessário promover algumas mudanças substanciais, rápidas, visíveis e bem-sucedidas para demonstrar e comunicar aos funcionários que a organização está entrando em uma fase de aceleração.

Acelerar também significa não erodir aqueles recursos de mudança que podem se tornar essenciais caso um período de turbulência se materialize e persista. Portanto, as companhias devem usar algumas das técnicas de recombinação discutidas neste e nos capítulos anteriores. Só devem recorrer a técnicas mais dolorosas e desestabilizadoras de mudança se for absolutamente necessário.

Outro desafio da aceleração é também o oposto do desafio da desaceleração. Durante períodos de mudança excessiva, a organização está ao mesmo tempo conduzindo operações de rotina e gerenciando a mudança. A desaceleração freqüentemente libera recursos substanciais que antes eram dedicados a essas tarefas de gerenciamento. Durante períodos de aceleração, ocorre o oposto: a empresa passa de apenas conduzir operações de rotina para conduzir essas operações e ao mesmo tempo gerenciar a mudança. É preciso designar mais recursos para atividades de mudança e para atividades de implementação de projeto.

Pacing Durante Tempos de Placidez em Sua Indústria

As empresas podem usar três tipos de técnica de *pacing* durante períodos de placidez na história de uma indústria, isto é, períodos durante os quais mudanças impostas pelo meio externo diminuem drasticamente. Uma delas é combater a inércia crescente. A segunda é aumentar a capacidade de mudança da empresa e deixá-la pronta para o próximo período de aceleração imposto pelo ambiente. A terceira já foi discutida na seção sobre períodos turbulentos sob o título de "Ferramentas para Estabilizar Ambientes". O truque é usar essas ferramentas de estabilização ambiental para retardar, minimizar ou bloquear completamente o início de regimes de aceleração. Como essa técnica já foi discutida, volto-me agora para as outras duas respectivamente.

Combatendo a Inércia

São os períodos de placidez que nos lembram que o *pacing* não diz respeito apenas a evitar mudanças excessivas. Diz respeito também a evitar o excesso de estabilidade que leva à inércia. Uma estabilidade prolongada requer atividades para manter a capacidade de mudança quando ela se torna necessária.

Durante períodos de estabilidade, a sobrecarga de iniciativa desaparece. Nesse caso, procurar minuciosamente na companhia indicadores de aumento da inércia organizacional — e combatê-la — torna-se imperativo. As crises, por exemplo, tiram a companhia da inércia. Mas não há necessidade de inventar crises artificiais — as reais surgirão em pouco tempo. Combater a inércia, em vez disso, envolve expor ameaças potenciais, explorar cenários de crise e, de modo geral, manter a companhia em prontidão para mudanças.

A Microsoft proporciona um bom modelo para combater a inércia. Mesmo durante o período de seu domínio quase monopólico sobre os concorrentes, Bill Gates já enxergava o fantasma da próxima transformação digital que poderia levar a empresa à bancarrota. Se você não acredita em mim, então leia o livro de Gates, *The Road Ahead*, escrito em uma época em que a Microsoft não poderia ter sido mais dominante. Qualquer funcionário da companhia que lesse o livro ficaria convencido de que ela estava à beira de um precipício, a menos que se preparasse agressivamente para as mudanças que havia pela frente.

Posto de outra forma, um desafio durante períodos de placidez é manter a companhia ágil. Isso pode ser conseguido fazendo a companhia escalar periodicamente sua curva de aprendizado através de uma série de pequenas mudanças incrementais, não desagregadoras. Talvez também seja necessário desencadear algumas mudanças um pouco maiores e mais rápidas. Isso não significa inventar uma crise, mas sim investir em oportunidades de breves aumentos de atividade que mantêm a companhia ágil.

O melhor exemplo talvez seja o Exército dos Estados Unidos no período pós-Vietnã. Ele travou uma batalha constante contra a inércia usando conflitos simulados e jogos de guerra contra todos os tipos de inimigo e concorrentes virtuais. No mínimo, administrar durante um período de estabilidade e placidez requer um tipo de ginástica organizacional para deixar as empresas em forma para a mudança. Isso pode significar pequenas mudanças recombinatórias com os cinco elementos organizacionais guardados em seu porão corporativo e discutidos do capítulo 3 ao 7 — em outras palavras, reutilizar, remanejar e recombinar seu pessoal, redes, cultura, processos e estrutura para promover uma mudança com menos sofrimento.

Incrementando a Capacidade de Mudança

A capacidade de mudança de uma empresa permanece fixa ao longo do tempo? Na verdade, ninguém ainda conduziu uma pesquisa para responder a essa pergunta. Determinadas teorias de mudança afirmam que mudanças contínuas ensinam as empresas a mudar com mais eficiência e ajudam a aumentar sua capacidade de mudança com o tempo, criando um círculo virtuoso.

Em minha experiência, entretanto, esse argumento só é valido quando a carga de mudança permanece abaixo da capacidade. Se a carga excede essa capacidade com freqüência e consistência, desencadeia não só a síndrome da mudança repetitiva como também um círculo vicioso através do qual o excesso provoca uma queda na capacidade e acentua os efeitos debilitantes dessa síndrome.

Mais uma vez, o exemplo de Saul Steinberg, da Steinberg, Inc., ilustra como um período de estabilidade bem administrado pode permitir incrementar a capacidade de mudança de uma companhia. Como um executivo ressaltou para mim, sua unidade conseguia quebrar repetidamente o recorde da maratona de média distância, por assim dizer, porque praticava o equivalente ao treinamento intercalado dos atletas, em vez de um treinamento contínuo. Enquanto o treinamento contínuo significa exercitar-se com a mesma intensidade ao longo do tempo, o treinamento intercalado envolve ciclos de atividade intensa que elevam as funções cardiovascular, muscular e aeróbica acima do nível normal, seguido de intervalos recuperativos que levam todas essas funções para um patamar abaixo desse nível. Para evitar dor excessiva e lesões, esses intervalos de recuperação são reduzidos gradualmente e o esforço durante os ciclos de atividade é aumentado pouco a pouco, a fim de aumentar o desempenho do atleta. O treinamento intercalado organizacional envolve períodos semelhantes de mudança extremamente rápida seguidos de períodos de estabilidade restauradora, com o intuito de aumentar a capacidade de mudança da companhia com segurança e eficiência ao longo do tempo.

Muitas teorias e conselhos sobre gestão de mudança hoje defendem a mudança contínua. Como este capítulo indica, a alternativa para a abordagem de mudança contínua não é simples. Claramente a resposta para ambientes em mudança acelerada não pode brecá-la por completo. É muito fácil a esta altura citar uma outra fábula: "Seja uma tartaruga, não uma lebre. Caminhe lentamente e com cautela e você sempre vai chegar lá mais rápido". Na verdade, entretanto, diminuir o ritmo indiscriminadamente pode dar aos concorrentes a oportunidade de ultrapassar você.

Estabilidade Sem Dor

A mudança sem dor em sua essência requer um equilíbrio entre estabilidade e mudança para poder explorar os benefícios de ambas e evitar os danos causados por seu isolamento. Os capítulos de 3 a 8 examinaram como usar a recombinação criativa, em vez da destruição criativa, resultaria em menos sofrimento durante a mudança. Este capítulo examinou o *pacing*, ou quando intercalar a mudança (seja ela conduzida por recombinação ou destruição criativa) com períodos de maior estabilidade (isto é, períodos caracterizados por pouca ou nenhuma mudança).

Claramente, como foi discutido ao longo deste capítulo, o ritmo em que tanto a mudança como a alternância entre mudança e estabilidade são conduzidas nunca é uma decisão exclusiva dos executivos. O uso consciencioso dessas medidas revela quando e com que rapidez uma empresa deve e pode mudar. Também permite determinar quando, com que intensidade e por quanto tempo uma empresa deve evitar a mudança.

Além disso, a pergunta abordada neste capítulo não dizia respeito apenas a como e quando mudar ou estabilizar. A pergunta foi: "Como alternar entre estabilidade e mudança pode de fato facilitar o sucesso tanto no gerenciamento da mudança quanto no gerenciamento da estabilidade?" A fórmula, resumindo, é combater a inércia organizacional durante períodos de desaceleração e placidez promovendo as mudanças necessárias para ajudar a empresa a lutar contra a mudança excessiva durante períodos de aceleração e turbulência. O próximo capítulo conclui este livro com a ilustração de uma firma de design, a IDEO, que exemplifica todos os princípios e lições sobre como uma organização alcança a mudança sem dor. O que torna essas companhias consistentemente capazes de alcançar todo esse nível de mudança recombinatória inovadora? Elas se baseiam em determinadas diretrizes operacionais que examinaremos a seguir.

10 Tornando-se um Recombinador Melhor

ENTRE NA IDEO, a firma de design com sede em Palo Alto, Califórnia (com escritórios em Boston, Chicago, Grand Rapids, Londres, São Francisco, Nova York e Tóquio), e você vai dar de cara com o que parece ser uma enorme bagunça. O escritório tem uma arquitetura aberta, incoerente, com bicicletas e até mesmo uma asa de avião penduradas no teto e uma variedade de livros e revistas sobre os mais diversos assuntos espalhados nas mesas e prateleiras. Na verdade, a própria companhia é um amálgama de diferentes conhecimentos, indivíduos, ferramentas, habilidades, máquinas, informações e estilos. As reuniões de desenvolvimento de produtos são alternadas com períodos de bagunça das "crianças" — com sua macarronada de linhas conectando idéias, técnicas e conceitos nos diagramas confusamente traçados na lousa branca — e períodos de atividades altamente dirigidas quando os "adultos", o mais próximo de um gerente que você irá encontrar na IDEO, assumem o comando.

Entretanto, existe um tipo de organização nesse caos, uma capacidade da empresa de agregar essa variedade de recursos humanos, técnicos, de conhecimento e habilidades tão impregnados de possibilidades recombinatórias — em-

bora um fim de uso imediato possa não estar evidente. Não é possível nem mesmo inserir esses elementos em uma estrutura de categorização que facilitaria identificar e pesquisá-los (na verdade, essa categorização limitaria o pensamento criativo sob o qual a IDEO prospera), mas, no meio dessa bagunça, a IDEO tem a capacidade de encontrar os elementos de que precisa para modelar suas inovações. Existem na empresa — que pode ser considerada um imenso porão corporativo — processos para encontrar e recombinar elementos (do que, para as pessoas de fora, parece um caos) de forma rápida e eficiente em soluções altamente criativas.

E mais, a IDEO sabe como procurar dentro da organização para achar elementos no ambiente, em outras organizações e inclusive nas companhias concorrentes que pode recombinar. Assim como um músico de jazz, a companhia usa uma variedade de "achados" para improvisar, reutilizando e recombinando esses objetos de uma forma aparentemente espontânea e simples para promover transformações bem-sucedidas.

A IDEO é um exemplo perfeito de muitas das lições e princípios que descrevi neste livro. Mais do que uma companhia descolada que usa técnicas de brainstorming *do tipo* Throw-me-the-Nerfball-dude*, *é uma empresa extremamente eficiente e altamente rentável em que mudança e estabilidade, flexibilidade e eficiência se alternam em um equilíbrio estável. O resultado? A IDEO recombinou suas atividades para criar mais de 4 mil produtos de sucesso — incluindo o tubo da pasta de dente Crest, o Palm V da 3Com, o sistema de ejeção da placa PCMCIA da Apple, a cadeira para escritório da Steelcase e a segunda geração de balões para angioplastia, para citar alguns.*

O que permite companhias como a IDEO alcançar tantas mudanças recombinatórias inovadoras? Assim como muitas práticas de gestão, a recombinação criativa tem tanto de arte quanto de ciência.

Entretanto, de acordo com minhas pesquisas e de outros, as organizações que combinam com maior sucesso baseiam-se em determinadas diretrizes operacionais que auxiliariam a maioria das companhias a promover mudanças sem dor eficazes e de custo eficientes. Vejamos cada um desses princípios por vez.

---

* *Throw-me-the-Nerfball-dude* — literalmente, passe-a-bola-cara. Técnica de *brainstorming* que usa uma bola de borracha para descontrair o ambiente e estimular idéias. A pessoa que está com a bola diz algo relacionado ao tema, ou dá uma idéia, e joga a bola para outra pessoa, que diz algo diferente ou complementa seu antecessor. Essa técnica é utilizada também para estimular e fixar o aprendizado de conceitos. (N. da T.)

Dica 1: Leve a Sério Roupas de Velcro para Crianças e Cortadores de Grama

Considere uma seção de *brainstorming* na IDEO. Um grupo de engenheiros está reunido em torno de uma mesa tentando desenvolver melhores técnicas de cirurgia de pele. Um engenheiro exclama propondo um "cortador de grama" em miniatura para aparar tecido durante a cirurgia. Ninguém na mesa pisca. Agora, testemunhe outra seção de recombinação — essa para inventar um carrinho de compras melhor. O problema em questão: como manter as crianças no carrinho com mais segurança. Um outro engenheiro propõe mais uma solução "interessante" — usar uma roupa de velcro nas crianças para prendê-las no carrinho. Ninguém nem se mexe. Para os não-iniciados, isso pode parecer pura loucura. Mas David Kelley, CEO da IDEO, argumenta que freqüentemente são as idéias malucas que proporcionam a inovação que pode ser reutilizada, remanejada e recombinada para se chegar à solução ideal.

Kelley não poderia estar mais certo. Resista à tentação de aplicar a lógica e pergunte a si mesmo: "Por acaso à roupa de velcro ou o cortador de grama cirúrgico são mais bizarros do que algumas das maravilhosas recombinações que vimos neste livro? Algo soa mais estranho do que Gutenberg ter criado uma prensa tipográfica a partir de uma prensa de lagar e uma estampadora de moedas? Ou a Dow Corning transformando um revestimento industrial no Saran Wrap (filme de PVC)? Ou a Sony recombinando estúdios de cinema, produtos eletrônicos e tecnologia de banda larga? Ou a GKN de transformar a prática de emprestar funcionários após cancelamento de contratos para uma agência de empregos?

Não é de admirar que três das cinco regras que governam a recombinação na IDEO dizem respeito a tolerar idéias exóticas: (1) estimule idéias excêntricas, (2) não prejulgue, (3) aprimore as idéias dos outros. As outras duas regras servem para manter alguma ordem e a sanidade durante o processo de recombinação: (4) fale cada um por vez e (5) não fuja do assunto. O ponto mais importante aqui é que é difícil recombinar se não há nada interessante para recombinar. Paradoxalmente, a habilidade de criar novos recombinantes requer ter permissão para assumir riscos malucos e até falhar na criação de novos recombinantes. Isso não significa assumir riscos descontroladamente e falhar da mesma forma repetidamente. Não significa fracassar quando é possível evitar o fracasso, ou fracassar quando mesmo o sucesso seria de pouco valor. Ao contrário, significa ter permissão para falhar assumindo o risco de recombinar de forma inovadora.

De fato, nada destrói mais o impulso de contribuir com o suprimento de recombinantes de uma empresa do que o tipo de punição usada em tantas organizações para recombinantes falhos. Lembro-me de uma dessas "falhas" — uma estrela em ascensão cuja carreira explodiu com a bolha das Pontocom. Sua única falha foi tentar recombinar a operação existente na empresa com uma interface Web. Quando o comércio eletrônico saiu de moda, ficou com FRACASSADO estampado na testa, um sinal conhecido nessa empresa de que sua carreira lá não iria a lugar nenhum.

Considere também um exemplo que mencionei em um capítulo anterior. Estava trabalhando com uma equipe da Marburg Grace, uma instituição financeira européia, explorando como recombinar recursos bem-sucedidos de TI na empresa. Não mencionei que três dias após iniciado o trabalho descobrimos por acaso que uma tentativa anterior de recombinação de TI havia falhado. Por que falhou? Ninguém sabia dizer. "Por que não era possível obter essa informação?", perguntei. Porque, me contaram, na Marburg Grace, o fracasso é um órfão. Na IDEO, por outro lado, a veste de velcro para crianças e o cortador de grama cirúrgico são experimentos que não só têm permissão para ser expostos, como são estimulados — e pelos quais ninguém é punido, mas sim premiado.

Dica 2: Estimule a Bagunça

Um professor da Universidade de Columbia conta a história de como e onde teve a idéia que lhe rendeu o Prêmio Nobel. Onde? Em sua mesa impressionantemente bagunçada, forrada por uma enorme pilha de objetos. Como? Pela justaposição casual de dois objetos aparentemente sem nenhuma relação saídos do imenso amontoado sobre sua mesa e pela visão que isso criou: as duas idéias nos artigos "não-relacionados" estavam na verdade intimamente relacionadas e proporcionaram a solução para um problema que atormentou sua área da biologia.

Considere agora essa descrição do escritório de um engenheiro da IDEO feita por uma equipe de especialistas que estudaram a empresa a fundo. Na sala havia "o acessório de plástico cromado do nome do Isuzu Trooper, um liquidificador Hamilton Beach de 1950, orelhas de borracha de um projeto antigo de fone de ouvido, o fone de ouvido final e vários protótipos iniciais, uma carga de isqueiro, carrinhos de fricção, um *trackball* de tamanho exagerado para crianças, o protótipo deste produto feito de alumínio e componentes elétricos, vários produtos cirúrgicos projetados por ele e um lançador de dardos de brinquedo".[1] Essa bagunça de objetos era sempre usada pelos engenheiros como elementos que podem ser explorados e recombinados de novas formas para criar recombinações inovadoras.

Mais uma vez, o mais importante é que manter recombinantes arrumados facilita encontrá-los. Mas essa facilidade de busca tem um custo. Os recombinantes nunca ficam "desarrumados" de uma maneira que sugira como podem ser recombinados em uma nova ordem. Se você guarda suas ferramentas em um lugar e seus utensílios de cozinha em outro, certamente não perceberá que um amassador de batatas pode funcionar como um excelente martelo que não danifica os malhetes de madeira que está tentando encaixar. Se você andar pela IDEO, não verá uma disposição organizada de escritórios onde diferentes tipos de especialista são separados por suas distintas áreas em andares diferentes. Em vez disso, existe uma mistura desordenada de escritórios e cubículos onde pessoas com conhecimentos e habilidades diferentes são colocadas próximas para que aprendam umas com as outras e encontrem boas recombinações de sua variada *expertise*.

Dica 3: Contrate Paus para Poucas Obras e Aprendizes de Muitas

É fácil pensar nas propriedades recombinantes dos componentes elétricos. Dispositivos com um padrão comum — tomadas e soquetes, por exemplo — são recombináveis. Mas o que define as propriedades recombinantes de um indivíduo? Certamente não é uma alta especialização que torna esses indivíduos compatíveis somente com outros altamente especializados. O que é necessário não são engrenagens capazes de interagir apenas com outras engrenagens similares, mas pessoas com características diversas que são recombináveis entre si — seja seu conhecimento, habilidades, aptidões, estilos cognitivos ou valores.

Isso não significa que essas pessoas recombináveis são paus para toda obra e mestres de nenhuma. Em vez disso, são um tipo especial de generalistas — que podem ser chamados de "paus para poucas obras". Isto é, pessoas que podem desenvolver excelência em duas ou três áreas e ter um entendimento básico de muitas. "Paus para poucas obras" possuem múltiplas facetas para suas habilidades, formação e personalidade que os tornam compatíveis com muitos outros tipos de pessoa, porque compartilham não só diversas habilidades, o que permite que se complementem entre si, mas também algumas características semelhantes, que permitem que criem vínculos entre si.

A IDEO é uma companhia que possui muitos "paus para poucas obras" que podem ser descombinados de equipes e recombinados em novas equipes capazes de desenhar módulos e embalagens como o Palm V, da 3Com, ou o tubo da pasta de dente Crest. Sempre que uma equipe de design é necessária, o facilitador (como a IDEO chama o líder da equipe) convida pessoas com mix certo de habilidades diferentes e complementares necessárias para o trabalho em questão.

Então como você sabe quem são seus "paus para poucas obras"? Freqüentemente são os que expandem as fronteiras. Não almoçam todos os dias com as mesmas pessoas do trabalho. Seus amigos não são clones uns dos outros, que compartilham as mesmas perspectivas de vida. Em seu círculo de amigos há roqueiros, bombeiros e físicos nucleares. Eles viajam muito — e não em ônibus de turismo. Eles gostam de experimentar coisas diferentes e ficam entediados com facilidade. "Paus para poucas" obras têm um amplo leque de idéias e técnicas, e como resultado a matéria-prima para recombinação está na ponta de seus dedos. Na IDEO, por exemplo, é considerado muito bacana levar para uma reunião de projeto idéias surgidas de hobbies como aeromodelismo ou velejar.

Entretanto, nem todos em uma empresa precisam ser um "pau para poucas obras". Eles funcionam como interfaces que ajudam a combinar pessoas que, de outra forma, seriam incompatíveis. São pessoas com redes imensas e abrangentes — que chamei de *hubs* nos capítulos 3 e 4 — que podem se conectar a pessoas com redes muito menores, restritas e especializadas. Eles são o equivalente ao adaptador que me permite ligar meu barbeador compatível com uma tomada americana em uma tomada italiana. Pessoas com MBA treinadas como generalistas, com uma ou mais especializações, freqüentemente podem assumir essa função, assim como aqueles que trabalharam em diferentes atividades ou em diferentes empresas ou partes de uma empresa.

Dica 4: Estimule uma Cultura de Diversidade Homogênea

Muitos livros populares de gestão dizem que uma cultura fortemente homogênea é importante para uma empresa explorar sinergias entre suas partes. Esses livros de homogenistas podem ser difíceis de conciliar com outro tipo de livro popular de gestão dos heterogenistas, que advogam exatamente o oposto — culturas de diversidade na empresa. Esses livros insistem na valorização de culturas heterogêneas pela diversidade de perspectivas que elas trazem. Muitos executivos têm dificuldade de conciliar essas exigências de diversidade e homogeneidade na cultura, assim como muitas pessoas têm dificuldade de conciliar o ditado "cada qual com seu igual" com outro ditado, "pólos opostos se atraem". O problema, é claro, é que tanto os homogenistas quanto os heterogenistas generalizam demais e exageram em seus argumentos, fazendo com que o delicado equilíbrio entre homogeneidade e diversidade necessário para sustentar a recombinação e a mudança sem dor seja obscurecido.

Culturas organizacionais são uma espada de dois gumes quando se trata de recombinação e *pacing*. No lado positivo, um elemento de sucesso desenvolvido em uma parte de uma cultura fortemente homogênea tem maior probabilidade de ser compatível e recombinável como outro elemento desenvolvido em outra parte dessa cultura — assim como duas pessoas da Alemanha que se encontram pela primeira vez em Nova York têm mais chance de fazer amizade do que se uma delas fosse de uma parte da Itália em que não se fala alemão.* Culturas fortemente homogêneas aumentam a probabilidade de que o sucesso organizacional pode e será

* O autor se refere à região da fronteira entre a Itália e a Áustria, especialmente à cidade de Bolzano, onde predomina o idioma alemão. (N. da T.)

reutilizado, remanejado e recombinado entre diferentes partes de uma empresa. De fato, culturas fortemente homogêneas transformam indivíduos atuando de forma conflitante em uma organização atuando para um fim comum. Elas permitem que todos leiam da mesma página ou disparem do mesmo lado do navio.

A desvantagem de culturas fortes, entretanto, é que todos lêem a mesma página e atiram no mesmo alvo. Posto de outra forma, em culturas formais, assim como em cultos, todos pensam e se comportam igual e se perde um elemento importante da diversidade. A mudança sem dor requer não apenas a recombinação, mas uma variedade de elementos que podem ser recombinados. Se todos pensam e se comportam igual, então também é provável que não produzirão a diversidade de elementos para recombinar eficientemente.

Para que uma organização tenha a capacidade de se recombinar, deve ser formada de subculturas reunidas em uma cultura comum. Isto é, deve existir um equilíbrio entre os pólos opostos da homogeneidade e da diversidade. A diversidade cultural estimula a criação dos elementos variados a serem recombinados, enquanto a homogeneidade torna as combinações possíveis.

Dica 5: Recompense Aqueles Que Criam e Usam Sucata

Diretrizes como estimular idéias malucas, tolerar bagunça, contratar "paus para poucas obras" ou valorizar a homogeneidade e a adversidade cultural podem deixar você com a impressão de que a única regra para usar *pacing* e recombinar é criar uma ampla variedade de recombinantes. Nada poderia ser menos verdade. Empresas especialistas apenas em criar recombinantes podem facilmente acabar criando muito do que o prêmio Nobel Sydney Brenner chama de "lixo" — o que nunca pode ser recombinado. Não é do lixo que se precisa, mas do que ele chama de "sucata" — aquilo que você tem guardado na oficina do porão e que pode se tornar útil se necessário. Se a IDEO vier a parar de produzir sucatas úteis e de recombiná-las, se tornará um exemplo de como não recombinar.

De fato, não é suficiente ter algumas sucatas boas para recombinar em vez de um monte de lixo. Deve haver também diretrizes muito estritas que estimulem as pessoas a de fato contribuir com um suprimento novo e melhor de sucatas para a oficina do porão e a se livrarem daquelas sucatas antigas candidatas a lixo que estão atravancando o lugar. Comparativamente, as pessoas nas empresas devem ser capazes não só de *encontrar* boas sucatas recombinantes, mas de *estar dispostas* a procurá-las, reutilizá-las e recombiná-las. Em um mundo em que o trabalho, a mudança e o conhecimento sobrecarregam funcionários, gerentes e líderes não se pode supor que as pessoas irão naturalmente sair procurando por sucatas recombinantes. De fato, se tempo (para procurar recombinantes) é dinheiro, então as pessoas podem relutar em descobrir que essas buscas são deficientes com relação aos custos até que sejam estimuladas a fazer isso. Por fim, para que as pessoas encontrem boas sucatas, aqueles que as produzem também devem estar dispostos a gastar tempo para circulá-las.

Considere o problema de circular e de usar a sucata. Quando visito organizações, freqüentemente ouço reclamações de pessoas que desenvolveram recombinantes magníficos que foram então amplamente clonados na empresa sem nenhuma recompensa para seus criadores, nem mesmo um muito obrigado. Da mesma forma, ouço reclamações de pessoas que recombinaram recursos existentes em vez de pagar para alguém reinventá-los e que, entretanto, não receberam reconhecimento ou foram premiadas pela economia que proporcionaram à empresa. Por outro lado, há os que reinventam a roda, às vezes repetidamente, e não sofreram conseqüências.

Resumindo, em muitas empresas, realizações ruins não são punidas. A recompensa vai somente para aqueles que atingem objetivos, não para os que gastam tempo proporcionando e usando os recombinantes da empresa. Paradoxalmente, então, a falta de incentivos para recombinar é, na verdade, uma premiação para que as pessoas reinventem a roda em vez de recombinar as rodas que a empresa já possui.

Mas as organizações que promovem mudanças sem dor sabem melhor. Nas companhias em que se recombinam sucatas criativamente não existe pecado maior do que reinventar um recombinante existente. É instintivo nessas empresas examinar o que já foi feito e que recombinantes já existem antes de iniciar uma nova atividade. E elas descobrem que o que é medido se faz e o que é premiado se faz recorrentemente. Em outras palavras, o suprimento, o processamento, a oferta e o consumo de recombinantes podem ser estimulados alavancando-se medições e processos de recompensa existentes.

Um engenheiro da IDEO, por exemplo, descreveu recompensas por "disseminar seu conhecimento e habilidades pela empresa porque você se torna mais visível para as pessoas e alguém com quem elas querem trabalhar junto". De fato, na IDEO, seu *status* como engenheiro depende em grande parte do quanto você contribui com sucatas recombinantes para os outros.

Outras empresas usam sistemas mais formais. Na Booz•Allen & Hamilton, firma de consultoria, mede-se o número de consultas na Web de um determinado recombinante proporcionado por um consultor e classificações formais avaliam o quanto ele ou ela contribuíram, assim como seu suporte *know-why* e *know-how*. Na Universidade Columbia, existem recompensas semelhantes para quem contribui e explora recombinantes. O uso de um recombinante por um professor deve ser divulgado através da publicação de artigos com referências bibliográficas ao trabalho de outros. Este tipo de referência torna-se um indicador da contribuição de um pesquisador para o pool de recombinantes de teorias de pesquisa, de achados e de técnicas de pesquisa em um campo. Por exemplo, posso abrir o índice de citações da área de ciências sociais na Internet e descobrir quantas vezes meu trabalho foi citado. Posso então comparar minhas contribuições ao campo com aquelas dos outros professores que foram citados mais ou menos vezes do que eu. O *status* e as oportunidades de promoção de um professor são definidos por avaliações de seus pares, pelo número de artigos publicados e pela freqüência com que seu trabalho é citado. É assim que se cria e estimula a manutenção de um mercado interno de recombinantes em uma universidade.

Dica 6: Peça, Pegue Emprestado, Copie e Celebre

O lema de uma empresa com a qual trabalhei recentemente era P2C2 — peça, pegue emprestado, copie e celebre. Esta companhia valorizava pegar emprestado descaradamente. É claro que com "descaradamente" eles não querem dizer imitação pura e simples. Existe pouco valor em aplicar todas as idéias em um estilo em forma de cortar biscoitos. A empresa sabia quando era hora de clonar, customizar ou traduzir os melhores elementos de uma idéia, processo, estrutura ou produto para recombiná-la. Além disso, essa empresa não era única: os valores fundamentais das organizações equilibradas que tive o prazer de observar eram profundamente céticos quanto a unicamente inventar e propensos a um cuidadoso equilíbrio entre inventar e recombinar.

A regra nas companhias P2C2 é uma disposição para improvisar com o que já existe e só inventar do zero depois. Aqui também podemos aprender muito com a IDEO. Considere um gerente de projeto da IDEO descrevendo os estágios iniciais do projeto de um eletrodoméstico novo: "A melhor forma para se ter idéias é primeiro sair e ver o que há lá fora. Examine os produtos existentes, todos seus componentes, depois dê uma olhada em acessórios como torradeiras, liquidificadores e batedeiras. Quando encontrar problemas técnicos, saia e examine minuciosamente produtos possivelmente relevantes".[2] Além disso, as P2C2 têm mais sucesso se procuram extensamente, por toda parte, para encontrar as melhores idéias para roubar sem escrúpulos. O CEO da IDEO, David Kelly, deixa isso muito claro: "Trabalhar com companhias em indústrias tão diferentes como a de equipamentos médicos, móveis, brinquedos e computadores nos proporcionou uma visão ampla das tecnologias mais modernas disponíveis e nos ensinou como desenvolver produtos com qualidade e como fazer isso de forma rápida e eficiente".[3]

Deve ficar claro que, em firmas como a IDEO, essa filosofia é uma prioridade. De fato, como mencionei anteriormente, qual é o sentido de desenvolver um amplo leque de recombinantes se ninguém os utiliza? Considere o exemplo da McKinsey, a firma de consultoria. Um sócio explica que todas as manhãs é comum encontrar em sua mesa questionários sobre se já existe uma solução na McKinsey para um problema em particular de um cliente. Ele diz que procura responder às perguntas antes de começar seu trabalho, em vez de deixá-las para o final do dia —

se o tempo permitir. Da mesma forma, será considerada uma violação expressa das normas da McKinsey solucionar o problema de um cliente para se descobrir depois que já havia uma solução desenvolvida.

Seguir esses valores e normas de empréstimo descarado não é fácil. Em culturas como a dos Estados Unidos, a imitação é vista como um sinal de fraqueza, de total falta de ética. Imitadores são vistos como pessoas que não dispõem de inteligência suficiente para ter boas idéias próprias. Mas palavras como *macaco de imitação* e *mímico* deveriam ser elogios, não insultos. As companhias precisam de culturas que valorizem a imitação criativa e condenem a invenção inútil. Um designer da IDEO descreve da seguinte forma:

> Isso é na verdade, para mim, um tipo de estado de espírito. Onde trabalhei antes, você simplesmente não pedia ajuda. Era um sinal de fraqueza. O que eles consideravam como *brainstorming* comparado ao que pensamos aqui é totalmente diferente. Não temos tempo para ficar enrolando. Quando acho que não sei algo, logo pergunto: "Alguém sabe isso?" Aqui você deve alavancar o máximo possível. Você pede ajuda. Eles esperam que você peça ajuda.[4]

Da mesma forma, outro funcionário da IDEO que trabalhou no projeto de uma estação de recarga de veículo elétrico para a GM/Huges fala como encontrou uma "saída": "Eu não conseguia fazer uma parte liberar a outra. Não sabia como incluir um encaixe. Convoquei uma seção de *brainstorming* de 45 minutos com cinco pessoas. Três minutos antes do fim da seção, uma das designers teve uma idéia que se tornou o desenho final".[5]

Dica 7: Procure Internamente Diretores Executivos de Memória

Você deve estar lembrado da história que contei no capítulo 2 sobre a Westland Helicopters, que, com o fim da Guerra Fria, percebeu a necessidade de tornar sua produção de helicópteros mais competitiva. Em vez de recrutar uma tropa de consultores ou buscar outros tipos de solução externa, os executivos encontraram novas maneiras com custos mais eficientes em sua própria divisão e na matriz.

Mas recombinar também pode envolver procurar fora da empresa elementos que podem ser recombinados com elementos internos. Isso não é necessariamente algo ruim, mas é uma questão de balanceamento. O problema é que empresas que dão preferência a recombinantes externos em relação aos internos tendem a buscar *primeiro* fora — novas contratações, parceiros para fusão, consultores ou a idéia que está na moda —, em vez de buscar primeiro promoções internas, crescimento orgânico e as boas idéias de seus funcionários e executivos. Esses valores e normas levam as empresas a focar nas formas mais arriscadas de recombinação. Empresas que sempre usam recombinantes externos correm o risco de ver esses recombinantes rejeitados pelo que eu chamo de *rejeição de tecido* — a tendência de uma empresa rejeitar idéias, tecnologias e práticas vindas de fora de suas fronteiras. Recombinar elementos externos, portanto, requer o uso de técnicas para enganar o sistema imunológico de uma empresa. Recorrer mais a recombinantes internos, não.

Valorizar *ambos* os recursos internos e externos, portanto — e não apenas externos —, é importante porque orienta as empresas a começar com recombinantes menos arriscados e balanceá-los com elementos externos quando necessários. Da mesma forma, talvez seja necessário balancear o uso exclusivo de recombinantes *novos* com o uso de *antigos* também. Deve ser normal examinar a história de uma empresa, conhecer seus sucessos passados e revitalizá-los na estrada para sucessos futuros. Como resultado, nosso estoque de recombinantes aumenta incluindo, além dos recombinantes que temos à mão, aqueles de que conseguimos lembrar.

Esse foi o caso em ao menos três dos exemplos que abordamos anteriormente neste livro: da Sony, da Mercedes-Benz e da Apple Computer. Você se lembrará que, em cada uma dessas companhias, alguém teve a sabedoria de mergulhar no passado da empresa e revitalizar um valor ou uma filosofia de produto antigo para elaborar uma "nova" maneira de solucionar um problema corporativo. Seja Werner Niefer, da Mercedes, Steve Jobs, da Apple Computer, ou Nobuyuki Idei, esses líderes desempenham uma função dupla. Eles não só proporcionam uma liderança carismática, como também atuam como a memória da organização. Algumas companhias contratam profissionais para escrever sua história, enquanto outras lembram da simples verdade de que seus funcionários de longa data são seus melhores historiadores. Esses "diretores executivos de memória" são requisitados informalmente a examinar projetos passados, os bem e os mal-sucedidos, antes que qualquer "inovação" seja lançada ou *re*lançada. Toda companhia precisa de guardiões da memória com o poder de se fazer ouvir. Eles ajudam a organização a promover mudanças sem levar ao caos, cinismo e estresse desnecessários.

Mas o oposto também é verdadeiro: nem tudo o que uma companhia fez no passado é bom e maravilhoso. E, como todos nós sabemos, as pessoas que não entendem a história estão fadadas a revivê-la. Valorizar o passado, portanto, também significa examinar a história de uma empresa para saber se uma mudança proposta já foi tentada anteriormente, qual foi o resultado e por quê. Organizações que adotam essa norma têm menos chance de desperdiçar recursos de mudança, cometendo os mesmos erros repetidamente, ou de ignorar soluções boas que não funcionaram antes devido a condições do passado, mas que poderiam ser altamente eficientes na condição atual.

Valores e normas voltados para o passado também evitam mudanças do tipo pendular em empresas como a Exide (que descrevi no capítulo 7), assim como o desperdício de recursos de mudança que ocorre em muitas delas. Valores e normas que focam o passado de uma empresa revelam as oscilações entre extremos e dirigem a atenção da empresa para como alcançar um equilíbrio entre esses extremos. Ao reduzir o desperdício de recursos de mudança e permitir um balanceamento, esses valores desempenham um papel importante na alternância entre períodos de estabilidade e períodos de mudança.

Dica 8: Tenha Padrões

Considere o grupo de executivos da instituição financeira européia Marburg Grace que estavam impressionados com a dificuldade de recombinar seus recursos de TI. Com um pouco de análise, eles perceberam que a cultura da empresa valorizava um serviço rápido do departamento de TI, independentemente de existir ou não compatibilidade do que era desenvolvido com outros elementos instalados que podiam ser reutilizados. Mas, concretamente, era normal esse departamento criar um novo software de gestão de clientes em duas semanas, em vez de gastar uma terceira semana para dar ao programa uma interface clara, padronizada, que o tornaria facilmente recombinável com outros softwares utilizados pela empresa. Em resumo, ao menos no que dizia respeito à TI, essa empresa não tinha padrões. De modo mais geral, não deve surpreender que, nas empresas que possuem padrões mas não os aplicam, a recombinação irá exigir muito mais customização e tradução do que é absolutamente necessário.

Nem todos os recombinantes aceitam o tipo de padronização possível com os recombinantes de TI. Entretanto, algum mecanismo estrutural pode transformá-los em informações sobre a existência desses recombinantes. A IDEO arquiva os que desenvolve em relatórios e fitas de vídeo. Os pesquisadores que estudam a IDEO, por exemplo, "viram um designer pedir a outro o relatório de um *brainstorming* sobre cânulas cirúrgicas flexíveis para obter idéias para o projeto de um aparelho de uso pessoal. Outro designer disse que às vezes assiste a vídeos antigos de seções de *brainstorming* especialmente produtivas para não esquecer as idéias 'legais' que aprendeu".[6]

O capítulo 2 discutiu os diversos tipos de conhecimento que devem acompanhar os recombinantes para que eles possam ser reutilizados, remanejados e recombinados com sucesso: *know-what, know-why, know-who* e *know-who-khows-who* (saber quem, saber por que, saber quem, saber quem conhece quem) são essenciais para customizar e traduzir recombinantes antes que possam ser recombinados. Padronizar essa informação e conhecimento facilita muito a recombinação. As empresas com excelência em recombinação insistem em que a informação e o conhecimento sejam capturados em uma linguagem cuidadosamente descrita, definida e padronizada. Essas linguagens podem se tornar ricas com termos de arte claramente definidos — aqueles termos que parecem um jargão indecifrável para os estranhos e para as pessoas que não são da área. De fato, *know-what, know-why* e *know-who* devem estar claros nessa linguagem padronizada para disponibilizar os recombinantes de uma forma precisa para outros membros dessas organizações.

Na Booz•Allen, por exemplo, essa padronização lingüística é alcançada por equipes de editores que homogeneizam a linguagem através da qual os recombinantes são comunicados ao resto da empresa. Eles também são responsáveis por manter atualizadas as informações e o conhecimento sobre os recombinantes, periodicamente acrescentando o que há de novo e eliminando o que está obsoleto. Isso evita recombinar elementos de qualidade inferior ou que falharam anteriormente quando outros melhores já existiam.

De fato, "entra lixo, sai lixo", diz o ditado. Uma empresa que dissemina e recombina idéias, processos, valores, produtos e capital humano de má qualidade produzirá recombinantes de má qualidade. Se a oferta de recombinantes bem-sucedidos é importante, então verificar sua qualidade é essencial. As organizações esquecem, quando carregam informações sobre recombinantes em sites elaborados, que deve haver uma filtragem, inclusão e rejeição contínua no estoque de uma empresa à medida que novos recombinantes se materializam e que antigos se tornam obsoletos ou se mostram ineficientes. Posto de outra forma, o pool de recombinantes requer acompanhamento e atualização cuidadosos.

Talvez seja uma surpresa que os processos de organização de escolas e universidades — dedicados à criação e à disseminação de conhecimento inovador — são muito céticos quanto a inovações. Ou, em outras palavras, o controle de qualidade é essencial. Cada hipótese apresentada passa por um escrutínio minucioso e os inovadores devem mostrar convincentemente que desenvolveram algo verdadeiramente novo que deve ser acrescentado ao corpo do conhecimento recombinável do campo. O ônus da prova de que não são autores de mais uma idéia bizarra, de uma garrafa nova para um vinho velho ou do próximo modismo é deles. Uma revisão cuidadosa do que já foi feito em um campo é a regra, assim como um teste empírico extremamente detalhado das alegações de conhecimento inovador.

De fato, a maioria das publicações acadêmicas de primeira linha aceitam menos de 10% dos artigos apresentados. Isso significa que 90% das alegações de conhecimento novo são rejeitadas. Um processo de revisão anônimo garante que as contribuições sejam julgadas por seu mérito, em vez de pelo poder político de quem contribuiu. Além disso, os professores são punidos por suas instituições acadêmicas se publicam muitos artigos de má qualidade. As promoções são baseadas em processos complexos para julgar a qualidade dos trabalhos dos professores. Na Escola de Administração da Columbia, não menos que 30 especialistas no assunto são chamados para comentar se um professor deve ser promovido, e menos que uma aprovação praticamente unânime e entusiástica impede a promoção.

Dica 9: Nossos Funcionários São Nosso Patrimônio Mais Precioso

Só porque algo é um velho clichê não significa que esteja errado ou que não possa ter um significado novo e estimulante. É esse o caso do adágio que, para ter sucesso, as empresas devem valorizar seu pessoal acima de tudo.

Ainda assim, praticamente todos os gurus de gestão de mudança em algum momento apresentarão a metáfora do platô de mudança em chamas. Ele permanece lá incandescente, dominando um lado do cânion. À medida que as chamas atingem os funcionários, eles encontram dentro si uma motivação repentina para sua suposta resistência inata à mudança e para correr para o relativo conforto do outro lado do cânion. Se, nesse processo de mudança, eles sofrem queimaduras leves — bem, "não sofre, não muda", certo? Além disso, sempre é possível passar uma pomada para queimaduras de mudança e aliviar a dor do processo. Ainda mais, conforme as pessoas se agitam com fogo, esses gurus nos garantem que a promessa de um platô agradável, fresco e confortável esperando do outro lado do cânion torna-se uma visão. Os funcionários se esquecem rapidamente de suas queimaduras de segundo grau e festejam seu novo lugar de trabalho. Presumivelmente, esse novo platô em si já está encharcado de querosene, em uma preparação para o próximo salto revolucionário no cânion.

Bons recombinantes criativos, por outro lado, se atêm a valores e seguem normas de comportamento que buscam poupar os funcionários do sofrimento decorrente da mudança. Eles reconhecem que algumas vezes "não sofre equivale a não muda" seja uma verdade — mas também é verdade que "sofre muito equivale a não muda". Eles acreditam fervorosamente que menos sofrimento pode resultar em mais mudança.

A Estrada Vicinal para a Mudança

Concluindo, os mestres em mudança que tive o privilégio de conhecer não mudaram só por mudar. Eles mantiveram as coisas estáveis quando a estabilidade era apropriada e só mudaram quando era necessário. Em vez de usar a via expressa para a mudança, eles foram recombinadores. Eles não escalaram a montanha em busca de uma visão do infinito. Eles não tinham grandes metas audaciosas. Eles não ficaram durante horas com os olhos plantados sobre uma folha de papel em branco em busca da próxima inovação corporativa de sucesso. Eles não produziram estratégias e negócios de uma beleza e originalidade exótica para eliminar horrorosos resquícios do passado.

Em vez de irem ao topo da montanha, eles foram ao porão corporativo, por assim dizer. Juntaram partes organizacionais descartadas que estavam por lá. Montaram com elas soluções feias mas criativas para seus problemas. Eles não inventaram, nem queriam fazer isso. Eles improvisaram, emprestaram descaradamente, deram jeitinhos, imitaram e aproveitaram componentes de segunda mão para criar soluções. Suas produções são monstros esperançosos que assustam as pessoas ou as fazem rir. O fundador da FedEx tirou nota baixa no curso de empreendedorismo na escola de administração por propor uma recombinação absurda de aviões e caminhões de segunda mão, cartões de crédito, tecnologia de código de barras, uma estrutura arterial de rotas e envelopes de correspondência, que se tornou um dos mais bem-sucedidos serviços de correio expresso da história.

No final, esses recombinadores mudaram o mundo de forma mais rápida, suave, barata e bem-sucedida do que qualquer um que tenha escolhido a via expressa para a mudança.

Referências Bibliográficas

Introdução

1. VERONA, Ronald G. *Education for your life.* Disponível em <http://www.education 4yourlife.org/>. Acesso em: 8 abr. 2003.

2. FOSTER, Richard; KAPLAN, Sarah. *Creative destruction*: why companies that are built to last underperform the market, and how to successfully transform them. Nova York: Doubleday/Currency, 2001.

3. Veja, em particular: ABRAHAMSON, Eric. Management fashion. *Academy of Management Review,* 254-285, 1986. / ABRAHAMSON, Eric; FAIRCHILD, Gregory. Management fashion: life cycle, triggers, and collective learning processes. *Administrative Science Quarterly, n.* 4, 708-740, 1999. / ABRAHAMSON, Eric. *Fads and fashions in administrative technologies.*1989. Dissertação (Doutorado) - New York University.

4. Livros úteis são: MICKLETWAIT, John; WOOLDRIDGE, Adrian. *The witch doctors.* Londres: Heinemann, 1997. / HUCZYNSKI, Andrzej A. *Popular management ideas.* Londres: Routledge, 1993. / ALVAREZ, José Luis, ed. *The diffusion and consumption of business knowledge.* Londres: MacMillan Press, 1998. / JACKSON, Brad. *Management gurus and management fashions.* Londres: Routledge, 2001.

5. Veja em particular: CHEVALIER, Françoise. *Cercles de qualité et changement organizationnel*. Paris: Economica, 1993. / ZBARACKI, Mark J. The rhetoric and reality of total quality management. *Administrative Science Quarterly* 42, n. 3, 602-636, 1998.

6. ABRAHAMSON, Eric; EISENMAN, Micki. Why management scholars must intervene strategically in the management knowledge market. *Human Relations 54*, n. 1, 67-76, 2001.

7. ABRAHAMSON, Eric; FAIRCHILD, Gregory. Management fashion: life cycle, triggers, and collective learning processes. *Administrative Science Quarterly, n.* 4, 708-740, 1999.

Capítulo 1

1. FOSTER, Richard; KAPLAN, Sarah. *Creative destruction*: why companies that are built to last underperform the market, and how to successfully transform them. Nova York: Doubleday/Currency, 2001.

2. Para uma revisão abrangente da pesquisa científica nesta área, consulte sites ou bibliotecas de Escolas de Administração.

3. Veja, por exemplo: BARNETT, William P.; FREEMAN, John. Too much of a good thing? Product proliferation and organizational failure. *Organizational Science 12,* n. 5, 539-558, 2001.

4. HALBERSTAM, David. *The reckoning*. New York: Morrow/Avon, 1986.

5. LAWRENCE, Paul; DYER, Davis. *Renewing American industry:* organizing for efficiency and innovation. Nova York: Free Press, 1983.

6. Veja, por exemplo: ANDERSSON, Lynne M. Employee cynicism: an examination using a contract violation framework. *Human Relations* 49, 1395-1418,1996. / DEAN JR., James W.; BRANDES, Pamela; DHARWADKAR, Ravi. Organizational cynicism. *Academy of Management Review* 23, 341-352,1998. CHICHESTER, Sep; ANDERSSON, Lynne M.; BATEMAN, Thomas S. Cynicism in the workplace: some causes and effects. *Journal of Organizational Behavior* 18, 449-469,1998. / WANOUS, John P. et al. Cynicism about organizational change. *Group and Organization Management 25,* n. 2, 132-154, 2000.

7. REICHERS, Arnon E.; WANOUS, John P.; AUSTIN, James T. Understanding and managing cynicism about organizational change. *Academy of Management Executive 11,* n. 1, 48-59,1998.

8. SCHAUFELI, Wilmar; ENZMANN, Dirk. *The burnout companion to study and practice:* a critical analysis. Londres: Taylor and Francis, 1998.

9. WIKIPEDIA: The free encyclopedia. Disponível em <http://www.wikipedia.org>. Acesso em 4 abr. 2002.

10. CLAUSEN, Tom. Palestra na Universidade Columbia, Nova York.

11. LORSCH, Jay W; GIBSON, Cyrus F.; SEEGER, John A. *First national Citibank operating group (A) and (B)*. Notas de aula 493-024. 1992. - Harvard Business School, Boston.

12. RIGBY, Darrell K. *Management tools global results:* annual survey of senior executives. Boston: Bain & Company, 2002.

13. LEWIN, Kurt. *Field Theory in Social Science*. New York: Harper and Rowe, 1951.

Capítulo 3

1. CAMERON, Kim S. Strategic organizational downsizing: an extreme case. *Research in Organizational Behavior* 20, 185-229, 1998.

2. MURPHY, Edward C. *Strategies for health care excellence*. Washington, DC: American Society for Work Redesign, 1994.

3. JICK, Todd D.; GENTILE, Mary. *Peter Browning and Continental White Cap (A), (B), (C)*. Notas de aula 5-491-110. 2000. Harvard Business School, Boston.

4. HAMBRICK, Donald C. The top management team: key to strategic success. *California Management Review* 30, 88-109,1987.

5. JICK, Todd D.; GENTILE, Mary. *Peter Browning and Continental White Cap*. Vídeo, número de produto 9-887-502. Boston: Harvard Business School Publishing, 1986.

6. MINISTÉRIO DE COMÉRCIO DOS ESTADOS UNIDOS; SECRETARIA DA FAZENDA; DEPARTAMENTO DE CENSO. *Population projections of the United States by age, sex, race, and hispanic origin: 1995 to 2050*. Washington, DC: U.S. Census Bureau, 1999.

7. RAYMOND, Joan. The jaws of victory. *Newsweek,* 38, 18 Mar. 2002.

Capítulo 4

1. EISENSTAT, Russell A. *Managing Xerox's Multinational Development Center*. Notas de aula 9-490-029. 1989. Harvard Business School, Boston.

2. BURTON, M. Diane; RILEY, Hannah; WOERNER, Stephanie. *Jerry Sanders*. Notas de aula 5-400-008. 2000. Harvard Business School, Boston

3. BAKER, Wayne. *Achieving success through social capital*. São Francisco: Jossey-Bass, 2000.

4. LIN, Nan; BURT, Ronald S.; COOK, Karen S., eds. *Social capital: theory and research*. Nova York: Aldine de Gruyter, 2001.

5. STAMPS, David. Off the charts. *Training* 34, n.10, 77-84, 1997.

Capítulo 6

1. RIGBY, Darrell K. *Management tools global results*: annual survey of senior executives. Boston: Bain & Company, 2002.

2. Ibidem.

3. KNIGHTS, David; WILLMOTT, Hugh, eds. *The re-engineering revolution*: critical studies of corporate change. Londres: Sage, 2000.

4. POLANYI, Michael. *Personal knowledge:* towards a post-critical philosophy. Chicago: University of Chicago Press, 1974.

5. SCHERER, Frederic M. Inter-industry technology flows in the United State, *Research policy* 11, 227-245, 1982.

Capítulo 7

1. LUBLIN, Joann S. Division problem-place vs. Product: It's tough to choose a management model- Exide tore up system based on countries for one centered on battery lines-rolling over European fiefs, *The Wall Street Journal*, A1, 27 June 2001.

2. BEER, Michael; TUSHMAN, Michael; GABARRO, John J. *SMA: Micro electronic products division (A)*. Case 9-400-084. 2000. Harvard Business School, Boston.

3. DUNHAM, Richard S. Q&A: Nokia's Ollila on CEO profiles and the company's future. *Business Week*, 10 Aug. 1988.

4. CHEVALIER, Françoise. *Cercles de qualité et managment organizationnel.* Paris: Economica, 1993.

Capítulo 8

1. IBARRA, Herminia; MORRIS, Gillian. *Ethan Berman at RiskMetrics Group (A) and (B)*. Notas de aula 5-401-016. 2000. Harvard Business School, Boston.

2. Idem.

3. GHEMAWAT, Pankaj; BAIRD, Bret. *Leadership online: Barnes & Noble vs. Amazon.com (A)*. Case 9-798-063. 1998. Harvard Business School, Boston.

4. Idem.

Capítulo 9

1. HALLOWELL, Roger. *Sears, Roebuck and Co. (A): turnaround.* Case 9-898-007. 1997. Harvard Business School, Boston.

2. MINTZBERG, Henry; WATTER, James A. Tracking strategy in an entrepreneurial firm. *Academy of Management Journal* 25, 465-499, 1982.

3. ARGOTE, Linda; EPPLE, Dennis. Learning curves in manufacturing. *Science* 247, 920-924, 1990.

4. BRABECK, Peter; WETLAUFER, Suzy. The business case against revolution: an interview with Nestle's Peter Brabeck. *Harvard Business Review*, Feb. 2001.

5. Idem

Capítulo 10

1. SUTTON, Robert I.; HARGADON Andrew. Brainstorming groups in context: effectiveness in a product design firm. *Administrative Science Quarterly* 41, 685-718, 1996.

2. HARGADON, Andrew B. Firms as knowledge brokers: lessons in pursuing continuous innovation. *California Management Review* 40, 209-227, 1998.

3. Idem.

4. SUTTON, Robert I.; HARGADON Andrew. Brainstorming groups in context: effectiveness in a product design firm. *Administrative Science Quarterly* 41, 685-718, 1996.

5. Idem.

6. Idem.

Índice Remissivo

Sobre o Autor

ERIC ABRAHAMSON é professor de gestão da Columbia Business School, com mestrado e doutorado na New York University. Após lecionar nesta universidade, o professor Abrahamson juntou-se ao corpo docente da Columbia Business School em 1989. Foi também professor convidado do Instituto INSEAD, na França, em 1999.

O professor Abrahamson é consultor e instrutor de programas educacionais para executivos em corporações do mundo inteiro, mundialmente reconhecido por suas pesquisas sobre técnicas inovadoras de gestão de organizações e de seus funcionários. Seu trabalho recebeu dois dos mais prestigiados prêmios na área de gestão, o prêmio de melhor artigo publicado no periódico *Academy of Management Journal* (1995) e dois prêmios de melhor ensaio da Academy of Management Organization and Management Theory Division (1990, 1997). Ele foi consultor editorial da *Academy of Management Review* e presidente da Organization and Management Theory Division da Academy of Management. Escreveu diversos artigos e capítulos de livros que apareceram em publicações como *Administrative Science Quarterly, Academy of Management Journal, Academy of Management Review, Computational and Mathematical Organizational Theory, Journal of Management Studies, Harvard Business Review, Human Relations, Journal of Organizational Behavior, Organization Science, Research in Organizational Behavior* e *Journal of Business Finance and Accounting.*

GRÁFICA PAYM
Tel. (011) 4392-3344 · paym@terra.com.br

cole aqui

CADASTRO DO LEITOR

- Vamos informar-lhe sobre nossos lançamentos e atividades
- Favor preencher todos os campos

Nome Completo (não abreviar):

Endereço para Correspondência:

Bairro: Cidade: UF: Cep: –

Telefone: Celular: E-mail: Sexo: F ☐ M ☐

Escolaridade:

☐ 1° Grau ☐ 2° Grau ☐ 3° Grau ☐ Pós-Graduação

☐ MBA ☐ Mestrado ☐ Doutorado ☐ Outros (especificar): ____________

Obra: **Mudança Organizacional – Eric Abrahamson**

Classificação: **Administração / Recursos Humanos**

Outras áreas de interesse: ____________

Quantos livros compra por mês?: ______ por ano? ______

Profissão: ____________

Cargo: ____________

Enviar para os faxes: **(11) 3079-8067/(11) 3079-3147**

ou e-mail: **vendas@mbooks.com.br**

Como teve conhecimento do livro?

☐ Jornal / Revista. Qual? ____________

☐ Indicação. Quem? ____________

☐ Internet (especificar *site*): ____________

☐ Mala-Direta: ____________

☐ Visitando livraria. Qual? ____________

☐ Outros (especificar): ____________

M. Books do Brasil Editora Ltda.

Av. Brigadeiro Faria Lima, 1993 - 5° andar - Cj 51
01452-001 - São Paulo - SP Telefones: (11) 3168-8242/(11) 3168-9420
Fax: (11) 3079-3147 - E-mail: vendas@mbooks.com.br

dobre aqui

Carta
Resposta

7212018100/DR/SPM
M. BOOKS

CORREIOS

CARTA RESPOSTA
NÃO É NECESSÁRIO SELAR

O selo será pago por

M. BOOKS DO BRASIL EDITORA LTDA.

04533-970 São Paulo-SP

dobre aqui

End.: ....

Rem.: ....